Les Nzema

Un peuple akan de Côte d'Ivoire et du Ghana

Du même auteur, aux Éditions L'Harmattan :

Les Populations akan de Côte d'Ivoire. Brong, Baoulé, Assabou, Agni, Harmattan, 2012.

Vérités évangéliques contre erreurs ésotériques, 2012.

5-7, rue de l'École-polytechnique ; 75005 Paris

http://www.librairieharmattan.com
diffusion.harmattan@wanadoo.fr
harmattan1@wanadoo.fr

ISBN : 978-2-336-29275-5
EAN : 9782336292755

Kouamé René ALLOU

LES NZEMA

Un peuple akan de Côte d'Ivoire et du Ghana

L'Harmattan

Études africaines

Collection dirigée par Denis Pryen et François Manga Akoa

Dernières parutions

Emmanuel NKUNZUMWAMI, *Le partenariat Europe-Afrique dans la mondialisation*, 2013.

Lang Fafa DAMPHA, *Nationalism and reparation*, 2013.

Jean-François BARLUET, *Un drame colonial en Côte d'Ivoire : l'affaire Quiquerez Segonzac (1891-1893)*, 2013.

Gervais MUBERANKIKO, *La protection du locataire-gérant en droit OHADA*, 2013.

Gervais MUBERANKIKO, *La contribution de la décentralisation au développement local*, 2013.

Alain COURNANEL, *Économie politique de la Guinée (1958-2010). Des dictatures contre le développement*, 2012.

Amadou OUMAR DIA, *Peuls et paysans. Les Halayɓe de Mauritanie*, 2012.

Sous la direction de Bruno DUJARDIN, *Renforcement des systèmes de santé. Capitalisation des interventions de la Coopération Belge au Burundi, en République Démocratique du Congo et au Rwanda, 2012.*

Hygin Didace AMBOULOU, *Les personnes, les incapacités et la filiation en droit congolais*, 2012.

Brice POREAU, *Rwanda, une ère nouvelle*, 2012.

Calvin Thomas DJOMBE, *Cultures viriles et identité féminine, Essai sur le genre en Afrique subsaharienne*, 2012.

Losseni CISSE, *La problématique de l'État de droit en Afrique de l'Ouest*, 2012.

Jessica HAMADZIRIPI, *Poverty eradication in Zimbabwe, Meeting the millennium development goals (MDGs) through home-grown business approaches*, 2013.

Romaric Franck QUENTIN DE MONGARYAS, *L'école gabonaise en questions*, 2012.

Djibril DEBOUROU, *La société baatonnu du Nord-Bénin*, 2012.

Félix NTEP et Lambert LIPOUBOU (dir.), *Repenser le marché de l'Afrique à partir du culturel*, 2012.

Dianguina TOUNKARA, *L'émancipation de la femme malienne. La famille, les normes, l'État*, 2012.

Philippe MEGUELLE, *Chefferie coloniale et égalitarisme diola, Les difficultés de la politique indigène de la France en Basse-Casamance (Sénégal), 1828-1923*, 2012.

INTRODUCTION

VUE GÉNÉRALE SUR LES NZEMA

Les Nzema sont une branche du rameau akan. De nos jours, les Nzema sont partagés en deux ''moitiés politiques'' des suites de la guerre civile qui a ébranlé le royaume après la capture du roi Kaku Aka. Le ''Nzema ouest'' (western Nzema) avec pour chef-lieu Benyinli. Le ''Nzema est'' (eastern Nzema) avec pour chef-lieu Adoanbo. Ce peuple dont une fraction est venue s'établir sur les rives nord de la lagune Tendo-Ehy en territoire ivoirien, a connu une histoire riche qu'il convient de connaître. Habiles marchands, les Nzema ont sillonné pendant la période précoloniale les centres commerciaux suivant : Assini, ɛboɛ, Grand-Bassam, Klendjabo, Alépé, Bettié, Aniasué, Niable, Arrah, Grand-Lahou et Tchyassale. Les marchands nzema vendaient les produits des factoreries d'Assini, Grand-Bassam et de Cape Coast dans l'Anɔ, le Barabo, l'Abron, le Moronu, le Ndenye, le Bettié et le Sanwi[1]. Ils vendaient des fusils, des caisses de Gin, du sel fabriqué par les riverains du littoral, des étoffes, des perles, cadenas, colliers de corail, couteaux et sabres contre de l'or, des peaux de singes et de biches. Un quartier entier de Grand-Bassam (la petite France) est peuplé par des nzema. De fortes communautés nzema vivent à Grand-Lahou, en pays Avikam en général, ainsi que dans la région de Divo. En Côte d'Ivoire, les Nzema sont connus sous le nom d'Appoloniens, mais ils sont souvent confondus avec les Anyi Sanwi avec lesquels ils ont, au demeurant, des liens historiques et culturels. Les Nzema occupent les rivages du Ghana et de la Côte d'Ivoire depuis l'Ankobra (Sanwoma) jusqu'à Assini. Nzema forme l'extrême partie sud occidentale du Ghana qui s'étend de la côte atlantique depuis l'Ankobra à l'ouest jusqu'à la lagune côtière dans laquelle se jette le Tanoɛ. Les confins ivoiro-ghanéens constituent l'aire du peuple nzema[2]. Le colloque inter-universitaire Ghana-Côte d'Ivoire qui s'est tenu en 1974 à Bonduku a classé les Nzema parmi les Akan frontaliers[3].

Une statistique sur le nombre réel des Nzema fait défaut. En 1921, l'administration britannique estimait les Nzema à 40.000 âmes[4]. Le

---

[1] Binger (capitaine Louis Gustave), *Du Niger au Golfe de Guinée par le pays de Kong et le Mossi 1987-1989*, Paris, 1980, p. 259, p. 266, p. 271, 416 p.
Voir aussi Niamkey Kodjo, ''Le commerce à Arrah à l'époque précoloniale'', *Annales de l'Université d'Abidjan*, Série I Histoire tome3, pp. 151-156.

[2] Pierluigi Valsecchi, ''Lo Nzema fra ege monia Assante ed espansione europea nella prima met a del XIX scolo'', in *Africa* Anno XLI n° Diciembre 1986. Rivista trimestrale di studi e documentazione dell'Instituto Italo Africano, p. 508.

[3] Colloque inter-universitaire Ghana-Côte d'Ivoire Bondoukou 1974.

[4] Aboagye (Kwesi p. A), *Nzema ane ne anwo mgbanyidweke*, p. 10.
Bureau of Ghana languages Accra 1973, 56 p.

recensement fait par l'administration anglaise comportait des erreurs car il ne prenait pas en compte les Nzema qui vivaient dans les possessions françaises. Ce chiffre n'est pas très réaliste car l'administration a fait ce recensement motivé par des desseins fiscaux. Les Nzema vivant dans les hameaux n'ont pas été pris en compte. Malgré tout, ce chiffre nous donne une idée approximative de la population nzema à cette époque. Il n'est pas aisé de répondre à des questions telles que : combien y a-t-il de Nzema en pays Nzema ? Combien y a-t-il de Nzema hors du Nzema dans les régions du Ghana, de Côte d'Ivoire ou ailleurs ? Les recensements officiels en Afrique ont souvent fait défaut pour situer le nombre de la population légale en général. Les difficultés à connaître la population nzema sont d'autant réelles que ce peuple est à cheval sur deux républiques actuelles. On ne peut donc attendre davantage ici de la démographie. Dans son autobiographie de 1960, Kwame Nkrumah estime les Nzema à 100 000 personnes[1]. Si l'on tient compte des chiffres de 1921 et de 1960, l'on voit qu'en près de vingt ans, les Nzema se sont accrus de 60 000 personnes. Nous estimons donc qu'au Ghana, les Nzema en 1980 approchaient le chiffre de 160 000 âmes[2].

En Côte d'Ivoire, les données démographiques les plus récentes sont fournies par le répertoire des localités de Côte d'Ivoire et populations en 1975. Les nzema selon le recensement seraient 31 662 âmes. Il est suggéré que l'on peut actualiser les chiffres en appliquant un taux d'accroissement annuel sans apport externe de 3 %. Pour 1980 on obtient le chiffre 36 411. Le total en 1980 des chiffres de Côte d'Ivoire et du Ghana donne 196 411. Les Nzema sont approximativement 200 000 personnes. James Ackah les estimait à 80 000 âmes au moment où il écrivait sa thèse en 1965[3].

Le partage des nzema entre deux républiques actuelles, à savoir la Côte d'Ivoire et le Ghana, explique un peu les difficultés à connaître leur nombre réel. Les nzema sont d'autre part assez mobiles à cause de leur tempérament marchand. Ils ont à cet effet joué un rôle important dans l'économie précoloniale en tant que traitants locaux.

JUSTIFICATION DU SUJET ET PROBLÉMATIQUE

Nous désirons attirer l'attention des historiens sur un problème important qui est celui-ci. Dans nombre de travaux de recherches ainsi que dans les

Note : Depuis le recensement effectué au Ghana en 1960, aucun autre recensement n'a été fait. ''1960 population censu Ministry of planning Accra 1970. Voir Annan (Elisabeth), *Les mouvements migratoires des populations akan du Ghana en Côte d'Ivoire. Des origines à nos jours,* p. 75, Université Nationale de Côte d'Ivoire, Département des Sciences Sociales, 323 p.

[1] Nkrumah (Kwame), *Autobiographie de Kwame Nkrumah*, p. 15, Présence africaine, Paris 1960, 283 p.

[2] Atlas des langues kwa de Côte d'Ivoire, Tome I, Monographie, p. 7.

[3] Ackah (James Y.), Kaku Ackah and the Split of zema, M. A. Thesis University of Ghana Legon, Accra 1965, p. 1, 198 p.

manuels scolaires d'histoire, il ne ressort pas assez la complexité qui est inhérente à la formation de tout peuple. Bien d'historiens ont eu à attribuer l'origine d'un élément à l'intérieur d'un groupe à tout l'ensemble. Souvent, c'est l'origine ou le passé de l'élément dominant qui est généralisé. Il a été écrit que tous les Wawolé[1] (Baoulé) viennent du Ghana actuel ou encore que les Akye et les Tchama (Ebrié) sont des immigrants Asante (Ashanti). Cependant, la formation du peuple asante et la formation du peuple Akye ne sont pas identiques à tout point de vue, même s'il est possible que des éléments aient intégré de part et d'autre ces deux ensembles.

La formation d'un ensemble ethnique est une chose complexe. Elle est toujours le résultat d'une association de populations de diverses origines. À titre d'exemple si les Assabu sont des immigrants asante, les Alanguira eux sont partis du Denkyira. Le peuple Ngban qui a intégré l'ensemble wawolé est d'ascendance Guan. On retrouve d'ailleurs les Ngban chez les Anyi Morofoɛ ainsi que chez les Anɔ.

Des groupes sénufo dont les Babaala communément appelés Tagbana ont été intégrés à l'ensemble wawolé (baoulé). Ils ont des descendants disséminés à l'intérieur des Wawolé Goli, Satrikan et Faafoɛ[2].

C'est à juste titre que Mbra Ekanza écrit :

« Les divers renseignements obtenus auprès des grands Nvilié (sous-ethnies) de l'époque migratoire, confrontés les uns avec les autres, constituent l'une des voies possibles pour sortir de l'imbroglio des études actuelles consacrées à l'émigration[3] ainsi d'ailleurs qu'aux origines et au peuplement ».

[1] *Note* : Les Baoulé se désignent eux-mêmes dans leur langue par le terme wawolé. Nous avons donc préféré utiliser le terme local des concernés.

[2] Keletigui (Jean Marie), *Le Sénoufo face au Cosmos*, Les Nouvelles Éditions Africaines Abidjan-Dakar, 85 p.

[3] Mbra Ekanza (S. P.), *Mutation d'une société rurale, Les Agni du Moronou 18e siècle 1939*, tome 1, p. 112, Aix
En Provenance – octobre 1983, 512 p.

Localités du pays nzema et de territoires voisins

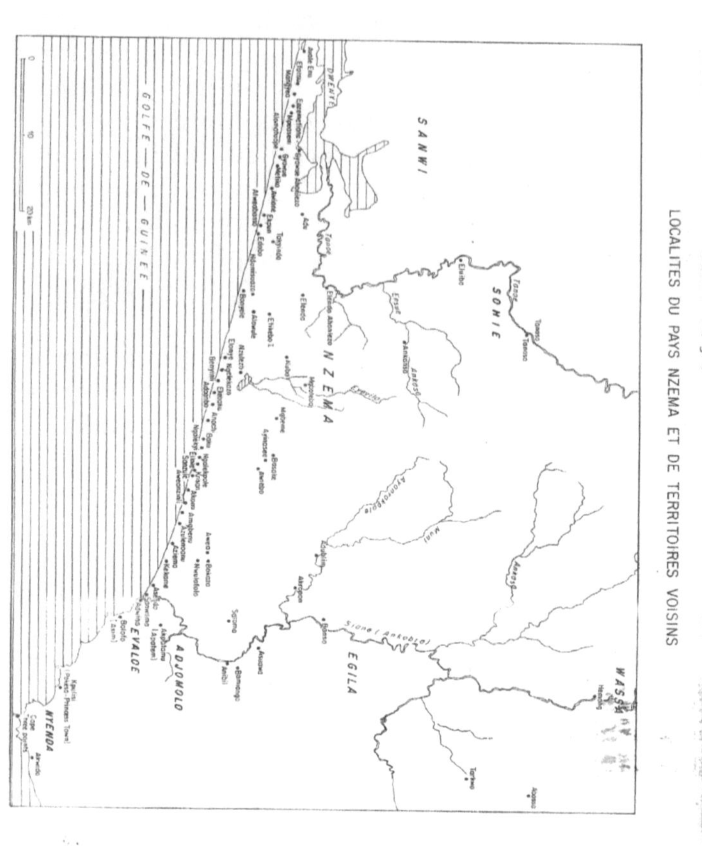

L'extension des versions fournies par les éléments dominants des « groupes ethniques » a abouti à une véritable impasse. Nous voulons montrer qu'un ''groupe ethnique'' est toujours le résultat de l'histoire, d'une association de ''clan'', de ''lignages'', de peuples d'origines diverses. Il convient de préciser ces concepts qui sont sujets à caution et ont des contenants divers selon les peuples. Qu'est-ce qu'un clan ? Qu'est-ce qu'un lignage ? Qu'est-ce qu'un groupe ethnique ? Qu'est-ce qu'une tribu ? Tous ces termes posent problème. Un clan est généralement admis comme un ensemble de gens qui descendent d'un ancêtre commun mythique ou non. Le clan est avant tout une entité sociale vivante. Les clans sont susceptibles d'avoir une extension géographique importante et s'intégrer à plusieurs ''groupements ethnologiques'' à la fois. En ce qui concerne le groupe akan dans son ensemble et les Nzema en particulier, le clan est l'*abusuan* large ou *nton*[1]. Ces *abusuan* sont au nombre de sept et se rencontrent au sein de presque tous les peuples akan.

L'emploi du terme clan dans ce travail signifiera pour nous l'*abusuan* large que les Nzema appellent *assalo abusuan.* À la différence du clan, les liens consanguins entre membres d'un même lignage sont plus évidents. Le lignage est aussi une cellule sociale au sein de laquelle des droits et obligations réciproques lient les individus qui le constituent[2]. Chez les Nzema, le lignage correspond à la famille réelle au sein de laquelle joue l'héritage (agya). Le lignage est appelé *suakunlu abusuan* et est représenté par le *bia* (siège) qui est le symbole de la personnalité juridique et sociale du lignage. Lignage sera synonyme pour nous de *suakunlu abusuan*.

Le concept de tribu a un lien étroit avec la civilisation occidentale. Il décrit une forme spécifique d'organisation socio-politique indo-européenne. Comme l'écrit Maurice Godelier :

« La tribu indo-européenne désigne la forme d'organisation sociale la plus vaste qui existait avant l'apparition de la cité-État. Elle regroupait des unités politiques élémentaires, de plus petite taille, le génos (yévos) et la phrata chez les Grec, et la gens et la curia chez les Latins »[3]

Maurice Godelier montre que tous ces termes sauf curia lient à la fois vocabulaire de parenté et vocabulaire politique, ce qui suppose un rapport réel ou supposé entre parenté et organisation politique. Le concept de tribu est une réalité socio-politique indo-européenne et une donnée de leur

---

[1] D. M. Warren, Ko Brempong, *Techiman traditions state*, Part I, p. 151. Techiman, Ghana 1971, 178 p.

[2] Pierre Alexandre, *Les Africains. Initiation à une longue histoire et à de vieilles civilisations de l'aube de l'humanité au début de la colonisation*, p. 74, éditions Lidis, Paris, 607 p.

[3] Godelier (Maurice), *Horizon, trajets marxistes en anthropologie,* François Maspéro, Petite Collection Maspéro, Paris, p. 192.

expérience politique. En ce qui concerne l'Afrique, des termes comme tribu, clan, ethnie seront employés par des missionnaires, des anthropologues et des administrateurs pour désigner des réalités politiques ou sociales qu'ils appréhendaient mal. Nous nous refusons à employer le terme tribu parce qu'il est une réalité socio-politique indo-européenne et non africaine. Le terme ethnie est pour nous le résultat d'un processus historique qui observé sur le vif, constitue un ensemble d'individus que rapprochent une communauté de langue et de culture. L'ethnie ne repose nullement sur des caractères anatomiques ou de fonds génétiques mais est le fruit d'une élaboration historique, politique ou culturelle. L'ethnie généralement se compose de plusieurs clans et lignages. Voici ce que dit Roger Caratini au sujet de l'ethnie.

« Si le concept de race est sans intérêt, il n'en est pas de même de celui d'ethnie ». « Appartiennent à une même ethnie des individus qui ont en commun une langue, une culture, une histoire, des croyances et des mœurs »[1].

Toujours selon Roger Caratini :

« Un peuple, c'est une population mobilisée par la conscience de son unité, de son originalité. Cette mobilisation lui permet de résister plus efficacement au nationalisme de la puissance de l'État au détriment des tendances individuelles. Elle conduit aussi aux excès de l'impérialisme et de la négation des autres populations. Le passage de l'état de population à celui du peuple n'est pas un processus spontané, il est provoqué par l'action d'individus et sous la pression d'événements que l'on qualifie d''historiques''. Les motivations des ''rassembleurs de peuples'' peuvent être diverses : l'ambition personnelle, la foi religieuse, la prise de conscience d'un certain intérêt général ; mais d'autres facteurs très puissants interviennent aussi : les intérêts économiques de certains groupes ou d'une classe sociale, les visées plus ou moins impérialistes de nations déjà constituées et en expansion, etc. Lorsque toutes ces séries causales se rencontrent, à un moment donné de l'histoire, un peuple naît ; mais cette naissance à été précédée en général d'une longue et laborieuse gestation »[2].

Pour montrer qu'un ''groupe ethnique'' est la résultante d'une association de clans et de lignages divers, il convient simplement de les étudier élément par élément, point par point pour avoir des résultats réalistes. Les Nzema constituent l'un des cas les plus représentatifs et les plus complexes quant à la formation des groupes ethniques ou des peuples.

---

[1] Roger Caratini, *Histoire de la Corse*, p. 60.
Voir l'Histoire, Paris 1981, ISBN 130p.
[2] Roger Caratini, p. 45.

La naissance du peuple nzema n'a pas été le fruit d'un hasard, mais est le résultat de l'histoire, car les migrants qui ont occupé le pays ont forgé leur unité à partir de traits communs par lesquels ils se reconnaissent. La problématique consistera à montrer le processus par lequel les Nzema se sont érigés en peuple. Nous montrerons que Nzema est ''une population mobilisée par la conscience de son unité, de son originalité'' et que cela fut le fait d'un processus historique. Pour ce faire, nous montrerons que les populations qui ont peuplé le pays nzema avaient au départ des origines diverses, à partir de l'étude consacrée au peuplement. Puis elles ont forgé leur unité en tant que peuple à travers des alliances politiques et des traits socio-culturels communs qu'elles ont élaborés.

CHOIX CHRONOLOGIQUE

Le groupe Adjɔmɔlɔ a été le premier à créer une entité politique dans le pays qui est devenu le pays nzema. Nous donnerons les arguments qui justifient notre position plus tard. Ces Adjɔmɔlɔ sont probablement arrivés dans le pays au XVe siècle.

Des indices militent dans ce sens. Le fort San Antonio d'Axim a été édifié en 1515 c'est-à-dire au début du XVIe siècle en pays ɛvaloɛ. Si déjà à cette époque les ɛvaloɛ qui sont proches des Adjɔmɔlɔ sont établis, il est possible qu'il en soit de même pour les seconds. Lors de la mission de Valkenburg dans le pays de jumore, les populations lui ont affirmé qu'elles avaient joui de la protection du fort d'Axim depuis sa création par les Portugais[1]. Les Adjɔmɔlɔ sont partis du Bono sous la conduite de Nana Kɛma Kpanyinli[2] certainement au XVe siècle époque pendant laquelle se consolide l'État de Bono Manso. Dans le Bono, le peuple Adjɔmɔlɔ est connu sous l'appellation Djumo[3]. Denise Paulme situe vers 1860 la migration des Nzema Aduvolɛ[4]. Celle-ci commence avec la guerre civile qui éclate à nzema pendant la deuxième moitié du XIXe siècle.

Le cadre chronologique se situera donc entre le Ve siècle et la deuxième moitié du XIXe siècle. Le XVe siècle marque la certitude de la présence des Adjɔmɔlɔ en pays nzema à travers les sources écrites[5] et l'historiographie[6].

---

[1] Van Dantzig (A.), ''Juridiction du fort Saint Antoine d'Axim'', *Revue française d'histoire d'Outre mer*, Col. XVI, n° 242-3 1979, p. 230.
[2] Aboagye (Kwei P. A.), *op. cit.*, p. 10.
[3] Meyerowitz (Eva), *Akan tradition of origin*, p. 53, London Faber, 194 p.
[4] Denise Paulme, ''Un rituel de fin d'année chez les Nzema de Grand-Bassam'', Cahiers d'études africaines, n° 38, vol. X, p. 189.
[5] Rapport de Valkenburg, p. 54.
[6] Hubert Deschamps, Histoire générale de l'Afrique noire et de Madagascar et des archipels, p. 320, PUF, Paris, 1973, 298 p.
Pierre Alexandre, *op. cit.*, p. 380.

Quant au milieu du XIXe siècle, il marque la période de la migration des Nzema-Aduvolɛ et leur installation autour de la lagune Tendo-Ehy.

DIFFICULTÉS ET PROBLÈMES DE DOCUMENTATION

Des difficultés de deux ordres sont à relever. La première touche la documentation écrite et les données archéologiques. Les sources européennes concernant le pays nzema sont très maigres et les informations insuffisantes.

Le pays nzema n'occupant pas une position centrale dans le mouvement général des activités commerciales européennes sur la côte de l'or, cela a pu favoriser aisément ces carences. Les centres marchands les plus actifs, donc les plus importants pour les blancs, se situaient entre Axim et Kormantin, de sorte que les renseignements sur le passé de cette zone sont plus riches.

Les rapports fournis par les représentants des compagnies ont pour priorité d'informer leurs différents sièges sur le commerce si bien que les informations sur l'histoire des populations restent secondaires. Quand elles sont mentionnées, des rapports étroits les lient aux préoccupations mercantiles des Européens.

Un guide des sources portugaises sur l'histoire de l'Afrique occidentale[1] montre que celles-ci nous apprennent peu de choses sur le passé des Nzema. Les sources écrites qui fournissent quelques données intéressantes sont hollandaises. Le rapport du Gouverneur Valkenburg fournit quelques informations intéressantes sur Jumore. En ce qui concerne les périodes plus récentes, les sources britanniques donnent des informations importantes.

Quant aux données archéologiques sur Nzema, elles sont inexistantes car aucune recherche n'a été entreprise dans ce sens. La deuxième difficulté provient des enquêtes orales sur le terrain. Nombreux aujourd'hui sont les détenteurs de la tradition orale qui sont alphabétisés en langue nzema, et qui ont donc tendance à ressortir ce qu'ils ont lu sur le passé de leurs ancêtres en minimisant ou en ignorant simplement l'héritage de la tradition orale. Certains informateurs reprennent bonnement les informations qui sont contenues dans les ouvrages d'Amihere Essuah[2]. D'autres conseillent de les consulter pour avoir les meilleures informations sur le passé des Nzema. Ces ouvrages d'Amihere Esuah ont acquis une grande notoriété.

À l'époque où ce dernier recueillait des informations sur l'histoire des Nzema, les vieux gardiens de la tradition orale n'étaient pas influencés par les connaissances livresques. *Mekakye Bie* est donc très important pour la connaissance du passé des Nzema.

---

[1] Ryder (A.F.C.), *Materials for west african history in Portuguese archives*, University of London, The Anthlone Press, 92 p.

[2] Amihere Essuah, *Mekakye bie II, III,* Catholic Mission Press, Cape Coast, 136 p., p. 225 p., 220 p.

Cependant, il y a un danger à ce niveau parce que *Mekakye Bie* a tendance à figer la tradition orale. Cela est grave pour la multiplicité des informations dont l'historien a besoin pour établir les faits historiques. Un problème auquel tout historien qui enquête sur l'histoire du Nzema devrait savoir affronter est le suivant.

Plusieurs sièges de commandement sont l'objet de conflits entre lignages[1]. Des familles propriétaires de *bia* (siège) dirigeant ont vu leur droit usurpé par d'autres familles. Au niveau des trônes d'Adoanbo et de Benyinli, ce problème existe. Les familles usurpatrices ne savent pas grande chose du passé des villages dont elles ont la direction. Les familles légitimement propriétaires des *bia* connaissent mieux l'histoire des villages parce que leurs ancêtres en sont les fondateurs. Malheureusement, elles ne détiennent pas l'autorité officielle au regard de la coutume pour dire l'histoire. Dans le Nzema, l'histoire appartient théoriquement aux ancêtres et en pratique aux chefs et aux notables. Or, lorsque le chef est membre d'une famille qui s'est emparée du pouvoir au détriment d'une famille rivale, il déforme la vérité historique. Quand il connaît le passé du village, il ne donne pas les noms de ses vrais fondateurs, car le contraire reviendrait implicitement à reconnaître les droits de la famille rivale. Afin de résoudre ce problème, nous nous sommes aussi renseignés auprès des personnes qui connaissent bien l'histoire des Nzema et qui n'ont pas d'emblée intérêt à dissimuler des faits passés.

Comment les usurpations de *bia* arrivent-elles ?

Les fils d'un chef pouvaient être désignés régents par les notables. Ils avaient alors la charge de veiller sur le *bia* de ''leurs pères'' en attendant de trouver l'héritier légitime[2]. Le choix du chef devait être judicieux. Ceux qui désignaient le chef devaient pouvoir être certains d'avoir fait le bon choix. Si personne dans le lignage royal ne répondait au moment précis à leur attente, le fils du chef défunt, s'il était jugé digne fils de son père parce qu'étant le fruit de l'éducation de ce dernier, pouvait être désigné comme régent jusqu'à ce qu'un membre du lignage royal soit intronisé. Un notable pouvait aussi être désigné régent[3]. Certains régents profitant de la situation ont attribué à leur lignage le *bia* de commandement.

[1] *Note* : James Ackah pense que les conflits autour de certains *bia* sont des conséquences dues à la scission du pays qui a suivi la guerre civile. James Ackah, *op. cit.*, p. 186. Voir : *Memorandum of Yamike Kwaku*, p. 2.

[2] *Note* : Chez les Nzema, la chefferie et l'héritage (Agya) se transmettent par la lignée maternelle.

[3] Diabaté (H.), *Le Sannvin un royaume akan de la Côte d'Ivoire (1701-1901) sources orales et histoire.* L'enquête de Diabaté à Ekpun montre que le porte-canne Bele Kyi désigné régent, a voulu accaparer le *bia* au profit de son lignage, p. 702, Université Paris I, octobre 1984, vol. IV, 733 p.

METHODOLOGIE

La méthode dont nous avons fait usage reste en conformité avec la problématique. Il convient d'étudier les origines et le passé des villages fondés par des immigrants fraîchement arrivés dans le royaume, tout en retraçant la genèse des groupes dont ils se réclament. Il s'agit des villages historiques.

Cela nous renseigne surtout sur l'histoire des familles détentrices des sièges de commandement. L'étude la plus exhaustive aurait voulu que l'on se penche sur les origines de chacun des lignages pris isolément. Mais ce serait un travail long, harassant et à la limite sociologique. Notre méthode a cependant l'avantage de toucher plusieurs lignages à la fois parce que des communautés entières arrivaient guidées par des lignages dirigeants.

Nous avons interrogé des personnes sur ce qu'elles savaient des origines de leurs lignages à titre d'exemple et surtout comme complément à celles des familles dirigeantes.

La méthode que nous avons utilisée face au problème de la chronologie est celle-ci. Comme la plupart de nos sociétés africaines traditionnelles, les connaissances sur le passé chez les Nzema se sont transmises par la parole de génération en génération, d'où les difficultés de datation.

L'essentiel sera de montrer comment les événements se succèdent, s'enchaînent pour créer le mouvement historique. Nous chercherons à situer chaque événement dans ses relations avec les autres événements sans vouloir coûte que coûte leur attribuer une date si cela s'avère impossible. Afin de résoudre certains problèmes chronologiques ou pour expliquer les raisons qui mènent différents groupes de migrants en pays nzema, nous ferons appel aux traditions orales des régions d'où ils sont partis. Une large documentation écrite permettra d'avoir des informations et défaire des recoupements. Nous ferons appel aux données de l'archéologie, de la linguistique et de l'ethnologie pour éclairer les faits historiques.

Notre souci premier sera d'établir les faits historiques en procédant à une critique minutieuse de la documentation. Cette critique passera par deux phases : la critique externe qui consistera à authentifier l'intégrité et la signification des témoignages. La critique interne consistera à nous fonder sur un éventail divers de témoignages conduisant à une même représentation avant d'estimer avoir établi le fait historique.

La connaissance du pays nzema et des origines des hommes qui l'ont peuplé est nécessaire pour comprendre notre problématique.

En effet, l'organisation de la défense du royaume en fonction de l'espace a joué un rôle important dans le Nzema. Montrer que les hommes qui ont peuplé le pays nzema avaient des origines diverses est un préalable qui permet de mieux comprendre comment ils ont forgé leur unité.

La présentation de l'espace géographique du pays nzema est utile pour comprendre le système de défense que les Nzema ont élaboré, pour prévenir les agressions extérieures. Les cours d'eau par exemple servaient de lignes stratégiques surveillées en permanence par les guerriers nzema. Il est également normal de présenter le pays dont la population fait l'objet de cette étude historique.

Aussi, la première partie de notre plan consistera à montrer le cadre géographique du Nzema, à étudier son peuplement en insistant sur les provenances multiples de ses populations car la problématique est de montrer comment s'est réalisée l'unité des futurs nzema.

Le plan s'articulera donc de la manière suivante : dans un premier temps, nous présenterons le pays nzema et comment son peuplement s'est fait. Ensuite, nous étudierons l'élaboration de l'unité des populations d'origines diverses qui ont peuplé le pays nzema. Enfin, nous montrerons comment cette unité a été menacée par la tyrannie du roi Kaku Aka et pendant la guerre civile qui a suivi son règne.

PREMIERE PARTIE

CADRE GÉOGRAPHIQUE, ORIGINES ET PEUPLEMENT DU PAYS NZEMA

CHAPITRE I

LE PAYS NZEMA

A-LES DIFFÉRENTES APPELLATIONS DONNÉES AU PAYS NZEMA À TRAVERS L'HISTOIRE

Différents noms seront attribués à travers le temps au territoire occupé par les Nzema dont les principaux sont : Apollonia, Jumore, Amanahea, Kingdom of Bein et enfin Nzema. Étudions-les, cas par cas.

1- Apollonia

Le nom Apollonia serait issu du terme ancien Cabo de Santa Apollonia attribué au petit ''promontoire'' de Benyinli. Les navigateurs Joao de Santarem et Pedro de Escobar ont accosté la région un 9 février jour de la Sainte Apolline de l'an 1470. Ces navigateurs portugais ont appelé Cabo de Santa Apollonia le modeste ''promontoire'' de Benyinli[1]. En réalité, il ne s'agit pas à proprement parlé d'un promontoire, mais de rochers élevés[2].

Les Anglais qui ont bâti un fort entre 1768 et 1770 à Benyinli l'ont aussi baptisé Apollonia, de sorte que cette appellation a aussi servi à désigner Benyinli[3]. L'ensemble du royaume nzema a également été appelé Apollonia[4]. Apollonia est le nom le plus ancien qui ait été attribué à une zone géographique précise du pays nzema. Cependant, les Anglais après la construction du fort ont contribué à le vulgariser. Le mot Cabo Apollonia que l'on retrouve avant la construction du fort Apollonia dans les sources écrites hollandaises[5] tend à confirmer notre hypothèse.

---

[1] Au sujet de la dédication du ''promontoire'' Cabo de Santa Apollonia voir Cruickshank, Letters from the Gold Coast and Slave Coast, Inédit 1849 datée d'Atuabo (Adoanbo) Apollonia 28 avril 1848.

[2] Lawrence (A. W.), *Trade, castles and forts of west Africa*, p. 359, Jonathan – Cape, London 1963, 424 p.

[3] Cruickshank, Eighteen years on the Gold Coast of Africa, p. 41, Frank Cass & Co LTD 1966, 345 p.

A. W. Lawrence, *Fortified trade-posts, the English in West Africa 1645-1822*, p. 228, Bedford Suare, 1969, 237 p.

[4] Furley collection 29 janvier 1848, p. 101.

Voir aussi Meredith (Henry), *An account of the Gold Coast of Africa*, pp. 26-27, Frank Cass & Co LTD 197, 264 p.

[5] Van Dantzig, *Dutch documents relation to the Gold Coast and th slav cost, Coast of Guinea 1680-1740*, p. 12, Hague, 348 p.

Le mot ''Apollonians'' a fini par désigner les habitants du pays nzema. En Côte d'Ivoire, les Nzema sont connus surtout sous l'appellation d'Apolloniens qui est la traduction de l'apollonians anglo-saxon. Le pays nzema aurait été baptisé du nom apollonia parce que les premiers navigateurs qui ont découvert le pays, ont trouvé que les habitants de cette partie de la côte sont remarquablement beaux et bien fait comme le dieu Apollon[1]. Cette version est moins vraisemblable par rapport à celle qui lie Apollonia au ''promontoire'' de Benyinli.

Dans les sources hollandaises, l'on rencontre le terme Ancoberse[2] qui désigne tous les riverains de l'Ankobra y compris les Nzema de Sanwoma.

2- Jumore

La carte d'Anville de 1729 mentionne l'existence d'un royaume de Ghiomer avec des centres comme Albiani et Tabo. Albiani est proche du terme Abɛnyi qui en langue nzema se dit Benyinli. Albiani est probablement une déformation de Abɛnyi (Albi/Abɛ ; ani/nyi). Tabo est la déformation d'Abo-anbo (Tabo-Tuabo-Doanbo-Adoanbo). L'établissement d'Issigny mentionne que vers 1670, un peuple nommé Ochin s'est trouvé confronté à l'Apollonie dont les naturels, c'est-à-dire les autochtones sont appelés Guiomo ou Gouimray[3].

---

[1] Louis Gustave Binger, *Du Niger au Golfe de Guinée par le pays de Kong et le Mossi*, p. 323.

[2] Van Dantzig, *op. cit., Dutch documents*, p. 120.

[3] Loyer (G.), ''Journal du père Loyer'', in *L'Établissement d'Issigny*, p. 178-179, Paris, Larose 1935, 243 p.

Carte d'Anville 1729

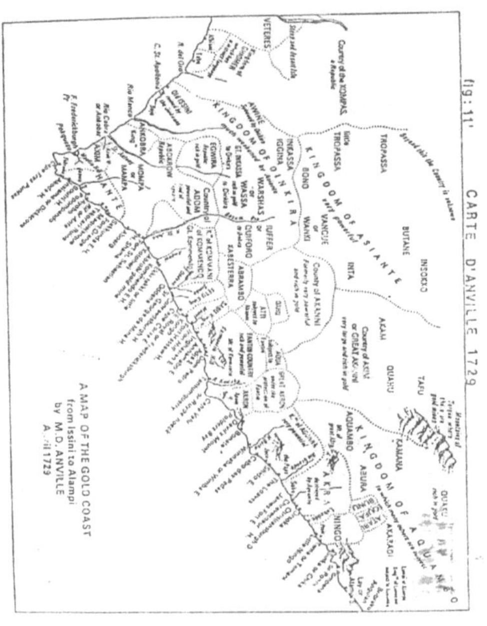

Les transcriptions suivantes que l'on trouve dans différentes sources, à savoir Jumore, Jumoree''[1], Guiomo, Guioumray, Ghiomer, Ajomoro concernent tout l'espace géographique du Nzema actuel ou de sa population. Cela prouve qu'en dépit de leurs transcriptions apparemment différentes, ces termes désignent une même réalité que les Nzema prononcent Adjɔmɔlɔ.

Comme l'indique *l'Établissement d'Issigny,* les Guiomo ou Guiouray sont les naturels (populations) de l'Apollonie. De nos jours, les Nzema qui dépendent de l'autorité traditionnelle de Benyinli se désignent sous le terme Adjɔmɔlɔ. On pourrait se demander pourquoi les Nzema qui dépendent de l'autorité traditionnelle d'Adoanbo se nomment Elɛmgbele-Azane et non pas Adjɔmɔlɔ. Cela est à notre avis une conséquence de la guerre civile. Par l'adoption d'un nom nouveau et le rejet de l'ancien nom Adjɔmɔlɔ

[1] Rapport de la Valkenburg, p. 54.

mentionné depuis le XVIIe siècle par les sources écrites, ceux d'Adoanbo montrent leur rupture avec l'autorité ancienne de Benyinli. Nous pensons que le nom Adjɔmɔlɔ a d'abord désigné un groupe de gens qui seraient parmi les premiers mentionnés dans l'espace géographique du Nzema actuel. Ils sont les fondateurs du royaume de Ghiomer que mentionne la carte d'Anville de 1729[1]. Ce terme s'est étendu et a pu à certaines périodes désigner toutes les populations de l'Apollonie et de son espace géographique. Remarquons que des Adjɔmɔlɔ peuplent le village d'Apatam et occupent l'espace un peu en amont de l'Ankobra au Nord d'Axim. Ces derniers sont probablement une fraction des Adjɔmɔlɔ de l'Apollonie. Le journal de Louis Dammaets peut à ce sujet nous éclairer. Il y est mentionné que ''les exilés de Jumore'' ayant assassiné Corroquo qui venait de mettre pied au Cap Appolonia, se sont réfugiés à Cobre[2]. C'est dire que les réfugiés de Jumore se sont réfugiés vers l'Ankobra[3]. Ces réfugiés de Jumore ne sont donc autres que les Adjɔmɔlɔ qui sont au Nord de la région d'Axim et qui ont pour centre principal Apatam.

Sur la carte politique des côtes de l'or et des esclaves dans l'ouvrage de Van Dantzig, Jumore y est mentionné comme un simple point géographique qui se situe à l'emplacement de Benyinli[4].

La carte d'Anville appelle quelques commentaires. En effet, le royaume nzema y est divisé en trois entités distinctes qui sont : Kingdom of Ghiomer[5], Old Assini et Ankobra. Cela est une preuve irréfutable que les Européens ignoraient[6] que le territoire allant de l'Ankobra aux lagunes des Vétéré (Ehotilé) constituait un seul et unique royaume. La carte de Moure ne mentionne pas le royaume de Jumore. C'est aussi le cas d'O'Dapper dans sa description de l'Afrique[7]. Or, le rapport de Valkenburg[8], qui date de 1650, parle du pays de Jumoree. L'erreur d'Anville prouve que les Européens ignoraient le système qui régissait l'organisation politique des royaumes akan de la côte. L'existence de plusieurs chefs qu'ils nommaient caboceiros les menait à croire au manque d'un pouvoir central. Les Portugais par exemple ont cru que la région d'Axim connaissait une organisation politique faible parce qu'ils y ont trouvé différents chefs.

Les traditions orales soutiennent malgré tout que le royaume nzema faisait frontière à l'Est avec l'Ahanta[9] et que les chefs ɛvaloɛ d'Axim

[1] Carte d'Anville de 1729.
[2] Furley collection, N6, Journal de Louis Dammaets, p. 89.
[3] Cobre est une autre transcription d'ankobra, Voir William Bosman, *A new and accurate description of the coast of Guinea*, p. 4, Frank Cass & Co LTD 1967, 577 p.
[4] Ibid.
[5] Note. Des Marchais parle aussi du Goimere est et du Goimere ouest.
[6] Voir William Bosman, *op. cit.*, p. 492.
[7] Voir carte du Moure, voir O'Dapper, *Description de l'Afrique*.
[8] Rapport de Valkenburg, p. 54-55.
[9] Amihere Essuah, *Mekakye bie III*, p. 6 – p. 7.

dépendaient du trône royal ahanta d'Awusua (Busua) dont Badu Bonzo fut le premier roi. C'est à l'époque coloniale, que l'administration a donné la possibilité à certains chefs de s'ériger en *ɔmanhyenle* [1]*(roi)* après qu'ils aient aient versé un certain quota d'or. C'est ainsi que Nsanye, Apatam et Bolɔfo (Axim) ont eu des *ɔmanhyenle.* Auparavant, le chef de Nsanhye était un *safohyenle* (chef guerrier) du roi ahanta d'Awusua.

Jumore est donc une transcription européenne d'Adjɔmɔlɔ, groupe fondateur du royaume de Ghiomer dans l'espace géographique du pays nzema actuel.

3- Amanahea

Bowdich fait cas dans son ouvrage du petit royaume d'Amanahea[2]. C'est au XVIIIe siècle période du règne d'Amihyia Kpanyinli que les peuples voisins ont appelé les Nzema, Amhyiafo[3], c'est-à-dire les sujets d'Amihyia. Ce dernier fut l'un des rois dont le règne a été des plus glorieux d'après les traditions orales...

James Ackah place le règne d'Amihyia peu avant celui de Kwasi qui serait mort en juin 1801[4]. Il est donc probable que le règne d'Amihyia ait eu lieu pendant le XVIIIe siècle. Henriette Diabaté situe le règne d'Amihyia Kpanyinli entre 1752 et 1779[5]. Amihyia Kpanyinli a effectivement régné pendant le XVIIIe siècle car c'est lui qui a invité les Britanniques à venir bâtir le fort Apollonia dont les travaux se sont déroulés entre 1768 et 1770. Paradoxalement, maintes sources écrites qui mentionnent le nom Amanahea datent du XIXe siècle. Bowdich mentionne ce terme en 1819. Cruickshank mentionne aussi le terme Amanahëa en 1853[6]. Le Furley Collection (journal 1870-1872, p. 45) parle d'Amenichia. *Le Public Record Office* (T70/999) mentionne les mots Amonhia ou Ammonhia. Ahmelyiah est aussi mentionné par Francis Swanzy[7]. Nous sommes d'avis avec James Ackah pour dire que tous ces termes (Amenahea, Amanahëa, Amonhia, Ammonhia, Ahmelyiah) ont un lien indubitable avec Amihyia Kpanyinli souverain nzema appelé

---

[1] L'*ɔmanhyenle* est le roi suprême du royaume.
Voir l'enquête auprès d'Alagye Diallo.

[2] Bowdich (T. Edward), *Mission from cape coast castle to Ashantee*, p. 168, Frank Cass & Co Co LTD 1966, 512 p.

[3] Aboagye (Kwasi P. A), *op. cit.*, p. 10.
Note. Le suffixe /fo/ est désignatif, Amihyiafo veut dire ceux d'Amihyia.

[4] James Ackah, *op. cit.*, p. 77.

[5] Diabaté (H.), *op. cit.*, p. 77.

[6] Cruickshank, *Eighteen years on the Gold Coast of Africa*, London, 1853, vol., p. 41.

[7] Minutes of the select committee on west coast Africa 1842. Voir aussi A D M5/330 National National Archives, Accra).

également Amihyia Angɔla[1]. Son nom sera attribué à ses sujets ainsi qu'au royaume tout entier.

4- Kingdom of Bein[2]

Ici, le nom de la capitale a été étendu à tout le royaume. Bein n'est autre que la transcription anglaise de Beyinli le centre principal où résidait le souverain du royaume. L'extension du nom Bein à l'ensemble du royaume montre que Bein en était la capitale et confirme la prééminence ancienne de Benyinli par rapport à Adoanbo.

5- Nzema

Nzema est le nom réel du pays, de ses populations ainsi que de leur langue. Mais ce nom ne devient usuel auprès des étrangers que bien plus tard par rapport aux appellations dont nous avons déjà fait état. Les sources écrites qui mentionnent le nom nzema sont assez tardives car elles datent de la deuxième moitié du XIXe siècle[3]. Il est difficile de dire exactement la période pendant laquelle le terme nzema a désigné le pays et ses populations. Deux principales versions orales expliquent l'origine du mot nzema. L'une dit que nzema vient de l'expression anyi ''Menzema'' (je ne sais pas)[4]. L'autre dit que nzema vient de ''Njeba'' (traquer)[5].

Nous montrerons que le nom nzema marque l'attitude des souverains qui accueillant les migrants arrivés dans le royaume cherchaient à les intégrer à leur ensemble politique et social. Nzema à notre avis devait être la marque de l'évolution vers l'unité des communautés diverses qui s'installaient dans le pays.

C'est le 26 février 1930 que Nana Anɔ Adjei I de Western Nzema, a demandé au Colonial Secretary d'intervenir auprès du gouvernement anglais, afin que le nom correct (Nzima) du peuple à l'ouest du District d'Axim, soit utilisé en lieu et place d'Apollonians[6]. Le *Colonial Secretary* a donné une suite suite positive à la requête de Nana Anɔ Adjei I et a officiellement reconnu le nom nzema. Très vite le nom nzema sera utilisé dans la Gold Coast survey maps[7].

---

[1] James Ackah, op. cit., p. 4-5.
Note : Les traditions orales betibe (Eotilé) parlent du roi nzema Amihyia Angola. Diabaté (H.), *op. cit.*, p. 673-674.
[2] La carte de Longman du 9 juin 1812.
[3] Binger, *op. cit.*, p. 275.
[4] Aboagye (Kwesi), *op. cit.*, p. 9.
[5] Diabaté (H.), *op. cit.*, p. 690, Enquête auprès d'Amihere Essuah.
[6] Nana Annor Adjaye, *Nzima land*, Headley Brothers – London, 1931, p. 83-84.
[7] SA 31/27 Appolonia Eastern and western renamed Eastern and Western Nzima, National Archives of Ghana, Acra, Voir Ackah (James), *op. cit.*, p. 5.

B- ASPECTS GEOGRAPHIQUES

a- Relief

Nzema apparaît comme un pays plat[1] avec ça et là quelques élévations peu importantes comme les collines d'Amihyia Bile, de Sanwoma, de Teleku, d'Awean et de Kɛnhɛne.

Nzema a un relief de plateau peu disséqué[2] avec des vallées peu profondes dont celles de la Tanoɛ et de l'Ankobra. Vers la côte, l'on rencontre des plaines littorales constituées de dépôts littoraux émergés. Elles sont limitées vers l'océan par un cordon de sable.

b- Climat

La région nzema est très arrosée. Son climat est pratiquement identique à celui du Sud-Est ivoirien. Il s'agit d'un climat équatorial que l'on qualifie ici de type attiéen avec un faciès littoral qui se caractérise par une pluviométrie assez contrastée en quatre saisons.

Une grande et une petite saison des pluies en juin et octobre entrecoupées de deux saisons sèches[3]. Les périodes pluvieuses vont de mars à juillet et de septembre à novembre avec des maxima en juin. La moyenne annuelle des précipitations avoisine ou dépasse deux mètres. Les minima de pluies sont enregistrés pendant le mois de janvier. Il n'existe pas de mois absolument sec. Des averses se produisent pendant les autres mois de l'année. De faibles précipitations ont lieu en janvier, février, août et septembre. La petite saison des pluies va d'octobre à novembre. En janvier, le régime de l'harmattan rend le temps brumeux, la température baisse à 12°, à Axim[4]. Elle est très élevée pendant la journée, environ 35°. La saison des pluies se caractérise par des nuages cumuliformes. La saison sèche vers la fin du mois d'août se caractérise par une température assez la nuit, environ 25°.

c- Végétation

L'on rencontre dans le Nzema trois types de végétation, la forêt dense sempervirente[5], les formations hydromorphes et les savanes littorales.

1–La forêt dense sempervirente est une formation fermée composée de trois strates avec un recouvrement herbacé très faible. Il existe à certains

---

[1] Meredich (H.), *An account of the Gold Coast of Africa*, p. 54.

[2] Adams (D.T), A *Ghana geography*, p. 6, London, EC4, 192 p.

[3] *Note* : La grande saison des pluies est appelée *fosele.* La petite saison des pluies est appelée *bokile* (par les Nzema).

[4] Adams (D.T), *A ghana geography*, p. 71.

[5] Adams l'appelle ''closed forest'', p. 77.

endroits une strate arbustive assez abondante, riche en espèces et une strate arborée lâche.

2-Les formations hydromorphes se composent de forêts marécageuses et de mangroves. On les rencontre sur les bords de l'Amanzule, sur le cordon lagunaire de l'Ehy, sur les pourtours du lac tandane à Nzulezo et à Amazule à Awiane (Half-Assini). Entre Adu et Awiane il y a une forêt marécageuse appelée *ɛzia* nu (dans les marécages). Sur ces sols hydromorphes dépressions et cordons alternent avec une prédominance des palmiers raphias (gracillis) que les Nzema nomment *dɔka*.

Les mangroves, une formation monotone et pauvre en espèces, peuplent les rives basses des embouchures de la lagune, du Tanoɛ, de l'Amanzule, de la lagune Ehy et du lac Tandane.

3- Les savanes littorales sont une formation herbacée à trois strates dans le niveau de grandeur :

1) les petites formations herbacées de 20 à 30 cm ;
2) les formations herbacées moyennes de 50 à 70 cm ;
3) les formations herbacées supérieures qui peuvent attendre 1,80 m.

Ces savanes littorales sont appelées *fiene* par les Nzema. On les rencontre dans la zone littorale au nord de Benyinli, d'Adoanbo et de Ngalɛkpole jusqu'aux rives de l'Amanzule. Il en existe à Aziema et près de Nzulezo. Elles sont souvent inondées pendant les saisons pluvieuses, les rendant inaptes à la culture.

d- Hydrographie

Dans l'ensemble, de nombreux cours d'eau parcourent le pays nzema. Il existe deux fleuves d'assez grande taille, le Tanoɛ à l'ouest et Siane (Ankobra) à l'est. À l'intérieur du territoire, le seul cours d'eau qui peut être qualifié de fleuve est l'Amanzule. Le reste des cours d'eau sont des rivières dont les tailles sont très variées. Leurs débits sont soumis aux variations des facteurs climatiques c'est-à-dire les variations thermiques et pluviométriques. Il existe donc un parallélisme pluvio-fluvial. En effet, la période des hautes eaux se produit pendant la saison des pluies tandis que celle des basses eaux a lieu en saison sèche où les ruisseaux se dessèchent. L'écoulement se fait par drainage exoréique, de ruisseaux à rivières, de rivières à rivières en fonction de la taille, de rivières à fleuves puis les eaux atteignent l'océan. Si l'écoulement général aboutit à la mer, certaines gagnent le lac Tandane et la lagune Ehy.

Le réseau hydrographique est donc très hiérarchisé. À titre d'exemple, la rivière Alehialɛ au nord d'Awiane est l'affluent du Nvɛhiɛ qui à son tour se jette dans la lagune Ehy. Entre Bɔnyelɛ et Kabenlasuazo, la rivière Kɛdɛ se jette dans le Domunli qui à son tour se jette dans l'océan.

La rivière Bɔsɔkɛ qui se jette dans le lac Tandane est alimentée par différentes rivières. À l'est l'Ankobra possède divers affluents, de même que le Tanoɛ à l'ouest.

Au centre du pays, l'Amanzule reçoit les eaux de rivières de tailles diverses. Il se jette lui même dans l'océan près du village d'Azuleloanu[1] l'une des places historiques du peuple nzema qui a des origines diverses.

Les cours d'eaux ont joué un rôle important dans le peuplement parce que les migrants les ont longés, puis traversés avant de s'établir dans le pays nzema. Les traditions orales évoquent notamment la traversée de l'Ankobra, du Tanoɛ, de la lagune Dwenye et de l'Amanzule. Le cadre géographique a influencé l'implantation même des villages parce que les migrants recherchaient des sites qui remplissaient certaines conditions telles que la présence d'eau et de terres fertiles. À partir de certains cours d'eau longés par les migrants, l'on devine aisément leurs lieux d'origine.

---

[1] *Note* : C'est par un canal que l'Amanzule se jette dans l'océan Atlantique. Voir Ackah (James), *op. cit.*, p. 3.

CHAPITRE II

DES ORIGINES

A- ORIGINE GENERALE DES NZEMA

Les traditions orales soutiennent que les Nzema viennent tous d'Awean-Wean qui, dit-on, est au-delà des grandes savanes (*fiemgbole*) proches du désert (*ɛsɛlɛ*)[1]. Des traditions orales recueillies à Takyiman affirment que les lointains ancêtres des Akan viennent de Sarem[2] (savane). Awean-wean était très vaste. Ils y vivaient outre les ancêtres des futurs nzema, les ascendants des futurs anyi, Ahanta, Fante, Sefwi, Nzandelɛ, Ɛvaloɛ, Egwira, Bono, etc.

Les Nzema et les autres rameaux du peuple akan n'existaient pas tel que l'on peut les voir de nos jours. Les clans et les différents lignages se préoccupaient de descendre progressivement vers la zone forestière en se regroupant selon divers critères d'affinités. À Awean-wean vivaient des populations de diverses origines qui parlaient des langues et pratiquaient des coutumes différentes[3] Nana Boafo Nta apporte à ce sujet des informations intéressantes car dit-il ''Awean-wean était un grand pays étendu. La population était composée de personnes venant d'ici et là, c'était tout ce monde réuni qui habitait Awean-wean''[4]. Ce vaste territoire peuplé de populations hétéroclites, les Nzema et les Anyi lui donnent le nom générique d'Awean-wean. Il serait faux de penser qu'Awean-wean était une cité, car un espace restreint n'aurait certainement pas pu contenir l'ensemble des populations qui se réclament d'Awean-wean, à moins qu'il ne s'agisse d'une véritable mégalopolis, ce qui à cette époque est hors de question. L'immensité de cette région explique pourquoi de nombreux groupes akan se réclament d'Awean-wean.

L'origine générale des Nzema est commune à celle du peuple akan dans son ensemble. Elle se situe dans le cadre du mouvement général des peuplades akan vers le Sud. Nous pensons que les Nzema à l'image des Akan comme de tous les peuples noirs africains, exception faite des négrilles, des hottento et des boshiman sont originaires des vallées du Nil et le l'Omo (la grande Rift valley). À ce sujet, Teilhard de Chardin écrit :

---

[1] Aboagye (Kwesi), *op. cit.*, p. 8.
Amihere Essuah, *Mekakye bie III*, p. 58.
Diabaté (H.), *op. cit.*, p. 690 ; p. 700.

[2] D. M. Warren, Ko. Brempong, Techiman traditions, p. 59, p. 42, p. 47.

[3] Diabaté (H.), *op. cit.*, p. 280, voir l'enquête de Kwame Yeboa.
Daaku à Nkwanta n° 2 en Aowin in Thèse de Diabaté, p. 587.

[4] Ibidem, Enquête de Diabaté (H.) à Angye (Enchi), p. 572.

« De toute façon, aussi bien par l'importance de ses formations pléistocènes que par sa position géographique au foyer même (présumé) de l'évolution des faunes africaines pliocènes, le Rift se détache de plus en plus clairement comme la région du onde où nous pouvons espérer cerner de plus près que nulle part ailleurs la question des origines humaines ».

Cette thèse réveille la susceptibilité des historiens européocentristes. Remarquons cependant que s'il est vrai que les Mélano-Africains sont originaires de la Vallée du Nil et de l'Omo, cela ne signifie nullement qu'ils ont tous participé à l'élaboration de la civilisation pharaonique. En ce qui concerne le cas spécifique des Akan, plusieurs foyers de dispersions successifs sont à retenir. La région tchad-bénoué, le Niger Moyen, la Volta noire, le Comoé, le bassin du Pra et de l'Ofin et les lagunes orientales du Sud-Est de la Côte d'Ivoire actuelle. L'une des origines des proto-akan que l'on situe autour de la région du lac tchad, s'explique par le fait que l'ensemble linguistique kwa auquel appartiennent les parlers akan a son berceau dans cette région[1]. Les proto-akan sont partis des vallées du Nil et de l'Omo pour s'établir dans la région tchad-bénoué. Cette zone géographique très arrosée et giboyeuse a pu attirer de nombreuses populations. Puis ils amorcent une progression vers l'Ouest. Au deuxième millénaire sous l'effet du dessèchement du Sahara, ils descendent vers les régions forestières du Sud. Les Mélano-Africains selon Guy Rachet occupaient la zone du Sahara jusqu'au bord du Nil où ils représentaient une partie importante de la population prédynastique de l'Égypte[2]. Hugot (H. T.) est aussi d'avis que les mouvements migratoires des populations Mélano-Africaines vers le Sud sont liés au dessèchement du Sahara depuis le deuxième millénaire avant J.-C. et aussi à l'accroissement de la population[3].

Les anciens foyers de dispersions expliquent les origines nordiques dont diverses traditions orales akan font états. Le peuplement des régions akan est donc le résultat d'une dislocation continuelle de populations venues de l'intérieur des terres. Le Professeur Niangoran-Bouah affirme que certains symboles des poids akan à peser l'or sont identiques aux signes gravés sur les montagnes et dans les grottes du Sahara[4].

La thèse sur l'origine nordique des Akan n'entre pas en contradiction avec l'état des recherches archéologiques actuelles. Bien au contraire, celles-ci montrent que les traces d'occupations humaines dans la région nord sont plus anciennes que celles des zones forestières. Alors que les archéologues

---

[1] Pierre Alexandre, *op. cit.*, p. 378.

[2] Rachet (Guy), L'univers de l'archéologie, technique/histoire/bilan, p. 157, Marabout Université 1970, 311 p.

[3] Hugot (H. J.), *Le Sahara avant le désert*, p. 46, Éditions des Hespérides-Colombes 1974.

[4] Niangoran-Bouah, ''Poids à peser l'or et les problèmes de l'écriture chez les Akan de Côte d'ivoire et du Ghana'' in Colloque inter-universitaire Ghana-Côte d'ivoire, p. 85.

Idem, ''Visages culturels des nzema et Abouré de Grand-Bassam'', *Frat/Mat* du vendredi 6 juin 1986, p. 9.

ont découvert des ossements humains très anciens dans le Sahara, ils n'ont rien trouvé d'identique dans la région du couvert végétal. Dans un article, Raymond Mauny montre que les restes humains et l'industrie liés au Sahara méridional, c'est-à-dire négroïde, ont des sites qui s'échelonnent entre la fin du paléolithique supérieure et la fin du néolithique. Cependant, dans la zone du couvert végétal, tous les sites les plus anciens datent du néolithique[1].

Avant que des découvertes futures ne viennent peut être contredire les données archéologiques présentes, nous considérons que l'origine nordique des Akan ne fait aucun doute.

Les traditions orales font aussi du Bono l'une des étapes capitales dans les origines des Akan. Venant du Nord, les ancêtres se seraient installés dans le Bono. Les Nzema disent que la grande majorité des clans qui ont fondé les royaumes akan viennent du Bono[2]. C'est dans le Bono, royaume akan septentrional que se serait élaboré la civilisation akan. La politique unificatrice des *Bonohene* (rois du Bono) pour rassembler dans un même moule ces peuplades diverses, va contribuer à la répandre. Si les peuples du bloc akan aujourd'hui vivent dans un même continuum culturel, c'est-à-dire parlent des langues plus ou moins proches et pratiquent des coutumes similaires, il n'est pas dit qu'ils appartiennent au même fond génétique.

Il n'y a pas de correspondance entre les pratiques culturelles et le fond génétique. Au fil du temps, des peuples se disloquent, se forment sur les cendres de ceux qui se sont altérés, cela au gré des événements politiques, linguistiques et culturels. Il arrive que des peuples avec l'éloignement de leurs régions d'origines et le contact avec d'autres peuples, finissent par perdre leur langue et leur culture originelle. Ces réalités historiques indéniables, doivent nous permettre de comprendre, que quand bien même Awean-wean est aujourd'hui peuplé par d'autres populations, il ne demeure pas moins le lieu d'origine des Akan en général et des nzema en particulier. Toute la controverse autour d'Awean-wean vient de là.

B- LA PROBLÉMATIQUE AWEAN-WEAN

Un problème Awean-wean existe. Des historiens s'appuient sur deux raisons principales pour affirmer qu'il s'agit d'un mythe. Awean-wean disent-ils ne peut être le lieu d'origine de tous les Akan parce que ce terme ne représente historiquement rien pour certains groupes akan[3].

---

[1] R. Mauny, ''Catalogue des restes osseux humains préhistoriques trouvés dans l'Ouest africain'', in *Bulletin de l'institut Français d'Afrique noire*, tome XXIII n° 1-2, janvier-avril 1961.

[2] Amihere Essuah, *Mekakye bie III*, p. 58.

[3] Diabaté (H.), ''Agnouan-Agnouan, origine de tous les Akan : un mythe'', in ID n° 759 du 25 août 4985, p. 28-29.

La seconde est que les traditions orales ne situent pas avec exactitude où Awean-wean se trouve. Les lieux géographiques que l'on donne à Awean-wean sont les suivants[1] :

- la région de Tombouctou
- la région au-delà du Brong actuel
- le désert du Sahara
- le Nord
- dans les régions des musulmans
- derrière la grande savane du Nord
- le Nord-Est de la Côte d'Ivoire actuelle
- le Nord du Ghana actuel
- la région d'Angye (Enchi)
- la région de Kumase.

Le premier argument avancé par les historiens de la thèse mythique est critiquable. Awean-wean n'est qu'un mot générique utilisé seulement par certains akan (notamment Nzema et Anyi) pour nommer cette région septentrionale d'où sont originaires leurs lointains ancêtres et où le sable s'étend à l'infini. Il est évident que dans ce cas, ce terme générique n'évoque rien pour d'autres akan. Cela ne signifie pas pour autant que les lointains ascendants de ces derniers ne sont pas originaires de ces régions septentrionales. Quand bien même le terme Awean-wean n'évoque rien pour les Akan Twifoɔ (locuteurs du twi), ils disent que leurs ancêtres viennent de *Sarem,* la grande savane septentrionale[2]. De ce point de vue, *Sarem* a la même signification qu'Awean-wean. Nous pensons qu'Awean-wean est la façon la plus expressive pour certains akan de rappeler les origines nordiques de leurs ancêtres.

Le second problème que pose Awean-wean est sa situation géographique. Quand les historiens posent la question sur l'endroit où les traditions orales situent Awean-wean, ils s'attendent en réalité à des précisions guidées par la géopolitique et l'ethnographie actuelles de notre sous-région. L'historien devrait plutôt garder en esprit qu'en ces époques éloignées, il n'y avait que de vastes étendues de terres. Il n'existait ni Côte d'Ivoire, ni Ghana, ni Mali, ni Burkina-Faso mais qu'Awean-wean embrassait les zones septentrionales qui s'étendent sur nos républiques actuelles.

L'imprécision de la tradition orale est révélatrice de cette réalité passée. Plutôt que d'être considérée comme une faiblesse dans l'information, l'imprécision des traditions orales est un indice important. Pourquoi

---

[1] Diabaté (H.), *Le Sannvin un royaume akan de la Côte d'Ivoire (1701-1901) sources orales et histoire, Enquête*
à Angye p. 573 ; p. 493.
- enquête auprès de Maame, Abjoba Ekyi, Annexe 10, p. 377.
- Niangoran-Bouah, ''Le pays abouré'', *Annales de l'Université d'Abidjan* – 1965.

[2] D. M. Warren, K. O. Brempong, *op. cit.*, p. 59 ; p. 42 ; p. 47.

demander aux gardiens de nos traditions orales d'exprimer des réalités récentes qui dans les temps passés n'existaient pas ?

Où se situe Awean-wean ?

Parmi les peuples qui se réclament d'Awean-wean, tous ne se souviennent pas d'une étape en Aowin dans la région d'Angye. Claude Hélène Perrot situe Awean-wean près d'Angye, précisément dans le *Kulofoan* (village abandonné) appelé Nguanda ɛya[1]. Henriette Diabaté parle d'un Awean-wean situé dans l'Aowin ancien[2]. Cependant, des enquêtes menées à Angye permettent de dire que les Aowin eux-mêmes ne situent pas Awean-wean dans leur pays. Les intéressés le situent dans les régions septentrionales de notre sous-région[3]. Le *Kulofoan* dont parle Hélène Perrot a toujours, été appelé Nguanda ɛya et jamais Awean-wean. C'est là que les Sohié et les Anabula ont installé Anɔ Asema et ses sujets. Nguanda ɛya était un grand centre de rencontre.

Il est sacré de nos jours et fait l'objet d'une surveillance particulière de la part des autorités traditionnelles d'Angye parce que ce lieu est d'une haute importance historique et religieuse pour les Aowin. En effet, c'est le premier site que leurs ancêtres ont occupé. L'hypothèse qui situe Awean-wean dans la région de Kumase n'est pas exacte. Or, Awean-wean signifie sable qui s'étant à perte de vue. La région de Kumase n'est ni sableuse, ni sablonneuse. Elle n'est pas non plus suffisamment vaste pour avoir abrité toutes ces populations qui se réclament d'Awean-wean. Elles ne se souviennent pas non plus d'un séjour dans la région de Kumase.

À part les thèses qui situent Awean-wean près d'Angye ou dans la région de Kumase, une chose est commune à toutes les autres. Que ce soit la région dc Tombouctou, la région au-delà du Brong actuel, le désert du Sahara, le Nord, le Nord-Est de la Côte d'Ivoire actuelle, le Nord du Ghana actuel, toutes sont communes sur un point : le Nord. Au-delà de ces différentes expressions, c'est du Nord dont l'on veut parler. Awean-wean n'est autre que le vaste territoire septentrional de notre sous-région. Cela est tout à fait conforme aux grandes migrations vers le Sud des Mélano-Africains suite au dessèchement du Sahara qu'attestent[4] les données archéologiques.

---

[1] Claude Hélène Perrot, ''Ano Aseman : mythe et histoire'', in *Colloque inter-universitaire Ghana-Côte d'Ivoire Bondoukou*, p. 8.

[2] Voir carte de Henriette Diabaté (L'Aowin ancien).

[3] Diabaté (H.), *Le Sannvin un royaume akan de la Côte d'Ivoire (1701-1901, Sources orales et histoire*, p. 493, p. 573.

[4] Rachet (Guy), *op. cit.*, p. 157.

R. Mauny, ''Catalogue des restes osseux préhistoriques trouvés dans l'Ouest-africain'', *IFAN*, tome XXIII, n° 1-2, janvier-avril 1961, p. 408.

C- LES SEPT CLANS MATRILINÉAIRES ET LA QUESTION DES ORIGINES

La notion d'origine comporte deux aspects. La zone géographique et le milieu humain dont on se réclame, c'est-à-dire la généalogie. L'organisation sociale des Akan est basée sur le ''jus sanguinis'' de matriclans exogamiques (*abusuan*) qui remontent à des ancêtres donnés. L'*abusuan* est un trait caractéristique de la société akan qui trouve son existence dans la genèse des matriclans. Les Akan descendent tous de sept *abusuan* principaux[1]. Les membres d'un même abusuan sont censés descendre d'un lointain ancêtre commun[2]. Cela n'a rien de mythique pour maintes raisons. Pourquoi les enfants de Jacob qui sont considérés comme les patriarches fondateurs des douze ''tribus'' d'Israël ne sont rien de plus que des patriclans exogames. Les spécialistes qui étudient la société mandingue ne considèrent pas comme mythiques les ancêtres à l'origine des grands *djamu* (nom des grandes familles). De même que les ''tribus'' d'Israël, les *djamu* sont des clans patrilinéaires exogames. En cela, ils ne diffèrent pas des matriclans akan.

Les Touré se rencontrent aussi bien chez les Dioula, les Bambara et les Soninké. Les membres d'un même *djamu*, même en dépit de leur appartenance à des groupements ethnologiques différents, considèrent qu'ils sont d'une ascendance commune.

Les *abusuan* et les *djamu* diffèrent de ce que chez les Akan, les individus ne portent pas les noms des matriclans auxquels ils appartiennent. Pourquoi s'étonne-t-on que les *abusuan* soient exogames ? Ils ne sont que le processus normal de la multiplication d'une famille à travers le temps ainsi que de l'émiettement des clans et des lignages[3]. Le clan est donc une entité sociale historiquement permanente qui peut avoir une extension géographique considérable et transcender les limites d'une société donnée. Il devient évident qu'à cette échelle la référence à la consanguinité n'est plus qu'une fiction et que seule joue l'affinité[4]. L'accroissement naturel du nombre des membres des familles et les migrations font éclater les lignages qui finissent par se perdre de vue. Les alliances matrimoniales provoquent également

---

[1] D. M. Warren, K. O. Brempong, *op. cit.*, p. 132.
Annan (Elisabeth), *op. cit.*, p. 108.
Anza (Eboyi), *Bɛnlea maamɛla*, pp. 40-50, Accra 1979, 63 p.
Quarm (P. K.K), *Ezunlɔ nu awolɛ yelɛ*, pp. 24-35, Accra 1982.
Kwamina Dickson, *A historical géography of Ghana*, p. 15.

[2] Kwamina Dickson, Cambridge at the university press 1969, 374 p.
Note : Dans les temps anciens les mariages entre individus issus d'u même matriclan étaient prohibés. Voir : *Memorandun of Yamike Kawaku*, p. 1.

[3] Enquête auprès de Malan Kofi Alexandre.

[4] Pierre Alexandre, *op. cit.*, p. 74.

l'éclatement des lignages. Les Nzema disent à juste titre ''Raalɛ ma abusuan kpɔsa''. (''La femme fait promener la famille'').

L'*abusuan* a deux aspects. L'*abusuan* large ou clan que les Nzema appellent *assalo abusuan* et l'*abusuan* réduit ou lignage *suakunlu abusuan.* Il est la cellule sociale au sein de laquelle se jouent les droits et obligations réciproques des individus qui la composent. Les liens à l'intérieur du lignage se fondent sur la parenté consanguine. Les individus se classent selon l'appartenance à un matriclan donné au-delà des distinctions ''nationales''. Par ce mot, il faut entendre l'appartenance de l'individu à un rameau spécifique donné du groupe akan. C'est la preuve que les royaumes akan n'ont pas été fondés sur des critères de sang, mais sont nés de faits politiques et historiques. Des lignages ou des peuples entiers qui fuyaient des vicissitudes multiples faisaient allégeance à un chef puissant qu'ils pensaient capable de les protéger.

Dans le lignage, il faut selon Radcliffe-Brown distinguer la parenté issue de ''relation sociale'' comme l'adoption ou l'incorporation d'esclaves et la parenté issue de la ''relation physique ou biologique''[1], c'est-à-dire les liens de sang. Le lignage chez les Akan est donc une structure parentale qui unit des personnes qui descendent d'une aïeule commune par filiation biologique et par l'incorporation d'individus d'origines serviles...

Des choses inexactes ont été dites sur les *abusuan*. L'on a avancé que chaque akan hérite du côté de sa mère quand il appartient au clan matrilinéaire, et du côté de son père s'il est du clan patrilinéaire. Bowdich parle à ce sujet de quatre familles patrilinéaires qui seraient Aquonna, Essona, Intchwa et Tchaeedam[2]. Ceci est une erreur puisqu'on reconnaît là des matriclans. Cette erreur a été reprise par d'autres auteurs qui parlent de douze clans patrilinéaires mais énumèrent des matriclans[3]. S'il en était comme le disent ces auteurs, les fondements même de l'abusuan se trouveraient sapés. Tout akan appartient à l'*abusuan* de sa mère. C'est une règle essentielle sur laquelle repose toute l'organisation sociale akan. L'*abusuan* est le système fondamental et unique de parenté.

Cependant, ce qui est à l'origine de l'erreur de Bowdich vient du fait que certaines fonctions politiques ou rituelles se transmettent en ligne paternelle. La fonction de *safohene* obéit à cette règle. Cela ne signifie pas pour autant que l'on est membre de l'*abusuan* auquel son père appartient. Adu Boahen dans un article parle du système de clan entrecroisé qui d'après lui

[1] Radcliffe-Brown, Daryll Forde, *African systems of kinship and mariage*, p. 4, Oxford University Press 1970.

[2] Bowdich (E.), Mission from cape coast cstle to *Ashentee*, p. 229-230.

[3] Ellis (A. B.), *The tshi speaking people of the Gold Coast of West Africa,* p. 200 ; p. 207. Netherland 1966, 344 p.

Cruickshank, *Eigbteen years in the Gold Coast of Africa*, p. 49.

n'existerait que chez les Akan locuteurs du twi[1]. En réalité il n'existe pas de clan patrilinéaire en tant que tel chez les Akan. Chaque individu appartient au lignage matrilinéaire de sa mère, mais ne doit pas ignorer le clan matrilinéaire auquel son père appartient. Un Akan appelle les membres du lignage matrilinéaire dont fait partie son père, ''mes pères''. Autant que l'appartenance à un matrilignage implique des devoirs et des droits, un individu a des devoirs envers le matrilignage de son père. Ainsi, il devra vénérer les divinités paternelles desquelles, il tirera des forces mystiques qui le protégeront. Cela s'appelle le *ntɔrɔ*. Il aura le devoir de porter les cercueils des défunts qui sont membres du matrilignage auquel son père appartient. Le *ntɔrɔ* dit Jack Goody est l'expression rituelle vis-à-vis du matrilignage paternel[2], alors que le *ntɔn* ou *abusuan* est le système de parenté. Les *ntɔrɔ* paternels ne sont pas des clans contrairement à ce que pense Adu Boahen[3]. Ils ne sont pas non plus propres aux seuls akan locuteurs du twi. Les Nzema et les Anyi Sanwi rendent un culte aux divinités paternelles. Chez les Akan, hériter de la fonction de *safohene* de la part de son père n'est pas un *adja,* c'est-à-dire l'héritage tel que les Akan l'entendent. En effet, l'*adja* n'a lieu qu'au sein de l'*abusuan* restreint ou lignage.

Les ntɔrɔ paternels sont au nombre de douze chez les Akan locuteurs du twi, et Adu Boahen les énumère[4]. Il s'agit du Bosompra, Bosomtwe, Bosommuru, Bosom-Nketea, Bosom-Dwerebe, Bosom-Adam, Bosom Afram, Bosom Krete, Bosomafi, Bosomayesu, Bosom-Kousi, Bosom Sika. Comme on peut le constater, ces *ntɔrɔ* ne sont que des bosom (en twi), bosson (en Anyi), bozonle (en nzema) c'est-à-dire des esprits qui font l'objet de cultes.

Le Bosompra par exemple est l'esprit qui habite le fleuve Pra. Le Bosom Afram est le génie du fleuve Afram. Le Bosomtwee est l'esprit du lac Bosomtwe qui se trouve en Asante.

Malgré les multiples parlers akan, les abusuan sont partout les mêmes. La difficulté est de pouvoir les reconnaître à travers leurs diverses appellations.

Les *abusuan* qu'énumère Bowdich sont : Quonna (buffalo family) (plantain family yoko (red eart family), Annona (parrot family), Intchwa (dog family), Appiadie (servant family), Tcheedam (panther family), Agoona (palm-tree family), Doomina, Essona (savage cat family), Abrootoo, Abadie[5]. Ellis et Brodie Cruicshank mentionnent aussi ces douze *abusuan*[1].

---

[1] Adu Boahen, ''Who are the Akan'', in *Colloque inter-universitaire Ghana Côte d'Ivoire*, p. 70.

[2] Jack Goody, ''Ethnohistory and the Akan of Ghana'', *Africa*, Volume XXIX n° 1, junuary 1959, p. 67.

[3] Adu Boahen, *op. cit.*, p. 70.

[4] Adu Boahen, *op. cit.*, p. 70.

Note : Au sujet des ntɔrɔ et ntɔn, voir Denteh ''Ntorɔ and Ntɔn'' *Institute of African Studies III*, 3 91-6.

[5] Bowdich (E.), *op. cit.*, p. 229 ; p. 230.

Les enquêtes de Daaku à Adum Banso et à Manso révèlent les *abusuan* suivants[2]: Atwea, Ahene, Ayoko, Asamakoma, Agona, Anona, Nsona.

Diverses transcriptions orthographiques selon les variétés dialectales sont données pour un même abusuan, ce qui peut aboutir à des confusions. En voici des exemples (Aquona, Kwonna, Ekoona), (Annono, Anona, Anana, Annona), (Yoko, Ayoko, Oyoko, ɔyɔkɔ), (Ahene, Asenee), (Essona, Unsenna, Essona, Assona, Nsona, Nsina), (Agona, Agoona, Eguana, Aguana, Aguna), (Appiadie, Appiadi, Apiadze), (Abrade, Abbradi, Abadie, Abradze, Abadzi, Aadze, Abadie), (Intchwa, Nitchwa, Atwea, Ahwea, Ndweafoɔ, Ntwea), (Tchweedam, Twidan, Twiden), (Abrootoo, Abrutu, Eburotum, Bretuo, Abrutwum), (Doomina, Dumina, Odoomina, Domina, Odumna), (Asamakoma, Asɛmagɛma, Asamagɛma).

---

[1] Ellis (A. B.), *op. cit.*, p0 206 ; p. 207.
Cruickshank, *Elghteen years in the Gold Coast of Africa*, p. 49.

[2] Kwame Yeboa Daaku, *Unesco research project n°3 Wassa Fiase*, p. 29.

Les matriclans et leurs symboles

Emblèmes	Abusuan nzema	Abusuan des twifoɔ	Emblèmes
Feu, chien	Ndweafo (Azawua, Manhile)	Abrade[1] Aduana Atwea	Chien Banane-plantain
Eau, riz	Ezohile	Asona, Nsona[2] Odumna (Dwum) Adwimina	Corbeau Chat
L'or	Mafolɛ (Asɛmagɛma)	Asamakoma[3] Ekoona, Ahene Asenee, Bretuo Twidan-Atoa	Antilope Buffle Panthère
Maïs, Abissa	Nvavile	Agona, Anona[4]	Perroquet Palmier à huile
Calebasse, Palmier raphia	Alɔnwɔba	ɔyɔkɔ[5]	Aigle Faucon
Igname	Azanwule	Asɔkɔre[6]	Le vautour

---

[1] Terray (E.), *op. cit.*, p. LX, Terray montre que Atwea, Abrade et Adunana forment une ême clan. Voir enquête auprès de Koasi Kɛse, p. 409. Adu Boahen, *op. cit.*, p. 70.

[2] James Ackah, *op. cit.*, p. appendix 10, p. 1, p. 2. Voir enquêtes auprès de Koasi Kɛse et Maame Ama, p. 405. Adu Boahen, *op. cit.*, p. 70.
Meyerowitz (E), *Akan tradition of origin*, p. 115.

[3] Enquête auprès d'Egya Aleɛhyen, Annexe 14, p. 335. Rodney (W.), ''The Gold Coast'' in *The Cambridge history of Africa*, Volume 4, p. 304.

[4] Van Dantzig, *Les Hollandais sur la côte de Guinée à l'époque de l'essor de l'Ashanti et du Dahomey 1680- 1740*, p. 131. Adu Boahen, *op. cit.*, p. 70.

[5] James Ackah, *op. cit.*, figure 5, p. 45.
Enquête auprès de Koasi Kɛse.
Kwame Yeboa Daaku, Unesco research project n°3 Wassa Fiase, p. 29, p. 35.

[6] Enquête auprès de Koasi Kɛse.

Régime de graines de palmier, piment, patate douce	Adahonle	Apiade[1] Asere Asakyiri Asenkera	L'épervier

Les Nzema disent qu'à l'origine *Egya Nyamenle* (Dieu) a créé sept *abusuan*. Les uns après les autres, les *abusuan* ont quitté abɔleɛ (lieu de la création) pour peupler la terre[2]. Les sept *abusuan* chez les Nzema ont été maintenus. Ce sont les Ndwafoɔ (Azawua, Manhile), Ezohile, Nvavile, Mafolɛ (Asɛmagɛma), Adahonle (Madwole), Alɔnwɔba et Azanwule.

Les *abusuan* nzema correspondent aux *ntɔn* des locuteurs du twi. C'est ce que montre le tableau ci-dessus.Divers moyens permettent de retrouver les similitudes entre *abusuan* malgré les obstacles que les parlers akan peuvent constituer. Le clan Agona et le clan Anona forment un même clan[3].

Les Ekoona du Sefwi Bekwai sont une branche de la famille royale adanse de Fomena[4] qui est de l'*abusuan* Asenee, Bretuo ou Ekona-Ahene[5].

L'*abusuan* adwimina est un rameau du grand *abusuan* Asona[6]. Quant aux aux Aduana et aux Abrade, des groupes akan pour montrer qu'il s'agit d'un même *abusuan* disent Aduana Abrade[7]. Les correspondances entre les *abusuan* nzema et les *ntɔn* des twifoɔ nous ont été inspirés par certains indices et aussi grâce à nos enquêtes auprès de Koasi Kɛse, de Nana Bozoma, Maame Ama et Nana Ahyia.

L'ancêtre de l'*abusuan* Nvavile s'appelle Nɛka Agona[8], nom que les twifoɔ donnent à ce *ntɔn*. Kwame Nkrumah qui dit descendre des Anona est classé dans l'*abusuan* Nvavile. Le *ntɔn* asona correspond chez les Nzema à l'*abusuan* Ezohile[9]

Les informations que nous avons recueillies font correspondre le *ntɔn* ɔyɔkɔ à l'*abusuan* Alɔnwɔba[10]. L'*abusuan* Azanwule correspond chez les Akan twifoɔ au *ntɔn* Asɔkɔre. L'ancêtre des Azanwule[11] se nomme justement Asɔkɔne.

---

[1] Idem.
[2] Anza (Eboyi), *op. cit.*, p. 39.
[3] Daaku, *op. cit.*, p. 1.
[4] Idem., *Unesco research project on oral tradition n° 4 Part I Sefwi Anhwiaso and Bekwai.*
[5] Rodney (W.), *op. cit.*, p. 70.
Daaku, *Unesco research project on oral tradition Denkyira n°2.*
[6] Adu Boahen, *op. cit.*, p. 70.
[7] F:uneral announcement n° 10 people's Daily Graphic n° 2.
[8] Anza (Eboyi), *op. cit.*, p. 40. Voir enquête auprès de Nana Ahyia.
[9] Enquêtes auprès de Koasi Kɛse et de Maame Ama.
[10] Enquêtes auprès de Koasi Kɛse.
[11] Quarm (P.K.K), *Ezunlɛ nu awolɛyelɛ*, p. 33.

Les Adahonle qualifiés d'*adanedivoma*[1] (ceux qui aident et servent) ne sont autre que les Apiade (''servant family''). Tous les *ntɔn* akan sont égaux. Il ne faut pas croire que le qualificatif de ''servant family'' donné à tort par Bowdich[2] reflète une idée péjorative. Pour les Akan, celui qui aide et sert son prochain grandit moralement. C'est ainsi que l'on dit : *Nyamenle adahonlema*, c'est-à-dire Dieu qui vient en aide, qui sert et qui est généreux. Les Adahonle ont été qualifiés d'adanedivoma parce qu'ils ont révélé aux autres *abusuan* plusieurs aliments[3] comme la banane plantain, la graine de palme, la patate douce et le piment.

D'ailleurs, les Adahonle détiennent des *bia* de commandement dont ceux de Sanzule, Eikwe, Ndumisuazo, Egbazo et Alɔnguanu.

Les Anyi de Côte d'Ivoire n'ont pas pu conserver les sept *abusuan* originels, mais beaucoup d'anciens se souviennent fort bien des *abusuan* dont sont issus leurs *bia* de commandement. Si par exemple chez les Ndenye, la répartition des *abusuan* n'a pas la netteté qu'elle a dans les sociétés Betibe (Eotilé)[4], Asante ou Nzema, le groupe Wassabo à Aniassue se réclame du matriclan Agona[5].

Nana Djapoma rapporte que les vrais Ahua sont des membres de l'*Abusuan* Ntiafo[6]. (Ndweafo). Les Anyi Sawua sont des membres de l'*abusuan* Azawua ou encore Ndweafoɔ.

Nous pensons que les Wawole Nanafoɛ ou Ahuafoɛ[7] sont probablement des Ndweafoɔ. L'*abusuan* fondateur du village d'Abradinu n'est autre que celui des Abrade[8] qui chez les Nzema correspond à l'*abusuan* Azawua ou encore Ndweafoɔ.

Les Anyi qui descendent par leurs mères de l'*afilié* (matriclan) Sohié sont des Ezohile ou Asona. Ebiri Moro qui est l'ancêtre des fondateurs du Bettié appartient au *ntɔn* asona[9].

---

[1] Ibid., p. 30.
Enquêtes auprès de Nana Bozoma.
[2] Bowdich (E.), *op. cit.*, p. 229, p. 230.
[3] Quarm (P.K.K.), *op. cit*, p. 30.
Enquête auprès de Nana Bozoma.
[4] Claude Hélène Perrot, *Les Agni Ndenye et le pouvoir politique aux XVIIIe et XIXe siècles*, p. p. 627, Paris V, 1978,
Tome I.
[5] Ibid., p. 49.
[6] Claude Hélène Perrot, *Les Agni Ndenye et le pouvoir politique aux XVIIIe et XIXe siècles*, p. p. 627, Paris V, 1978,
Tome I.
[7] Loucou (J.N.), ''Entre l'histoire et la légende : l'exode des Baoulé au XVIIIe siècle : de Kumasi à Sakassou : les migrations d'une fraction du grand peuple akan'', *Afrique histoire* n°5.
[8] C. H. Perrot, *op. cit.*, p. 120.
[9] Diabaté (H.), *op. cit.*, p. 556. Enquête à Abukia en Aowin.

Les Alangwa dont la prééminence dans le Ndenye serait due à leur proximité généalogique par rapport à Anɔ Asema[1] sont ɔyɔkɔ. L'*affilié* Alangwa se retrouve à Sessiman dans le Bono sous le vocable d'Adakwa. Or, ces Adakwa appartiennent au *ntɔn* ɔyɔkɔ[2]. Des traditions orales recueillies à Assuba montrent que ce village a été créé par un lignage de l'*afilié* Alangwa[3].

Pendant longtemps, Assuba est resté peuplé exclusivement par des lignages Alangwa. Ce n'est que plus tard qu'ils ont offert l'hospitalité aux Sohié partis de Bettié à la suite d'une querelle familiale. À partir de certains noms de groupes Anyi, l'on retrouve les grands *abusuan* akan.

Tableau des *nvilié* anyi, des *abusuan* nzema et des *ntɔn* Twifoɔ.

Nvilié Anyi	Abusuan Nzema	Ntɔn Twifoɔ
Sawua, Ahua	Ndweafoɔ	Aduana-Abrade
Sohié	Ezohile	Asona
Alangwa	Alɔnwɔba	ɔyɔkɔ
Asangoulo	Azanwule	Asɔkɔre

[1] Ibid, Enquête à Abukia, Anɔ Asema dit-on est du matriclan ɔyɔkɔ.
[2] Jack Goody and Kwame Arhin, *Ashanti and the Northwest*, p. 178.
[3] Connais-tu mon beau pays, Assuba. Enquête auprès des notables.
Note : La famille royale d'Assuba de l'*affilié* Alangwa appartient au matriclan ɔyɔkɔ.

CHAPITRE III

LE PEUPLEMENT

A- LE PAYS NZEMA A-T-IL CONNU UN PEUPLEMENT ANCIEN ?

L'existence de matériaux anciens laissés par des hommes milite-t-elle en faveur d'une occupation très ancienne du nzema ? Cette question ne peut ici trouver une réponse immédiate. Aucune recherche archéologique n'a été entreprise dans la région nzema. Les efforts de recherche archéologique au Ghana dans les zones de civilisation akan sont portés essentiellement sur le Brong et l'Asante.

Les recherches archéologiques portent en général sur les régions des locuteurs du Twi. Au Ghana comme dans beaucoup de pays de notre sous-région, l'archéologie est à ses débuts. Deuxième raison, le royaume nzema par rapport aux célèbres États de Bono Manso, Adanse, Denkyira et Asante est modeste. Nous pensons cependant que les travaux[1] de l'archéologue Jean Polet en pays betibe (éotilé), zone géographique naturelle proche du pays nzema sont fort instructifs.

Il convient d'insérer le sud-est ivoirien dans un ensemble qui déborde la frontière actuelle et aborde le sud-ouest ghanéen. Partant, les découvertes dans les lagunes betibe touchent de près le pays nzema.

Jean Polet nous apprend qu'à Nyamoa vers 6000 avant notre ère, des hommes fabriquaient de belles poteries en utilisant des outils en quartz. De cette période, il ne subsiste pas de restes humains. Des amacoquillés et des scories de fer prouvent que des hommes vivaient dans ces régions depuis les temps les plus reculés.

Entre le début de l'ère chrétienne et le XIIe siècle, l'on n'a pas trouvé des traces d'occupations. Qui sont ces anciennes populations ? Ont-elles été phagocytées par d'autres populations ? Seraient-ce des Betibe ? Rien n'est sûr, car comme nous l'avons montré le concept d'ethnie doit être manipulé avec précaution.

Nous pouvons affirmer avec certitude à partir des travaux de Jean Polet que le Sud-Est ivoirien et le Sud-Ouest ghanéen ont connu des occupations humaines très anciennes. L'on a même découvert dans la région d'Axim des outils en pierre qui datent du néolithique[2]. C'est dire que l'Apollonie ou pays nzema a connu un peuplement ancien qui daterait du néolithique.

---

[1] Jean Polet, *Découvertes archéologiques dans les lagunes éotilé*, Annexe 25.

[2] Aquandah (James), *Rediscovering Ghana past*, p. 23. Longman Sedco 1982, 150 p.

Qui sont les auteurs de ces réalisations humaines ? S'agit-il des populations qui ont disparu avant la mise en place d'autres peuplements ? Ces premiers peuplements ont-ils intégré des peuplements futurs ?

Il est prouvé que la zone forestière de même que la côte akan ont connu des peuplements anciens. Dès le premier millénaire avant J.-C certaines communautés humaines se sont installées dans la zone forestière. Des poteries funéraires datant du néolithique ont été découvertes à Ahinsan (Adanse), à twifo Heman[1] et en pays betibe sur la côte[2].

Depuis le deuxième millénaire avant J.-C période pendant laquelle s'amorce le dessèchement du Sahara, des communautés humaines commencent à pénétrer la zone forestière akan[3]. Cette migration vers la côte a dû se prolonger sur plusieurs siècles. Des recherches archéologiques systématiques seraient à mesure de trancher définitivement la question du peuplement préhistorique de l'hinterland akan.

Nous pensons qu'il est vraisemblable que le pays nzema depuis le néolithique a connu un peuplement qui s'est étendu sur plusieurs siècles.

B-GROUPES QUI ONT CONTRIBUÉ AU PEUPLEMENT DU PAYS NZEMA ET À LA CRÉATION DES VILLAGES HISTORIQUES

La notion d'origine fait apparaître deux éléments importants : la généalogie et le milieu géographique. Mais les zones géographiques occupées par une communauté humaine peuvent être diverses. Une étude consacrée à l'origine d'un groupe de gens n'est intéressante que si l'historien parvient à retracer les différentes étapes, c'est-à-dire les diverses régions occupées à travers le temps par ce groupe donné. L'une des difficultés est aussi de pouvoir établir les séquences d'arrivages des migrants.

Pour répondre à cette exigence, nous essayerons ici de replacer les populations qui ont contribué au peuplement du pays nzema dans le contexte général des origines des peuples ou des groupes dont elles se réclament. C'est aussi pour répondre à la même exigence que nous nous intéresserons aux villages historiques, c'est-à-dire les villages qui n'ont pas été créés à partir de villages préexistants en pays nzema, mais des villages créés directement par des migrants fraîchement arrivés dans le pays.

---

[1] Posnansky (Merrick), ''Archeology technology and akan civilisation'', in *Colloque inter-universiaire Ghana- Côte d'Ivoire*, p. 46.

[2] Jean Polet, *Découvertes archéologiques dans les lagunes éotilé.*

[3] Terray (E.), op. cit., p. XLII.

Note : L'on a découvert des cultures néolithiques à Buabini, Kintampo, Ntereso.

1. Des Adjɔmɔlɔ (Ahumazo, Anyenlebo, Benyinli, Adoanbo)[1]

Le nom originel de Benyinli est Bɛntenlebo qui signifie sous le *bɛntenle*. Le *bɛntenle* est un type de palmier qui ne possède pas de bourgeons terminal tendre. Il s'agit d'un palmier mâle qui ne produit pas de graines. Les Nzema l'appellent également *arɛlɛ nyili* (palmier mâle) d'où le nom Benyinli. *Abɛ* est le terme qui en twi sert à désigner le palmier. *Nyi* signifie en twi mâle, d'où le palmier mâle (*Abɛnyi*) qui traduit en langue nzema donne Benyinli[2]. Ce nom anglicisé a donné Beyin, Bein ou A Bein[3]. Benyinli a été créé par le groupe Adjɔmɔlɔ qui avait à sa tête Kɛma Kpanyinli.

Ayant traversé la Volta noire (azule filawo), Kɛma Kpanyinli et ses sujets s'établissent à Takyiman[4] dans le Bono d'où ils sont partis pour le Nzema actuel. Les traditions orales mentionnent que les populations de Benyinli et d'Adoanbo ont occupé de vieux villages aujourd'hui disparus qui sont Ahumazo et Anyenlebo[5]. Des sources écrites permettent d'affirmer que la première entité politique qui a été créée en Apollonie est le royaume Ghiomer[6] ou de Jumore. Ce même terme a servi à désigner des populations très tôt mentionnées dans l'espace du Nzema actuel. Il est rapporté dans l'établissement d'Issigny que vers 1670 un peuple nommé Ochin qui habitait à dix lieues du Cap Apollonia s'est brouillé avec l'Apollonie dont les naturels sont appelés Guiomo ou Guioumray[7].

Si les naturels de l'Apollonie sont dits être les Guiomo ou Guioumray, c'est dire que ces termes ont servi à nommer des populations de l'Apollonie depuis le XVIIe siècle[8]. Guioumray ne peut être lié qu'au terme local Adjɔmɔlɔ qui sert encore à désigner les Nzema qui dépendent de l'autorité de l'*ɔmanhyenle* (roi de Benyinli). Il ne faut pas se méprendre sur les variations orthographiques que les Européens ont données au mot adjɔmɔlɔ. Jumore, Jumoree, Guiomo, Guioumray, Ghiomer désignent une même réalité. Ces variations orthographiques sont dues au fait que les peuples européens qui ont commercé sur la côte ont transcrit les termes locaux en fonction de leurs langues propres. D'autres groupes, précise la tradition orale, participaient à ces grandes migrations en direction du Sud.

Le départ des Adjɔmɔlɔ est certainement lié à la consolidation au XVe siècle de l'État de Bono Manso. À cette époque, les *Bonohene*[9] ont étendu

---

[1] Amihere Essuah, *Mekakye bie I*, p. 11.
[2] Amihere Essuah, p. 11. Ackah (James), *op. cit.*, p. 7.
[3] Robertson, *Notes on Africa*, p. 104.
[4] Ackah (James), *op. cit.*, appendix 1, p. 1 ; Appendix 2, p. 1.
[5] Ibid., appendix 1, p. 1, appendix 2, p. 1.
[6] Voir la carte d'Anville de 1729, voir Supra, p. 26.
[7] Loyer (G.), ''Journal du père Loyer'', *L'Établissement d'Issigny*, p. 178.
[8] Voir le rapport de Valkenburg, p. 54, Furley collection n°6, Journal de Louis Dammaets, p. 89.
Wic 98, 88 Municipal archives Rotterdam.
[9] *Bonohene* signifie roi du Bono. Le suffixe *hene* veut dire chef ou roi.

leur domination vers la Volta noire et ont vassalisé le royaume Banda. Leur autorité s'étendait de la Volta noire au nord-est de la Côte d'Ivoire actuelle[1]. Les Adjɔmɔlɔ qui ont créé le royaume de Ghiomer en Apollonie sont sans aucun doute une fraction du peuple Dwomo (Djomo) qui est l'un des groupes fondateurs de Bono Manso[2]. Ce même peuple est le fondateur du royaume Gomoa en pays fante[3]. D'après Eva Meyerowitz l'on retrouve ce peuple dans le Gonja sous le vocable de Djamo ou Djomo. Les Bono les dénommeraient Kadjumo[4]. Quand bien même il est difficile de dire avec exactitude à qu'elle époque les Adjɔmɔlɔ atteignent la côte, il faut savoir qu'au moment où les Portugais arrivent à El Mina en 1471, les premières vagues d'akan sont déjà en place. Les Adjɔmɔlɔ font parties des Akan méridionaux qui sont en place dès l'aube du XVIe siècle.

Nous pensons que les Adjɔmɔlɔ ont atteint la côte au XVe siècle après un séjour dans la région des confluents du Pra et de l'Ofin. Ils longent le Pra jusqu'à la côte. Tandis qu'une fraction se dirige vers l'est et crée le royaume Gomoa, une autre se tourne vers l'ouest et crée le royaume de Ghimoer (Adjɔmɔlɔ). Les Adjɔmɔlɔ ont semble-t-il fait chemin à un moment donné avec le troisième élément Aowin fondateur de l'État d'Angye qu'Ekanza désigne sous le vocable d'Awean-wean[5]. Une enquête de Kwame Yeboa Daaku à Nkwanta n°2 montre que certains nzema faisaient partis de ceux qui se sont installés à Nguanda Ɛya[6]. Lors d'une enquête d'Henriette Diabaté auprès de l'*Ohema* (reine-mère), cette dernière a révélé qu'au moment de l'arrivée de ses ancêtres, ceux-ci ont entendu parler des Gyamoro[7].

Nana Boafo Nta II roi de l'Aowin affirme qu'un chef qui commandait un groupe de nzema' appartenait à l'ensemble des chefs qui secondaient Anɔ Asema[8]. De même, Nana Ayebie Amihyia V chef d'Awiane soutient que son son ancêtre Amihyia Amua a pris le chemin qui l'a conduit à Angye[9]. Tous ces indices peuvent faire penser à un séjour des Adjɔmɔlɔ dans la région où a été élaboré le futur État aowin d'Ebrossa.

Les Adjɔmɔlɔ se sont d'abord installés à Ahumazo d'où ils ont créé Anyenlebo, Bɛntenlebo et Adoanbo. Kɛma Kpanyinli et ses successeurs ont permis aux immigrants qui sont arrivés par la suite de créer des villages sur des sites de leur choix ou de s'intégrer aux populations des villages existants.

---

[1] Meyerowitz (E.), *Akan tradtions of origin,* p. 48.
[2] D. M. Warren, Ko. Brempong, *Techiman traditions state*, p. 94.
[3] Ibid., p. 94.
[4] Meyerowitz, *op. cit.*, p. 53.
[5] Mbra Ekanza (S.P), *Mutations d'une société rurale. Les Agni du Moronou 18e siècle 1939*, p. 40, Aix-en-Provence 1983, 512 p.
[6] Enquête de Daaku, in *Le Sannvin un royaume akan de la Côte d'Ivoire (1701-1901)*, p. 586.
[7] Diabaté (H.), *Le Sannvin un royaume akan de la Côte d'Ivoire (1701-1901)*, p. 494.
[8] Ibid., p. 573.
[9] Ibid., 703.

Parmi les groupes assimilés par les Adjɔmɔlɔ, l'on compte les Essuma (Ochin) qui habitaient à dix lieues (40 km) du Cap Apollonia (Benyinli). Vers 1670 à la suite d'une brouille avec les Adjɔmɔlɔ[1] une partie des Essuma Essuma sous la conduite de Nana Kyena[2] est venue trouver refuge en territoire betibe. Elle habite le village actuel de Mafia. D'après la tradition orale, les Essuma lorsqu'ils partaient en guerre, prenaient avec eux un coq. Au cours d'une bataille, le coq chanta et signala ainsi la présence des troupes de Moho qui furent anéanties. Le récit historique qui relate cet événement est le suivant :

- Maudit soit le jour
- Où la cité de Moho
- Fut anéantie à jamais
- Ce fut par la faute du coq
- Du coq qui chanta
- Et la cité de Moho
- Fut anéantie à jamais[3]

Le même récit, transparaît extraordinairement dans les phrases consacrées pour pleurer les membres de l'*abusuan* Azanwule.

Où se sont installés les sujets d'Asɔkɔne ?
Dans le village d'Ezinli
La mort a décimé leurs rangs
Ils voulaient se cacher, mais ils avaient un coq
Le coq qui a provoqué la destruction de Moho
Si tu arrives à Ezinli, passe ton chemin
Si tu arrives à Moho, arrête-toi
Le coq des habitants d'Ezinli qui a anéanti Moho[4].

Le lien entre les deux récits, l'un essuma et l'autre nzema, permet de penser qu'une fraction d'Essuma de l'*abusuan* Azanwule a été intégrée à l'ensemble ethnique nzema.

L'ancêtre des Azanwule s'appelle Asɔkɔne. C'est peut-être à cet *abusuan* que devait appartenir la grande majorité des Essuma ou du moins le lignage royal. Cela peut avoir un lien avec l'appellation Assɔkɔ que les Essuma ont

[1] Diabaté (H.), *Le Sannvin un royaume akan de la Côte d'Ivoire (1701-1901)*, p. 703.
Note : Nous mettons ici nzema entre guillemets parce que nous montrerons que le peuple nzema issu de divers
groupes.
[2] Loyer (G.), ''Journal du père Loyer'', in *L'Établissement d'Issigny*, p. 178.
Note : Les Essuma sont dénommés Ochin dans cette source écrite. Le chef de la migration essuma y est appelé Zena. Les traditions orales betibe disent qu'il s'agit de Kyena que Diabaté (Henriette), transcrit Cena. Des enquêtes menées à Mafia révèlent que le chef de la migration essuma serait Aka Sulubu.
Diabaté (H.), *op. cit.*, Enquête à Mafia, p. 728 ; p. 730.
[3] Able (J.A), *Histoire et traditions politiques du pays abouré*, p. 171, Abidjan 1979, 439 p.
[4] Quarm (P.K.K), *Ezunlɛ nu awolɛyelɛ*, p. 33-34.

donné à leur capitale ou avec le nom Assɔkɔ que les sources écrites attribuent à ce peuple[1]. Les Essuma connus aussi sous les noms d'Issinois ou Ochin par les sources écrites ont créé le royaume Issigny avec pour centre principal Assɔkɔ. Ils possédaient deux grands centres commerciaux qui sont Bangayo et Takuechue[2].

Il est intéressant de noter sur la carte d'Anville de 1729, la mention de Old Issini en territoire du Nzema actuel. Cela est une preuve supplémentaire que les Essuma sont des migrants venus de l'Apollonie.

Niangoran-Bouah fait des Essuma une fraction d'Aburé. Les Essiniens, les Assôko, les Esieps et les Essuma, dit-il, étaient des Aburé[3]. Nous pensons qu'il serait inexact d'assimiler à tout point de vue le groupe Essuma au groupe ɛhɛ, parce que leurs migrations dans la région de la lagune Aby-Tendo-Ehy ont lieu à des périodes différentes. Cependant, il est par contre possible que des lignages de l'*abussuan* Assɔkɔ aient intégré aussi bien l'ensemble ɛhɛ qu'Essuma.

Dans le bas-bandama, le nom Assɔkɔ désigne tous les habitants de la région côtière orientale d'origine akan, nzema, asante, fante et d'une façon générale les commerçants akan que l'on rencontrait dans le bas-bandama à l'époque précoloniale[4].

Nana Kyena premier roi Essuma sera succédé par Aka Ɛzane dont l'héritier présomptif était Nyamkɛ[5]. Les croyances essuma disent que leurs morts retournent dans leur pays d'origine en passant par le débarcadère de Half-Assini (Awiane Ahonlezo).

2. Des Egwira (Kekame, Asɛmkɔ)

Les ancêtres fondateurs de Kekame sont venus de l'Egwira[6]. Leur premier leader Ewiene Efiti les a conduits de Takyiman (Bono), à Asuawua en Egwira. Ils ont pénétré le territoire nzema en longeant le fleuve Siane (Ankobra). Ils sont arrivés à Nzema pendant le règne d'Amihyia Kpanyinli I probablement au XVIe siècle[7]. En effet, ils sont à l'origine de la guerre entre

---

[1] Archives nationales de Côte d'ivoire (ANCI)
1. 1EE 24, Notices sur le cercle d'Assini 1908, 1912.
Loyer (G.), ''Journal du père Loyer'', in *L'Établissement d'Issigny*, p. 178.
[2] Ibid.
[3] Niangoran-Bouah, ''Les pays Abouré'', *Annales de l'Université d'Abidjan*, 1965, p. 60 ; p. 66.
[4] Mohammed Sékou Bamba, *Bas-Bandama précolonial. Une contribution à l'étude historique des populations d'après les sources orales*, p. 51, Paris 1978, Tome I, 365 p.
[5] Loyer (G.), ''Journal du père Loyer'', in *L'Établissement d'Issigny*, p. 178.
[6] Amihere Essuah, *Mekakye bie III*, p. 19.
Ackah (Y.J), *op. cit.*, p. 10 ; p. 11, appendix 13, p. 1.
[7] *Note* : Les Portugais ont été évincés de la Côte de l'or en 1624. Il est donc possible que l'arrivée des populations de Kekame date de la fin du XVe siècle ou du début du XVIe siècle.

entre Nzema et le royaume Egwira. Les sources écrites qui mentionnent cette guerre comme étant la guerre entre Jumor et Abuma disent qu'elle a eu lieu au temps du Gouverneur portugais Dom Francisco de Soto Major[1].

Les fondateurs de Kekame sont les premiers à avoir dégagé les détritus de végétaux notamment la mangrove qui obstruait la navigation sur l'Ankobra. Ils étaient aidés dans cette tâche par Nyamekɛ Belawile Kofi qui s'est installé avec ses sujets à Bolɔfo Sɔlɔ (Axim Nord). Les fondateurs de Kekame sont partir d'Abalabo et d'Asuawua, deux villages egwira. Nana Kɛma Bɛtu neveu d'Ewiene Efiti est le leader qui les a menés en pays nzema. Le premier village qu'ils ont créé est Nkubetia. Ils l'ont abandonné pour créer Kekame. De la certains habitants sont allés s'établir à Asɛmkɔ. Les traditions orales racontent que les habitants de Kekame ont rencontré à Asɛmkɔ des groupes Fante qui quelque temps après sont partis. Ce sont ces groupes de Fante qui ont appelé le site Asɛmkɔ qui en Twi veut dire difficulté ou problème va-t'en.

L'Egwira a été en fait directement touché par les guerres d'expansion asante en Aowin, de sorte que de nombreux réfugiés egwira se sont établis à Axim et à Nzema[2]. Des migrations egwira sur la côte s'expliquent aussi par l'hégémonie du Wassa Adom (Wassa Fiase) dans la région[3]. Le roi du Wassa Adom Jan Kango a tenté au début du XVIIIe siècle de ruiner le pays egwira[4].

Adeaba Kwame du village de Sako en Egwira est venu s'établir en pays nzema avec ses sujets pendant le règne du roi Kaku Aka (1833-1851)[5]. Le refuge de nombreux Egwira dans le pays nzema a poussé les Hollandais à imposer le paiement de 100 onces d'or à toute famille dépendante de la juridiction du fort d'Axim et qui exprimerait le désir de s'établir dans le royaume de Kaku Aka[6].

3- Des Gyinan (Aziema, Ngelekazo, Alowule, Twenɛne)

Le peuple Gyinan[7] est venu du nord et a séjourné dans la région des confluents du Pra et de l'Ofin. Il atteint la côte à Sa[1] (Shama), traverse le

[1] Voir Van Dantzig, ''La juridiction du Fort Saint Antoine d'Axim'', *Revue française d'histoire d'Outre-mer*, to LXVI n° 242-3, p. 230.
Note : Au sujet de la situation géographique d'Abuma. La carte de Guinée de Gérardin Mercatoris montre que la cité de Bumas est juste au Nord de la région d'Axim. Il s'agit bien de l'Egwira.
[2] 218 NBKG, 17 octobre 1715.
[3] Furley collection, Enclosure 4, J. Van Den Brouck, 16 septembre 1707.
[4] 143 WIC 26.
[5] Ackah (Y.J), *Kaku Ackah and the split of nzema*, p. 95.
[6] Furley collection (FC) 1840-1847 Entries for 2 ; 6 ; 11, 15 october 1841, p. 61 ; p. 62.
[7] Diabaté (H.), *op. cit.*, p. 693, Enquête de Buasi Ekyi.
Amihere Essuah, *Mekakye bie III*, p. 142.

pays ahanta en longeant la côte jusqu'à Bolɔfo (Axim). Les Gyinan passent l'Ankobra et gagnent le pays nzema.

La migration Gyinan est conduite par des membres de l'*abusuan* Ezohile (Asona) dont le leader est Anyimia Kpanyinli. Une partie des migrants s'installent à Aziema. Le premier fondateur d'Aziema serait Ainoo Kwegyan de l'*abusuan* Ezohile qui est passé par le futur Asante et a séjourné à Adome un village dans l'actuel Wassa Amenfi[2]. Aziema se subdivise de nos jours en trois parties qui sont Aziema Kpole fondé par Nwole Mozu un membre de l'*abusuan* Ezohile venu de l'Asante. L'une des parties d'Aziema s'appelle Mozu Suazo et a été créée par Kenya Mozu lui aussi un membre de l'*abusuan* Ezohile mais qui a séjourné pendant longtemps à Bolɔfo. La partie centrale d'Aziema est appelée Ahunli[3].

Dès le XVIe siècle, les Gyinan sont établis en pays nzema car Axiema (Aziema) est mentionné depuis octobre 1552 dans le rapport du Gouverneur Valkenburg[4]. Aziema est le premier village que les Gyinan ont créé. Le reste des Gyinan continue jusqu'à Bɛntenlebo pour manifester au roi nzema son désir de s'établir dans le royaume.

Le deuxième village que les Gyinan créent est Ngelekazo. Nana Ɛkenle Kpanyinli y reste avec une partie des migrants. Son frère Anyimia Kpanyinli suivi par la majorité des migrants crée Alowule[5]. Le surpeuplement rapide de Ngelekazo a amené Ɛkenle Kpanyinli à créer Twenɛne, aidé de ses neveux Alu, Anwi et Takpole[6].

4- Des Akwamu (Nwulofolɔ)

Les traditions orales de Nwulofolɔ disent que les ancêtres fondateurs du village sont des migrants venus d'Akwamu[7]. C'est, dit-on, de Takyiman dans le Bono que les ancêtres ont migré à Nsawam[8] qu'ils ont abandonné à cause de la guerre pour venir s'établir dans le pays Nzema. L'un des *safohene* (chef guerrier) s'est installé dans le Wassa Amenfi et y a créé Akropong[9]. Les fondateurs de Nwulofolɔ depuis l'Akwamu était guidé par Bulumia Twum de l'*abusuan* Ahwea (Aduana Abrade). Ils ont occupé à Nzema même plusieurs sites qui sont dans l'ordre Mowumowu,

---

1 Ibid, p. 144.

2 Ackah (Y.J), *op. cit.*, appendix 10, p. 2.

3 Ibid, appendix 9, p. 4.

4 Rapport de Valkenburg, p. 14.

5 Amihere Essuah, *op. cit.*, p. 144.

6 Ibid, p. 186.

7 Amihere Essuah, *Mekakye bie III*, p. 43.
Ackah (Y.J), *op. cit.*, appendix 7, p. 1.

8 *Note* : Nsawam qui aujourd'hui est une cité de l'Akwapem dépendait de l'État Akwamu.

9 Ackah (Y.J), *op. cit.*, p. 12 ; appendix 2, p. 8.

Sukpomgbole, Eliva, Akafo, Edinlizo, Pewuakɔ. Twemeboka, Ewiemoase, Sonwolezo et Kendengelenyi.

Le grand village qu'ils ont fondé est Krofofrɔ (Nwulofolɔ)[1] phrase twi qui signifie nouveau village. L'accroissement de la population de Nwulofolɔ a permis la création de plusieurs autres villages qui sont Nvenlesɔlɔ, Nzenzemilenu, Asasetrɛ, Nvuma, Ebu, Tandane, Poku, Mpɛasem, Aluku et Adublim.

Nwulofolɔ et l'ensemble de ces villages est appelé *Akwamu maanle* (peuple ou pays akwamu). Le déclin du royaume Akwamu vers 1730[2] est la cause du départ de Bulumia Twum et de ses sujets.

L'histoire de l'État Akwamu est relativement connue. Des immigrants se sont déplacés de la zone akan du Nord vers la côte. La famille royale akwamu dit être originaire de Kpon (Kong)[3]. Des historiens ont vite fait de rattacher les Akwamu à des migrants Mandé. Il convient à ce sujet d'être prudent car c'est bien plus tard que Kpon (Kong) est devenu une cité dyula.

Niamkey Kodjo au cours d'un séminaire sur Kong[4] révélait que des fouilles archéologiques entreprises sur le site de Tenegena ont montré que la fondation de Kpon date de 340 après J.-C. Quant aux mouvements mandé, ils ont lieu à partir du XIIe siècle. Des thèses lient les Nabe, populations anciennement établies dans la région de Kong à des proto-abron[5]. Cependant, les traditionalistes rattachent les Nabe aux Kulango[6].

En dépit des traditions orales qui concernent la famille royale akwamu, nous pensons qu'en réalité, la migration Akwamu a lieu à partir de zones périphériques qui dépendaient du pouvoir central de Bono Manso. La conquête du Banda a étendu l'autorité des *Bonohene* sur le Nord-Est de la Côte d'Ivoire actuelle. Les Akwamu étaient en majorité composés de lignages dirigeants appartenant au *ntɔn* Aduana Abrade, d'où le nom Abrade qu'on leur donne.

La première migration menée par Agyen Kokobo conduit les Akwamu dans le futur État de Twifo Hemang. Au début du XVIe siècle, certains d'entre eux s'installent dans l'arrière-pays ga. Ils établissent leur première capitale à Asamenkɛse puis la transfèrent à Nyanaoase. Ils deviennent les meilleurs clients des dirigeants ga d'Accra qui jouent le rôle d'intermédiaires

---

[1] *Note* : Nwulofolɔ est la prononciation en langue nzema du Krofofrɔ en twi.

[2] Van Dantzig, *The dutch and the Guinea Coast 1674-1742* ; chapitre IV 1730-1742, document 175-276.

[3] Dickson (K.B), *A historical geography of Ghana*, p. 15.

Ivor Wilks, *The northern factor in Ashanti history*, p. 9 ; Glouaster 1961, 810 p.

[4] Séminaire, Exposé de Kodjo (N), ''Kong à travers les siècles''.

Kodjo (N.), Maître-Assistant au Département d'Histoire, Université Nationale de Côte d'Ivoire.

[5] Ibid.

[6] Kodjo (N.), *Le royaume de Kong. Des origines à 1897*, p. 170, Aix-en-Provence 1986, 346 p.

dans le commerce entre les marchands européens et les peuples de l'intérieur. Pendant le milieu du XVIIe siècle, les Akwamu contrôlent le marché d'Abonse car ils y canalisent l'écoulement à l'est et à l'ouest d'Abonse ainsi que les voies commerciales qui de l'intérieur mènent vers la côte.

Ivor Wilks divise en deux phases l'expansion[1] de l'Akwamu avec une transition en 1677. La première se caractérise par une infiltration le long de l'escarpement d'Akwapem. La deuxième phase se caractérise par une conquête militaire systématique. Au Nord, ils occupent des territoires jusqu'aux plaines de l'Afram[2]. Des sujets Kwahu, Akyem, Akwapem des groupes guan et les Ga d'Accra sont soumis par le roi Ansa Sasraku.

Dans la première décade du XVIIIe siècle, les Akwamu se livrent au commerce des esclaves avec les Portugais en échange de l'or du Brésil[3]. Ils mènent des raids en Akyem, au Kwahu, à Krepi et dans les villages périphériques de l'Akwamu même, provoquant ainsi l'hostilité des royaumes voisins[4].

Un conflit éclate vers 1730 au sein du lignage royal akwammu au moment où se rebellent les sujets Akwamu de Berekuso et des collines au Nord d'Accra. Ces forces rebelles seront soutenus par une frange des ''citoyens'' Akwamu. Entre 1729 et 1730, une série de batailles a lieu entre les forces loyalistes et les forces rebelles. Les forces rebelles étaient dirigées par Amu qui combattait les forces loyalistes de son neveu l'*akwamuhene* Ansa Kwao. En passe de perdre la guerre, Amu fait appel à l'Akyem Abuakwa. Ofori Panyi *akyemhene* envoie une armée dirigée par le *safohene* Ofori Dua qui saccage Nyanaoase la capitale akwamu.

Sous le régent Akonno Kuma, les forces loyalistes abandonnent la partie occidentale de l'Akwamu et se retirent dans les centres orientaux. Elles établissent leur nouvelle capitale près de la Volta. Des chefs Akwamu transfèrent leur allégeance à l'Akyem Abuakwa. Les forces rebelles désormais soumises à l'Akyem prendront le nom d'Akwapem (les mille compagnies[5] guerrières)..

Des groupes Akwamu migrent vers l'Ouest comme par exemple ceux guidés par Bulumia Twum qui vont s'établir dans le royaume nzema. Parmi

---

[1] Au sujet de toutes ces informations, voir Wiks (Ivor), ''The rise of Akwamu empire 1650-1710'', in *Transaction of the historical society of Ghana III*, 2, pp. 99-136.

Note : Au sujet de l'histoire de l'Akwamu, voir Emmanuel Terray, op. cit., p. 284.

[2] Rodney (Walter), ''The Gold Coast'', in *History of West Africa*, p. 364.

[3] 90 WIC 97.

Van Dantzig, *Les Hollandais sur la côte de Guinée à l'époque de l'Ashanti et du Dahomey 1680-1740*, p. 208.

[4] Daaku (K.Y), *Trade and politics on the Gold Coast (1600-1720),* p. 31., Oxford at the Clarendon press 1970, 219 p.

[5] Ivoir Wilks, ''Akwamu and Otublohum : an eighteenth century akan mariage arrangement'', arrangement'', *Africa*, Volume XXIX, n° 1, p. 396.

les Akwamu qui migrent vers l'Ouest, certains seront à l'origine de la création du Wassa Amenfi. D'après Meyerowitz, les guerriers akwamu qui ont créé l'État Wassa Amenfi avaient pour leader Wedee Kuroko du clan Abrade[1]. Des enquêtes d'Henriette Diabaté montrent que le leader de ces guerriers akwamu était Kolo Kolo Bomanyin également de l'*abusuan* Abrade[2].

Déjà au XVIIe siècle, des Akwamu conduits par une branche cadette du lignage royal Abrade qui a été vaincue lors d'une querelle de succession, se sont réfugiés dans la région de Kumase[3].

Des suites d'un autre conflit qui les oppose aux Amansie, une partie de ces Akwamu quitte la région de Kumase pour le Dɔma où elle fusionne avec des éléments bono. Des Akwamu sont malgré tout restés en pays asante principalement à Kumawu et à Suntreso[4]. Les derniers États fondés par les Akwamu sont l'Abron Gyaman[5] et le Dɔma.

5-Des Betibe (Akonu, Amgbɛnu, Azuléloanu, Aweanzinli, Nzulezo) et des Asebu (Nzulezo)

Les populations qui ont créé Aweanzinli, Amgbɛnu et Azuleloanu sont arrivées dans le royaume nzema sur la demande du roi Ammihyia Kpanyinli.

La tradition orale d'Amgbɛnu dit que les ancêtres fondateurs de ce village sont des Betibe (Eotilé) venus d'Assɔmlan[6]. En fait, le village d'Assɔmlan est postérieur à cette migration, mais cette information donne une idée claire du lieu d'origine des populations d'Amgbɛnu. Les ancêtres de ce village se sont d'abord installés à Aweanzinli sous le chef Nobɛ. Ils s'installent à Bɔrazo sous la conduite du chef Adɔngɛda. Ce dernier est mentionné comme un chef de migration qui a conduit des Betibe à Nzema, cela bien avant la guerre de Mɔnɔbaha[7].

Pendant la guerre contre l'Egwira, les armées nzema étaient, dit-on, faibles en effectif. Dans le but de faire face aux attaques massives des forces

---

[1] Meyerowitz (E.), *Akan traditions of origin*, p. 115.
[2] Diabaté (H.), *op. cit.*, p. 661.
[3] Diabaté (H.), *op. cit.*, p. 661.
Annan (Elisabeth), *Les mouvements migratoires des populations akan du Ghana en Côte d'Ivoire. Des origines*
à nos jours, p. 120.
[4] Van Dantzig, *Les Hollandais sur la côte de Guinée à l'époque de l'essor de l'Ashanti et du Dahomey 1680-1740*, p. 131.
D. M. Warren, KO, Brempong, *Techiman tradition state*, p. 74 ; p. 43.
[5] Niangoran-Bouah, *Introduction à la drummologie*, p. 155.
Jack Goody, Kwame Arhin, *Ashanti and the Northwest*, Supplement 1 Institute of African Studies (IAS), p. 6.
[6] Ackah (Y.J), *op. cit.*, Appendix 5, p. 1 ; p. 2 ; p. 3.
[7] Enquête auprès de Kofi Alexandre, Annexe 24, p. 417 ; p. 419.

egwira, nana Amihyia Kpanyinli sollicite l'aide des Betibe[1]. La paix revenue, le monarque nzema leur demande de s'établir sur les sites de leurs villages pour l'aider au cas où les Egwira tenteraient à nouveau d'envahir le pays. L'arrivée de ces Betibe date probablement du XVIIe siècle, car c'est du temps du Gouverneur portugais Dom Francisco de Soto Major que la guerre entre Jumore (Adjɔmɔlɔ) et Abuma (Egwira) a éclaté[2].

De nos jours, le territoire occupé par Akonu, Amgbɛnu, Aweanzinli et Azuleloanu est appelé *Ewotile maanle (*pays ou peuple Ewotilé), mais dépend de l'autorité de l'*ɔmanhyenle* d'Adoanbo. Bien qu'Akonu fait partie de l'*Ewotile maanle*, les migrants qui ont créé ce village, notamment Anwi Nyamekɛ et son frère Bɛnɛɛ Renya sont venus de Prussi (Kpulisi, princess twon) pour s'établir auprès des Eotilé[3].

Au milieu du XVIIIe siècle, d'autres Betibe à la suite des guerres de Mɔnɔbaha qui les ont opposés aux conquérants Anyi Sanwi, sont venus se réfugier en pays nzema. Henriette Diabaté s'appuyant sur des sources écrites hollandaises, a situé la guerre de Mɔnɔbaha entre 1752 et 1754[4]. La grande majorité de ces réfugiés betibe s'est installée à ɛfiɛ un peu en amont de l'embouchure de la Tanoɛ[5].

Des auteurs comme Fynn et Claridge parlent de l'origine ivoirienne de certains nzema[6]. En réalité, il s'agit des Nzema d'ascendance betibe, originaires du Sud-Est de la Côte d'Ivoire zone naturelle d'avec le Sud-Ouest du Ghana. Le peuple Betibe est connu sous diverses appellations qui sont ; Eotilé, Ewotilé, Vétéré, Mekyibo, Biettry, Metibe[7].

Les péripéties de la dispersion des Betibe sont assez connues. Les Betibe peuplaient le pourtour de la grande lagune à l'extrême est de la Côte d'Ivoire actuelle. Ils occupaient plusieurs îles comme Mɔnɔbaha Nyamoa, Balubate, Ehino, etc.[8] Peu avant leur migration, les Betibe étaient gouvernés Wɔpu Nimgbeni. Son frère cadet Wɔpu Senhen était en désaccord avec lui. Un conflit d'influence opposait ces deux personnages. Les Sanwi ont d'abord attaqué les troupes de Wɔpu Senhen et ensuite celle de Wɔpu Nimgbeni. Les

[1] Enquête à Akonu auprès d'Egya Bile kaku.
Diabaté (H.), *op. cit.*, Enquête auprès d'amihere Essuah, p. 690.
[2] Voir carte de Gérardin Mercatoris datant de 1626. Voir supra, p. 85.
La cité de Bumas se situe un peu au Nord de la région d'Axim. Il peut donc bien s'agir d'une cité egwira.
[3] Ackah (Y.J), *op. cit.*, appendix 5.
[4] Diabaté (H.), *op. cit.*, p. 504.
[5] Enquête auprès de Kofi Alexandre.
Note : ɛfiɛ se trouve près du Nvɛhiɛ un affluent de la Tanoɛ.
[6] Fynn, *Ashanti and its neigbours*, p. 2.
Claridge (W.), *A history of the Gold Coast and Ashanti*, p. 7.
[7] ANCI 1EE 24, Notices sur le cercle d'Assini.
[8] Enquête auprès de Kofi Alexandre.

guerriers anyi[1] sortent vainqueurs de l'affrontement. Après la guerre, les Betibe se retrouvent sans roi.

Un chef de *fa* (génération) nommé ɔfrɔ ɔlɔ conduit une partie des Betibe vers l'Ouest. La première escale des migrants est Naben, puis le pourtour de la lagune Kodjobue. De là, ils poursuivent jusqu'à Mperie sur la rive est du Comoé. Certains restent à Mperie tandis que d'autres vont plus au sud à Natchuɛ (actuel Moossu). Les Ɛhɛ qui étaient alors à Gbamelɛ près d'Azuleti, viendront se joindre aux Betibe. Après un malentendu qui naît à cause d'un adultère commis par un jeune homme ɛhɛ avec la femme d'un notable betini, (singulier de betibe), les Betibe se retirent à Betimɔnɔ. De Natchuɛ où un noyau betibe est resté, ceux qui sont partis ont connu les étapes de Betigbɔ (île Vitré), Ngotobe et Okoble qu'ils ont abandonnés à cause d'une attaque des guerriers Tchama (Ebrié). Les Betibe ont également abandonné Okoble pour s'installer définitivement à Betimɔnɔ. Certains sont allés s'établir à Ayerɛ (Biettry ou Abeti)[2].

Un autre chef de fa nommé Takrika conduit une partie des Betibe à l'est en pays nzema[3]. Les migrants s'installent à Nzulezo sur les bords du lac Tandane. D'après Kofi Alexandre, Takrika et Mogan sont partis avec des migrants avant même la guerre de Mɔnɔbaha. Ceux qui seraient partis vers l'Est à cause de la guerre se sont d'après lui installés uniquement à Ɛfiɛ qui est un peu en amont de l'embouchure de la Tanoɛ[4]. Or, nous savons que des réfugiés betibe étaient protégés par le roi Amihyia Angɔla qui refusait de les livrer au roi du Sanwi Amon Ndufu Kpanyi[5]. Ɛfiɛ devait être contrôlé par les les guerriers nzema qui, dit-on, causaient constamment des ennuis aux Betibe[6].

Poussés par la pêche, leur activité principale, les Betibe à partir de Nzulezo explorent les cours d'eau environnants. Ils créent des pêcheries dont Azuleti, Mgbɔtɛba et Anwumanesuazo. Des traditions orales disent que des Asebu après leur défaite face aux Brobro fante se seraient réfugiés à Nzema[7], où ils se sont installés à Nzulezo. Meredith fait venir les habitants

[1] Au sujet de toutes ces informations, voir l'enquête auprès de Kofi Alexandre, et l'enquête de Jules Yeboa auprès des notables réunis de Vitré I et Vitré II.

[2] Kofi Alexandre soutient que c'est Kɔkɔlɔ le *gyasefoɛ* (serviteur) du roi Aïkɔ qui est parti à Abeti avec les siens.

[3] Amihere Essuah, *Mekakye bie III*, p. 121.
Diabaté (H.), *op. cit.*, p. 81 ; p. 603 ; p. 631.
Enquête auprès de Kofi Alexandre.

[4] Ibid.

[5] WIC 96 3-5 juillet 1762.

[6] Enquête auprès de Kofi Alexandre.

[7] Ackah (Y.J), *op. cit.*, p. 12.

de Nzulezo de Shama[1]. Il pourrait justement s'agir d'une allusion à ces Asebu. Les Asebu sont d'ascendance Guan[2].

L'origine des Betibe pose encore problème. À ce sujet, deux thèses s'affrontent. L'une donne une origine orientale aux Betibe, et l'autre soutenue surtout par les traditionalistes qui ont à l'esprit le souci de défendre le droit à l'antériorité sur l'occupation du sol, dit que les Betibe ne sont venus de nulle part, mais qu'ils sont des autochtones sortis du fond de la lagune. Leur village originel du fond lagunaire, dit-on, s'appelle Abongyi. Mgbakyere Ɛhoma[3] serait l'ancêtre qui a poussé les Betibe à quitter leur habitat du fond lagunaire pour s'établir sur la terre ferme. La thèse de l'autochtonéité des Betibe est soutenue par certains historiens[4].

Manuan Ayelebi soutient que l'origine des Betibe se situe vers le pays fante. D'autres informateurs la situent à ɔbɔmankuman ou Abuma également à l'est[5]. Henriette Diabaté associe les deux thèses, à savoir qu'une partie des Betibe est venue de l'Est tandis que l'autre est autochtone[6].

Les travaux de Jean Polet fournissent des données archéologiques très intéressantes pour la connaissance de l'origine des Betibe. Ils montrent que depuis 6000 ans avant notre ère, des hommes fabriquaient de belles poteries et utilisaient des outils en quartz. Des scories trouvées dans le pays betibe prouvent que le fer y apparaît en 300 avant J.-C. Sur l'île de Nyamoa, il apparaît peu avant le début de l'ère chrétienne. Mais, entre 6000 avant J.-C. et le XIIe siècle de notre ère, il n'y a aucune trace de restes humains. Des données différentes apparaissent entre les XIIe et XIIIe siècles. Deux types de sites archéologiques qui sont des cases sur pilotis et des cimetières dans les zones sèches voient le jour. Les nécropoles sont aisément retrouvées grâce à une plante de la famille des agavacées appelée Dracena Arborea Guinéensis.

---

[1] Meredith (H.), *An account of the Gold Coast of Africa*, p. 57.

[2] Van Dantzig, *Les Hollandais sur la côte de Guinée à l'époque de l'essor de l'Ashanti et du Dahomey 1680-1740*, p. 129-130.

Note : Les Guan sont considérés comme des proto-akan. Les travaux de Fynn ont montré que les Guan nt migré en provenance du Nord, que leurs parlers s'apparentent au Twi, et que leur organisation socio-culturelle est proche de celle des Akan. Voir Fynn, ''The Etsi of Ghana'', in *Ghana social science journal*, University of Legon 1975, p. 96 ; p. 110.

[3] Mgbakere Ɛhoma est le nom avancé pour les notables de Vitré I et II. Les notables d'Etueboɛ parlent de Mgbanji Nyinma, de même que Kofi Alexandre. Il s'agit des variantes d'un même nom.

[4] Loucou (J.N), ''D'où viennent les peuples lagunaires de Côte d'Ivoire'', in *Afrique-Histoire, Histoire*, n° 9, 1983, p. 39-40.

Niangoran-Bouah, ''Quelle est l'origine des Ivoiriens'', in *Fraternité-Matin*, n° 4287, mardi 13 février 19979, p. 16.

[5] Diabaté (H.), *op. cit.*, p. 297 ; p. 364.

[6] Ibid, p. 365-366.

Les Betibe lui donnent le nom *Ebobia*. Dans les tombes, cette plante est placée au chevet et près des jambes du défunt. Sur l'île de Nyamoa, il y a une étroite coïncidence entre l'aire de peuplement du Dracena Arbora Guinéensis et l'extension du cimetière. Dans les tombes, l'on trouve des bijoux en cuivre et une céramique funéraire façonnée à partir d'une argile blanchâtre avec des décors élaborés. Ces objets datent du XVIIe siècle. Les motifs décoratifs de cette céramique sont semblables à ceux que l'on trouve sur les sites du Ghana actuel.

Des dépôts de têtes funéraires en terre cuite associés à des offrandes sont aussi trouvés sur les cimetières[1]. Des têtes funéraires similaires se rencontrent sur les sites archéologiques de la côte ghanéenne[2] dès le XVIe siècle, mais jamais en Asante. Enfin, des perles de cornalines découvertes sur les sites du pays betibe avant l'arrivée des Portugais sur la côte attestent des liens avec la région saharienne.

Les études archéologiques de Polet nous inspirent les réflexions suivantes. Il serait hasardeux de dire que les hommes qui depuis 6000 avant J.-C. fabriquaient des poteries et utilisaient des outils en quartz sont des Betibe. En effet, le concept d'ethnie doit être manipulé avec tact. Ce protopeuplement à notre avis a disparu avant la mise en place d'un deuxième peuplement qui est à l'origine des données archéologiques des XIIe et XIIIe siècles. Cela explique le vide archéologique que l'on constate entre le début de l'ère chrétienne et le XIIe siècle.

L'idée d'un peuplement prélagunaire existe car les Tchama (Ebrié) par exemple disent avoir trouvé sur place les Brékégon. Les Betibe sans aucun doute sont les auteurs des données archéologiques du XIIe siècle et du XIIIe siècle. En effet, la case sur pilotis est une architecture que pratiquaient et que pratiquent encore les Betibe. Egbehi et Nzulezo restent aujourd'hui encore des villages sur pilotis.

La pratique qui consiste à enterrer les défunts avec la plante Ebobia est une coutume essentiellement betibe. L'île de Nyamoa sur laquelle l'on trouve le Dracena Arborea Guinéensis correspond à l'extension du cimetière où les membres de la famille royale bɔinɛ étaient ensevelis[3].

Les mythes qui selon lesquels les Betibe sont sortis du fond de la lagune sont scientifiquement parlant inacceptables. Même en tablant sur l'hypothèse de l'autochtonéité que pourrait signifier cette légende, ladite notion est très relative.

---

[1] Histoire de la Côte d'Ivoire. Découvertes archéologiques dans les lagunes éotilé, étude présentée par Jean Polet.

[2] Anquandah (James), *Rediscovering Ghana's past.* Une tête funéraire a été découverte à Angye (Enchi), p. 106.

Les têtes funéraires sont appelées Tɔn dɔdɛ par les Betibe et Mma par les Anyi Sanwi.

[3] Voir la conférence de Monsieur Ello Brou à Vitré I. Enquête auprès de Kofi Alexandre.

Les lointains ancêtres des Betibe à l'instar des autres akan sont partis de la vallée du Nil et de l'Omo. Cependant, ils sont parmi les premiers à avoir atteint la côte en provenance du nord. La présence des Perles de cornaline saharienne en pays betibe avant l'arrivée des Portugais sur la côte est le témoignage de cette origine septentrionale. Les lointains ascendants de ce peuple sont venus avec ces objets du Sahara. La thèse d'un lien indirect est à écarter, car le circuit commercial qui à cette époque lointaine expliquerait la présence des perles de cornaline du Sahara en région betibe, est pratiquement impossible à retracer.

L'origine nordique des ancêtres betibe est probablement à l'origine du nom que ce peuple se donne. Betibe se compose de *be* (palmier), *ti* (tête) et du suffixe /be/ (les). Il est intéressant de noter que *be* correspond au mot *abɛ* qui chez les Akan de l'Est sert également à désigner le palmier.

Les Betibe sont donc la tête, c'est-à-dire les premiers qui se sont établis sur le pourtour de la grande lagune. De ce point de vue, ils sont des autochtones. Les premiers betibe sont donc arrivés dans le complexe lagunaire du Sud-Est ivoirien au XIIe siècle si l'on tient compte des données archéologiques de cette époque.

Le chef de leur migration devait être Mgbakyere Ɛhoma qui selon les traditions orales serait sorti de l'eau avec le peuple. La similitude de certains mots du lexique *Betine* (langue des Betibe) avec le Twi ainsi que l'onomastique des Betibe avec celui des Akan sont troublants et font croire à un séjour des Betibe dans le Bono[1]. Ils sont partis assez tôt et ont ainsi élaboré un lexique assez original.

Les motifs décoratifs des céramiques funéraires ainsi que les têtes funéraires que l'on trouve également sur les sites archéologiques de la Gold Coast s'expliquent par une aire culturelle akan le long de la côte atlantique. Point n'est besoin d'évoquer une migration car le sud-est ivoirien se situe avant tout dans un ensemble qui aborde le sud-ouest du Ghana. Un autre point sur la question de l'origine des Betibe pose problème. Tandis que les Betibe de la lagune Dwenye (Aby) comptent cinq matriclans, les Betibe de Betimɔnɔ (Vitré) n'en comptent que quatre. Le matriclan Bɔssemalan manque chez les seconds. Nous sommes d'avis avec Henriette Diabaté pour dire que ce matriclan est postérieur à la dispersion des Betibe[2]. Mais alors comment s'explique la présence des Bɔssemalan chez les Betibe de la sous-préfecture d'Adjɛkɛ (Adiaké).

L'ouvrage d'Henri Meredith permet d'avoir des éléments de réponse à cette question. Cet auteur aurait appris que les habitants de Nzulezo se composent d'une part de gens mécontents qui ont abandonné leur pays

[1] *Note* : Ello Brou est aussi de cet avis. Voir la conférence d'Ello Brou à Vitré I.

[2] Diabaté (H.), *op. cit.*, p. 393.

d'origine et d'autre part de migrants venus de Shama[1]. Les lignages appartenant au matriclan Bɔssemalan à notre avis ne sont autres que les migrants Asebu venus de l'Est qui vont se mêler aux Betibe installés à Nzulezo.

Lorsqu'une partie des Betibe sous la conduite d'Ɛlua Ndjomu revient s'établir à nouveau dans son pays d'origine, des Bɔssemalan se joignent à elle. Cela explique l'origine orientale de certains Betibe. Nous pensons que seul le matriclan Bɔssemalan est venu de l'Est.

Le matriclan Bɔssemalan est détenteur du siège *(bia)* d'Aby que certains disent être originellement un village de souche anyi. Aby en réalité est peuplé aussi bien de lignages d'ascendance anyi que de lignages d'ascendance betibe. Quant au *bia*, il est détenu par un lignage d'origine betibe appartenant à l'*affilié* Bɔssemalan[2]. De nombreux lignages originaires d'Aby auraient leur *Nvilié bia* (sièges de familles) à Akunugbe.

Les Betibe sont-ils des Akan ? La question mérite réflexion car certains historiens[3] ne les classent pas dans le bloc akan à cause de leur implantation ancienne par rapport à d'autres peuples venus de l'est. Si l'on reconnaît que la région lagunaire du sud-est ivoirien a été un foyer de dispersion de certains akan locuteurs du twi[4], pourquoi les Betibe qui sont les premiers établis dans cette région ne seraient-ils pas des Akan ou du moins des proto-akan ?

L'historiographie ivoirienne a souvent eu tendance à classer d'emblée les peuples qui se réclament d'une origine orientale dans le bloc akan. Or, cela ne se vérifie pas toujours. Les Krɔbo[5] du Département actuel d'Agboville ne sont pas originellement issus d'un fond akan même s'ils sont venus en provenance de l'Est. Le noyau de ce peuple est probablement parti du pays krɔbo près de la région ga d'Accra à la fin du XVIIe siècle, fuyant les affres de l'esclavage auquel se livrait le puissant État akwamu.

Or, le peuple betibe par sa culture, sa langue, ses us et coutumes avant même d'être envahi par des migrants akan venus de l'Est, présentait déjà toutes les caractéristiques qui se rattachent au bloc akan. La remarque est de taille car l'on ne peut dans ce cas, évoquer l'hypothèse d'un emprunt. Perrot, Stewart, Henriette Diabaté, Rougerie, Nardin et Georges Retord reconnaissent à juste titre l'appartenance du peuple betibe au bloc akan.

[1] Meredith (H.), *op. cit.*, p. 53.

[2] Enquête auprès de Kofi Alexandre.

[3] Loucou (J.N), *Histoire de la Côte d'Ivoire. La formation des peuples*, p. 132-333.

[4] Adu Boahen, ''Who are the Akan'', in *Colloque inter-universitaire de Bondoukou*, p. 65.
Note : Adu Boahen soutient que des ancêtres de groupes akan de l'Est seraient originaires des régions lagunaires orientales de Côte d'Ivoire d'où ils auraient migré en Adanse.

[5] Les Krɔbo habitent les villages suivants : Ores Krɔbo, Abudé-Mandéké et Aboudé Koasikro.

Du point de vue de la culture, la société betibe est organisée en matriclans exogames appelés Asi. Le matriclan lignage est appelé Ayɔrɔpɔ[1]. Hélène Perrot écrit à ce propos :

« Chez les Ndenye, la répartition des individus en clans matrilinéaires n'a pas la netteté et la précision qu'elle a dans d'autres société akan, comme par exemple chez les Ehotilé de la lagune d'Adiaké »[2]

Les *Asi* sont au nombre de cinq : Bɔinɛ, Boayo, Bɔssemalan, Boakimalan et Boakulu. D'autres peuples lagunaires, n'échappent d'ailleurs pas à cette caractéristique principale de la société akan qu'est l'organisation en clans matrilinéaires exogames. Les Tchama (Ebrié) sont aussi organisés en matriclans exogames appelés *Mando*[3]. De même que les Aburé[4]. L'intégration des Asi aux *abusuan* nzema témoigne de l'appartenance des betibe au bloc akan. En effet, les éléments betibe qui sont restés en pays nzema ont été intégrés aux *abusuan*. Les informations recueillies auprès de Maame Ninge et de Kofi Alexandre permettent d'établir le tableau suivant :

Tableau de : Correspondance entre les abusuan nzema, les asi betibe et les ntɔn twifo

Asi	Abusuan	Ntɔn
Bɔinɛ	Ndweafoɔ	Aduana- Abrade
Boayo	Ezohile	Asona
Bɔssemalan	Nvavile	Anona, Agona
Boakyimalan	Alɔnwɔba	ɔyɔkɔ
Boakulu	Mafolè	Asamankoma

L'*asi* comme tous les matriclans exogames akan se compose de deux éléments. L'*asi* est le matriclan étendu. Les individus qui appartiennent au même *asi* sont supposés être d'une souche commune. L'*asi* correspond chez

[1] Diabaté (H.), *op. cit.*, p. 853.
[2] Perrot (C.H), *op. cit.*, p. 139.
[3] Monographie des cercles, *Histoire et culture de la Côte d'Ivoire. Cercle des lagunes, Les Ebrié*, p. 9.
[4] Niangoran-Bouah, ''Le pays abouré'', in *Annales de l'Université d'Abidjan 1965*, p. 125 ; p. 127.
Ablé (J.A), *op. cit.*, p. 166.

les Nzema à l'*Assalo Abusuan*. L'*ayɔrɔpɔ* est la famille réelle à l'intérieur de laquelle joue l'héritage. Chaque famille possède son *ada* (siège), mais le trône d'une famille bɔinɛ les coiffe tous. C'est à l'intérieur de celle-ci que sont choisis les rois du pays betibe. Les institutions monarchiques des Betibe sont donc à l'image de celles des autres peuples akan.

Henriette Diabaté rapporte qu'au moment où les Betibe ont été contraints de quitter Mɔnɔbaha à cause de la guerre, chaque siège a été confié à la femme responsable de l'*ayɔrɔpɔ*[1]. Les Betibe ont ensuite fait des libations en implorant les ancêtres pour leur expliquer pourquoi les *ada* sortent de Mɔnɔbaha. Une telle attitude est spécifiquement akan. En cas de danger, la première chose à mettre en lieu sûr est le siège, garant du pouvoir politique, de l'unité familiale et de sa perpétuation. Au moment de la défaite Aowin face à l'Asante, c'est la première disposition que prend Anɔ Asema[2].

De même que chez les Akan de l'est et du Centre, certaines fonctions rituelles et militaires chez les Betibe se transmettent en ligne paternelle. Les divisions de l'armée sont réparties par générations[3]. Le jeune betini (membre du groupe betibe) dont le père est chef guerrier occupe souvent la même fonction au sein de sa propre génération.

Le choix du chef guerrier qui donne lieu à des manifestations est généralement appelé fête de génération. Ce type d'organisation militaire est une invention betibe, car les grandes parades sur la lagune y jouent un rôle important. La culture lagunaire est une création des Betibe que les nouveaux lagunaires ont empruntés. Les Betibe sont les premiers lagunaires. Certains peuples qui arrivaient de l'Est sont passés par le pays betibe, notamment les Aburé et les Alladian. Les Ɛhe y ont même séjourné pendant longtemps.

L'organisation militaire Betibe est à quelques nuances près, proche de celle des Akan de l'est et du centre. La différence se situe au niveau de la répartition des guerriers par générations chez les premiers. Du point de vue linguistique, le Betine appartient à la famille Kwa principalement celle que Stewart appelle la branche Volta-Comoé [4]. Ladite branche se divise en quatre éléments qui sont :

1 – l'Ono (Betine, Abouré, Tchamaca)

2–le Tano (Anyi-Wawolé, Aowin, Sefwi, Nzema, Ahanta)

3 – le Twi (Asante, Fante, Abron, Akwapem, Wassa)

4 – le Guan (Gonja et tous les dialects guan).

---

[1] Diabaté (H.), *op. cit.*, p. 522.

[2] Mbra Ekanza (S.P), *Mutations d'une société rurale. Les Agni du Moronou 18e siècle 1939*, p. 99 ; p. 100.

[3] Enquête auprès de Kofi Alexandre.

[4] Steward (J.M.), ''Akan History some linguistic evidence'', *Ghana notes and queries,* n° 9, November 1966.

Remarque : Le Tchamaca est la langue des Tchama (Ebrié)

Étudions plus en profondeur les liens phonologiques, morphologiques et grammaticaux entre le Betine, le Tano et le Twi.

L'identification de la proto-langue Akan aurait été d'un grand secours dans cette étude comparative. Malheureusement, les linguistes n'ont rien entrepris dans ce domaine[1]. Comparons le Betine à l'Anyi d'une part et à l'Abron d'autre part.

a – Concernant la phonologie

Les tableaux suivants permettent de faire une comparaison phonologique entre ces langues.

Tableau phonologique des consonnes en Betine[2]

	Labiales	**Dentales**	**Palatales**	**Vélaires**	**Labio-vélaires**
Sourdes	p	T	C	k	kp
Sonores	b	D	j		gb
Fricatives	f	S		(z)	
Nasales	m	N	π	ŋ	
Fricatives larges		I	j		w

[1] *Note* : Les protolangues sont nécessaires à identifier et très utiles dans l'étude comparative des langues. Voir Pierre Alexandre, *op. cit.*, p. 40.

[2] Hérault (G.), ''L'Eotilé'', *Atlas des langune kwa de Côte d'Ivoire*, pp. 403-423.

Phénomènes consonantiques de l'Anyi Sanwi[2]

	Labiales	**Dentales**	**Palatales**	**Vélaires**	**Labio-vélaire**
Occlusives sourdes	P	T	c	K	kp
Sonores	B	D	j	G	gb
Fricatives	F	S		H	
Résonantes nasales	M	(n)	[Б]		
Non nasales		(i)	j		w

Tableau des consones de l'Abron

	Bi-labiales	**Labio-Dentale**	**Alvéo-Laires**	**Palatales**	**Vélaires**	**Labio-Vélaires**	**Glottales**
Occlusives Sourdes	p		T	c	k	kp	
Occlusives Sonores	b		D	j	g	(gb)	
Fricatives Sourdes		F	S	Б			h
Fricatives Sonores		(V)	(Z)				
Nasales	m						

[2] Burmeister (J.), ''L'Agni Sanwi'', *Atlas des langues Kwa de Côte d'Ivoire 1983*, pp. 155 - 172

Le système consonantique du Betine présente beaucoup de ressemblance aussi bien avec l'Anyi que l'Abron. Notamment au niveau des labiales sourdes, sonores et nasales, au niveau des dentales sourdes et sonores, au niveau des palatales, des vélaires sourdes et sonores, ainsi qu'au niveau des labio-vélaires.

Le Betine présente neuf voyelles basées sur l'oralité ou la nasalité dont une série avancée (i, e, a, o, u) et une série rétractée (i, ϵ, ϖ, ɔ). L'Anyi présente seize voyelles basées sur l'oralité ou la nasalité. Des voyelles fermées de premier degré (i, í, î, ĭ, u, ŭ, ϖ, ô). Des voyelles moyennes de deuxième degré (e, ϵ, o, ɔ). Des voyelles ouvertes de troisième degré (^, ^, a, ã). Les voyelles en Abron sont au nombre de dix-sept et se basent aussi sur l'oralité et la nasalité. Des voyelles d'une série rétractée (i, i, ϵ, ϖ, ɔ, a, ĩ, ã, õ). Des voyelles d'une série avancée (y, i, e, a, u, o, ĩ, ũ, à). Les voyelles du Betine et des deux autres parlers sont les mêmes, sauf des nuances bénignes jouent dans la prononciation au niveau de certaines voyelles. L'harmonie vocalique entre les trois langues est parfaitement identique.

La majorité des mots de plus d'une syllabe associent de façon homogène soit, des voyelles d'un sous-ensemble rétracté, soit des voyelles d'un sous-ensemble avancé. Particulièrement en Anyi, la première voyelle d'une suite de voyelles est du premier degré et le second est du deuxième degré ou du troisième degré.

Exemples : Líké (chose), kùló (village), fia (cacher). L'on voit que l'harmonie vocalique au niveau des trois langues joue selon l'alternance des voyelles et leurs degrés.

b – Concernant la morphologie

1 – La tonalité

Deux tons principaux apparaissent dans le Betine, l'Anyi et l'Abron. Le ton haut, le ton bas et le downstep, c'est-à-dire un ton haut suivi de deux tons.

Exemples de ton haut et de ton bas :

Betine

épú (cadavre)

Anyi

bɛ́dɛ́ (manioc)

Abron

Síbɔ (panthère)

Exemples de downstep

Betine : ɛ́krábò (scorpion)

Anyi : ɛlɛ́guè (crocodile)
Abron : Ákùkɔ (poulet)

2–Affixes nominaux

Un suffixe à valeur agentive et qui joue un rôle désignatif existe dans les trois langues. En Betine, ce suffixe est /bɔ / pour la variété dialectale de la région d'Adjɛkɛ et /fɔ/ pour celle de Vitré. En Anyi, ce suffixe se dit /foɛ/.

Le suffixe devient /ni/ quand il exprime le singulier.

Exemples illustratifs.

Betine. Esihɛ (argent). Esihɛbo (un riche)
Betini (un individu du groupe Betibe)
Anyi. Esika (argent). Esikafoɛ (un riche)
Sanwini (un individu du groupe sanwi)
Abron. Abronfoɔ (ensemble des Abrons)
Abronni (un individu du groupe Abron)

c – Grammaire

1 – La formation du pluriel

Le système qui préside à la formation du pluriel en Betine en Anyi et en Abron est le même. Le pluriel est marqué soit par un préfixe nasal /n/ ou /m/, soit par un suffixe /mɔ/ ou /mɛ/ en Anyi ou les deux à la fois.

Exemples :

Betine

Ɛblapl	mra	mɛ	(femmes)
Bia pl	mia	mɛ	(hommes)
Asɔ pl	nsɔ		(pieds)
Eku pl	ku	mɔ	(époux)

Anyi

Akɔ pl ngɔkmɔ (poulets)
Blasua pl mlasua (femmes)

Abron

Abɛ pl mmɛ *(palmier)*
Afrumu pl nvrumu (ânes)

2 – Pronoms personnels

	Betine	**Anyi**	**Abron**
1re personne du singulier (p sg)	Sujet	Sujet	Sujet
	n, m	Mi	m, mi
2e p sg	e	Wɔ	o
3e personne du pluriel (p pl)	ɔ	ɔ	ɔ
1re p pl	yɛ	Yɛ	yɛ
2e p pl	mo	Ɛmɔ	ho
3e p pl	wa	Bɛ	bɛ

Quelques similitudes apparaissent ici. La première personne du singulier et la première personne du pluriel du Betine, de l'Anyi et de l'Abron sont les mêmes.

3 – La phrase

L'ordre des constituants principaux dans la phrase en Betine, anyi et Abron est généralement sujet, verbe, complément.

4 – Le futur

Dans les trois langues, le futur fait usage des pronoms sujets suivis du morphème ba (verbe venir) puis du verbe.

Exemples :

Bertine	m	ba	kɔ	(je vais partir)
Anyi	mi	ba	hɔ	(je vais partir)
Abron	m	bɛ	kɔ	(je vais partir)

5-L'impératif

Il est souvent la forme la plus simple du verbe et n'est pas précédé d'un sujet.

Exemples :
Betine di ta (mange, poisson) (mange du poisson)
dɛ kasi (appelle Kasi)
Anyi kɔ (pars), da (couche-toi)
Abron kasa (parle) wura (entre)

6–Le verbe

Le verbe se présente souvent dans les trois langues sous la forme de lexèmes-syllabiques[1]. Certains vers dérivés du premier le sont quelquefois par nasalisation.

Exemples :
Betine susu (apprendre), pipi (attacher)
Kaɔga (fumer du poisson)
Anyi susu (réfléchir), kyikyi (attacher)
Abron susu (réfléchir), tutu (déraciner).
Du point de vue lexical, le Betine partage des termes communs avec l'Anyi et avec le Twi.
Un **Tableau comparatif** entre le Betine et l'Anyi Sanwi fait par Georges Retord à partir de 100 mots est très expressif[1].

Lexique	**Nombres de termes**	**Betine – Anyi**	**Betine // Anyi**	**Pourcentage des différences**
Numéro	10	4	6	60 %
Terme de parenté	5	3	2	40 %
Le corps humain	12	2	10	83 %
L'homme	11	3	8	72 %
La nature	18	5	13	72 %
Appréciation	4	0	4	100 %
Paires minimales	8	3	5	62 %

[1] Cette constatation a été faite à partir d'une centaine de verbes Betine, 50 verbes Anyi et 40 verbes Abron. Voir Atlas des langues Kwa de Côte d'Ivoire.
[1] Retord (Geeorges), »Le domaine linguistique Eotilé » *Centre Universitaire de recherche et de développement (CURD),* p. 57-66.

Emprunt	13	12	1	7 %
	100	35 %	65 %	

Le Betine garde un lexique assez original puisque 65 % des termes sont différents de l'Anyi. Mais les deux langues présentent malgré tout un taux de similarité lexical non négligeable, 35 %. La liste suivante dresse les termes Betine et Twi qui sont étymologiquement proches, et qui sont comparés aux mots anyi sanwi correspondants.

Mots	**Betine**	**Twi**	**Anyi sanwi**
Il est incapable	ɔtumon	ɔtumi	ɔgola man
Chose	Ɛdɛ	Adiɛ	Like
Animal	Ɛboɔ	Aboa	Nnan
Époux	Ekun	Kunu	Hun
Selever	Sɔl	Sɔlɔ, sɔre	Djɔso
Étranger	Afɔ̃bɔ	Ahɔhɔ	ƐYɛfoɛ
Souris	Ekulu	Ekula	Atabakon
Danse	Ɛda	Ɛsa	Abile
Médicament	Adu	Aduro	Ayile
Mort	Awu	Owuo	Ewue
Eau	Su	Nsu	Nzue
Dire	Hɛ	Sɛ ou Se	Se
Pleurer	Hũ̃	Sũ̃	Sũ̃
Palmier	Abe	Abɛ	Ayie
Dette	Ka	ka	Kalɛ
Poulet	Ehikɔ	Akukɔ	Akɔ
Dix	Edi	Edu	Bulu

Tête	Ti	Ti	Ti
Venir	Ba	Abɛ	Ba
C'est blanc	O fufu	ɔda fufuo	ɔti fufue
Pilon	Amɔ	ɔma	Djoman
Accoucher	Wo	Wo	Wo
Argent	Esihɛ	Sika	Esika
Moment	Ɛlɛ	Berɛ, merɛ	melɛ
Papaye	Ɛprɛ	Ɛfrɛ, bɔfrɛ	Bɛfɛlɛ
Manger	Di	Didi	Di
Canne à sucre	Ewuduɛ	Awidiɛ	Ahanlan
Année	Ɛfuɛ	Efie	Afoɛ

Cette liste montre un détail intéressant. Non seulement des mots betine et Twi sont étymologiquement proches ou identiques, mais ils peuvent en même temps être différents des mots Anyi correspondants. Par exemple les mots chose, animal, se lever, dix, danse, médicament, canne à sucre et palmier.

Du point de vue onomastique, les noms des Betibe ont beaucoup de ressemblance avec les noms akan. Cette comparaison onomastique tiendra compte essentiellement des ressemblances de consonances entre des noms authentiques Betibe et des noms Akan courants. En voici des exemples.

Noms de personnages historiques Betibe	**Noms Akan étymologiquement proches des noms Betibe**
Aniaba	Neba, Assaba, Ahɔba, Nɔba
ɔfrɔ ɔlɔ	ɔfɔre / Alu
Bɛkɛ Lata	Bɔkɔ, Abaka / Late
Wɔpu Senhen	Bafu / Boahen, Gyahen

Akane Wanjɔ	Akani, Aka / Andjo, Wandja
Eko Nogbun Ako	Eko / Nogbun / Ako, Aka, Ake
Kɔkɔlɔ	Kokoloko, Kɔlɔkɔlɔ
Bonie Ɛsɛlɛwɛ	Bone / Assale
Takrika	Takyi
Baa	Baa, Aba, Ɛba
Eyu Ɛtɛbɛ	Ayi / Atuobi
Enobia Sian	Nɔba / San
Enjebie	Ayebie
Mogan	Mojan
Mgbanji Nyinma	Mgban / Anyimia
Ndjomu Wɔpu	Ndumi, Ntim / Bafu
Aikɔ	Ako
Ɛpatapa	Apete
Ɛkɔna Ndɛuwe	Kɔna / Belewue
Ehi Kadjɛ	Ahi / Kajo, Kadja
Yayo	Yao, Yaa
Ɛlua Ndjomu	Ɛlea, Ɛleam, Alu / Ndumi
Bɛmia	Bɛma, Mia
Djomolo	Djomo
Akane Kolia	Akani / Aye
Ndokun	Enoku
Akane Ayemu	Akani / Aye
Asohun	Ashun

Assemalan Ketcha	Asema / Natcha, Ketchi
Adjɛ	Djɛ, Adjei
Banga	Anga, Anka
Ɛkɔ Esini Mampu	Eko / Esi / Ampo

Autres noms authentiques Betibe	**Noms Akan étymologiquement proches**
Atubu	Atuobi
Miangu	Amagu, Amaku
Eblimi	Ablema
Enumu	Enim
Mgbalamu	Mbala, Mbra
Amuye	Amu, Amon, Ameyao, Aye
Amgbe	Ampem
Ehwi	Ahwi, Ahua
Edua	Dua
Bapu	Bafu
Kase	Kɛse
Essubo	Oson, Essibe
Djadji	Djaba
Essigan	Essi
Apo	Affo
Badjɔ	Adjo
Bamussu	Yamussu
Elidje	Adjei

Bezem	Besse, Bassa
Gnandjeha	Gnan
Aha, Ahate	Aya
Edjoboe	Oboe
Ezando	Ɛzan, Ɛsan, Ando

Les noms betibe en fonction des jours de la semaine et leurs Mgbayiɛ (surnoms)[1].

Jours	Noms féminins	Mbayiɛ	Noms masculins	Mgbayiɛ
Ɛya (dimanche)	Ɛnɔkɔme	Ɛbɔ Ayemia Asɔ	Ɛsiɛkɛ Akie	Esiwan Andje
Epi (lundi)	Ɛkwa Ndje	Asuman Anyin	Nya Latɛwu	Ekiwun Eibɔ
Epiɛfɔ (mardi)	Ewote Anie	Asunga Asue	Ɛyɔme Atɛ	Dɛngɔ
Eyɔmaniɛ (mercredi)	Ndjokote	Noko Eyiman Nzema	Eyi Adɔ	Ndjiwu Andji
Eku (jeudi)	Ndjowu Anga	Sukanue	Ɛbawuando	Ɛsɔbɛmia Ndje
Ɛkɔnzrɔ (vendredi)	Ɛsa Nzɔ	Basɔ Ngwa	Eyinmian Anman	Ɛkɔyimian Asue
Ekrupue (samedi)	Ngan Ndjeyin	Asɔkɔ Nian Kwaba	Ɛpatapa	Ɛkɛ Ndjiwan

Les noms de naissance que l'on donne en fonction des jours de la semaine, sont connus sont pratiqués par les Betibe. Il s'agit d'une institution Akan. Les Betibe sont à tout point de vue des Akan, aussi bien par leur organisation sociale, leur langue et leur culture.

Cette étude sur « l'akanité » des Betibe montre que la classification des Akan en Akan purs et en faux Akan faite par Adu Boahen est inacceptable. Le parler Twi à lui seul n'est pas le fondement de l'« akanité ». Il n'est avant

[1] Diabaté (H). *Op. cit.*, p. 862.

tout qu'une variante de la branche linguistique Volta-Comoé. Se servir du seul critère linguistique en ignorant les faits historiques dont les migrations tous azimuts dans l'hinterland Akan relève d'une légèreté dans l'analyse historique.

6 – Des Denkyira (Awiebo)

Awiebo est un village crée par des immigrants venus du Denkyira[1] qui fuyaient l'hégémonie asante après la bataille de Feyase en 1701. Ils avaient à leur tête Nana Bonzo Kaku de l'Abusuan Nvavile (Anona-Agona). Ils ont suivi l'itinéraire qui a conduit de nombreux Denkyira dans le pays fante au lendemain de la bataille de Feyase.

Bonzo Kaku et ses sujets se dirigent vers l'ouest. Après une escale à Sa (Shama), ils longent la côte jusqu'à Nzema. Une version affirme que les ancêtres fondateurs du village d'Awiebo ont fait escale à Bengyema Datieso en Aowin ainsi qu'à Nduabesa dans le Wassa[2]. Deux informatrices, Maame Ama et nana Ahyia affirment que leurs ancêtres respectifs participaient à cette migration[3]. Le lignage du matriclan Ezohile auquel appartient Maame Ama détient les bia de Gyawue et de Gyawue Ahonlezo mais son bia le plus important se trouve à Duaso dans le Denkyira. Les Denkyira sont des immigrants venus du nord qui ont traversé la Volta noire pour s'établir dans le Bono[4]. Ils s'appelaient alors Adawufo, mais leur long séjour à Nkyira dans le Bono est à l'origine de l'appellation Denkyira qu'on leur connaît. Une enquête auprès de nana Kwame Abontenko II ainsi que des documents archéologiques montrent que Nkyira est l'un des vieux sites du Bono. D'après Nana Kwame Abontenko II, les populations de Nkyira ont occupé différents sites qui sont dans l'ordre Wrob, Boso, Takokoti, kwaw, Huribra puis Nkyira[5].

Les Adawufo sous la conduite de l'*Ohema* (reine-mère) Ayekra Adebo, amorcent une migration vers le sud et s'établissent à Abankɛseɛso. Abankan le grand trône et Sasatia le sabre royal auraient été découvert par Ayekra Adedo l'aïeule du lignage royal Agona. Le royaume que les Adawufo créent prend le nom de Denkyira.

---

[1] Amihere Essuah. Mekakye III p. 65.
Ackah (James). Op. cit. p. 12. Appendix 21, p. 1. Enquête auprès d'Alagye Diallo.

[2] Ackah (James). Op. cit. Appendix 2, p. 9.

[3] Enquête auprès de Maame Ama et de nana Ahyia.

[4] Daaku (K.Y), Unesco research project on oral traditions. Denkyira n° 2, p. 2, Ghana. Legon 1970, 287 p. Anguandah (J.), "State formation among the akan of Ghana" in Sankofa. The Legon journal of archeological and his torical studies. Volume I 1973 p. 53. Annan (E), *op. cit.*, p. 115. Enquêtes auprès de nana otaa Ampem et nana Kofi Adu Ababio.

[5] Anquandah, ''An archéological Survey of the techiman Wenchi area'', in *Ashanti and the Northwest*, Research review, Institute of African studies, Legon, p. 127.

Vers 1650, le Denkyira faisait partie d'une confédération d'États fondée dans la première moitié du XVIIIe siècle dans la zone des confluents du Pra, de l'Ofin et du Birim. L'unité de la confédération se faisait autour du *bossom* (génie) national Bɔna. Le plus important de ces États était l'Adanse qui sera centralisé par le roi Ewurade Bassa du matriclan Asenee (Ekoona-Ahene).

Les *Denkyirahene* soumettront l'Adanse, l'Assin, le Sefwi, le Twifo, l'Aowin, le Wassa et le futur noyau asante. Pendant le règne de Ntim Gyakari, les Denkyira sont vaincus à Feyase par les Asante après une série de batailles entre 1699 et 1701[1]. De nombreux chefs Denkyira transfèrent leur allégeance à l'*Asantehene*. Une partie des Denkyira traverse l'Ofin pour Mpoho[2] d'où elle gagne la région de Cape Coast. De nos jours, le Denkyira est partagé en haut et bas Denkyira que sépare le Twifo. C'est sous le roi nzema Anɔ Bilé Aka que les populations d'Awiebo qui ont quitté le Denkyira au XVIIIe siècle sont arrivées dans le royaume[3].

7- Un lignage originaire du pays akye (Ngalɛkpole)

Les lointains ancêtres du lignage de l'*abusuan* Nvavile (Anona-Agona) qui détient le *bia* de Ngalɛkpole sont partis d'Awean Wean. Ils ont emprunté un chemin qui les a conduits en pays akye où ils se sont établis à Aguayin sur des terres à la limite des pays Akyé et Abè[4]. Nana Affo qui a forgé le premier chaînon de ce lignage à Nzema est partie d'Aguayin avec son frère Anɔ. Affo et son frère Anɔ ont créé Ngalɛkpole où ils se livraient au commerce du sel.

Quand bien même Nana Adjoba Ekyi notre informatrice ne sait pas exactement la guerre qui a poussé ses ancêtres à quitter Aguayin, il est possible que les entreprises guerrières d'Abole Yapi en soient l'origine. Notre hypothèse se fonde essentiellement sur la concordance de l'époque à laquelle Affo et Anɔ quittent Aguayin et la situation qui règne dans le pays Akyé. En effet, le grand chef guerrier Abole Yapi qui a vécu au XVIIIe siècle époque à laquelle Affo et Anɔ arrivent en pays nzema, a soumis par la force des groupes Akye ainsi que certains Tchaman (Ebrié). Il a expulsé de la région d'Anyama de nombreuses populations[5].

---

[1] Van Dantzig, *Dutch documents relatin to the Gold coast and the slave coast, Coast of Guinea 1680- 1740*, part I (1680-1710), p. 47.
Note : le 16 novembre 1701, Van Sevenhysen rapporte que les Asante ont eu la victoire totale sur les Denkyira.

[2] Daaku (K.Y), *Unesco research project on oral traditions Denkyira*, n° 2, p. 2.
Note : Mpoho est une région de collines située entre le Wassa Amenfi et le Wassa Feyase.

[3] Ackah (Y.J), *op. cit.*, appendix 21, p. 1.

[4] Enquête auprès de Nana Adjoba Ekyi.

[5] Loucou (J.N), *Histoire de la Côte d'Ivoire. La formation des peuples*, p. 137, Abidjan, 1984, 1984, 203 p.

Nana Affo et les siens pour fuir l'insécurité que faisait régner Abole Yapi ont dû migrer vers l'Est où ils se sont installés à Ngalɛkpole en pays nzema. Par la suite, d'autres lignages sont venus se joindre à eux.

8-Des Aowin (Etikɛbo II, Bawia, Ɛkɛbaku, Nawule, Etikɛbo I, Nuba)

Parmi les populations qui ont quitté l'Aowin à la suite des guerres contre l'Asante, certaines se sont rendues dans le royaume nzema. Le pays nzema était justement l'une des voies que les Aowin ont choisies pendant leur fuite.

Les fondateurs d'Etikɛbo II, de Bawia, d'ɛkɛbaku, d'Etikɛbo I et de Nuba sont des immigrants venus de l'Aowin. Les groupes qui ont quitté l'Aowin (Ebrossa) pour Nzema entre 1715 et 1720 avaient des origines diverses. En effet, le roi Aowin Anɔ Asema a accueilli dans ses dépendances des réfugiés Bono, Adanse, Asante, Sefwi, Twifo, Assin, Wassa, Akyem et Denkyira[1]. À titre illustratif, les populations d'Anyankomanu disent venir de Bɛnso dans le Wassa feyase. Le lignage royal de Kramokrom dit venir d'Ewomaso dans le Denkyira. Les populations du village de Kwamu sont originaires de Mampon en Asante. Les populations de Yakase situent leur origine dans le Juaben en Asante. La famille royale de Motwekrom est venue de Kumasi Sawua[2].

Le noyau original Aowin se composait de trois groupes : les Sohié, les Anabula et le troisième élément qu'Ekanza désigne sous le vocable générique d'Awean-Wean[3]. Ces Awean-Wean sont de lointains immigrants Bono[4] qui ont séjourné dans la région du confluent du Pra et de l'Ofin. Sous la conduite de Nana Anɔ Asema, ils quittent la région actuelle du Wassa Amenfi, traversent le Tanoɛ pour créer l'État Aowin en s'imposant aux Sohié et aux Anabula qui sont des populations anciennement établies dans la région. Le leader du lignage ɔyɔkɔ d'Angye qui a conduit la migration des ''Awean-Wean'' depuis le nord dans le Bono serait Nana Ebi, dont le successeur est Kwame Wadan Wadan[5].

Toujours pour montrer la diversité des populations Aowin qui ont migré à Nzema, disons que le Sefwi par exemple était sous domination Aowin. Le Sefwi lui-même se composait de réfugiés venus de tous les États akan environnants à savoir Bono, Adanse, Denkyira, Assin, Asante, etc.[6].

[1] 218 NBKG 17 october 1715. Annan (E.), *op. cit.*, p. 125. Mbra Ekanza (S.P), *op. cit.*, p. 49-50

[2] Diabaté (H.), *op. cit.*, p., 450 à 535.

[3] Mbra Ekanza (S.P), *op. cit.*, p. 49-50.

[4] Diabaté (H.), *op. cit.*, p. 489. Meyerowitz, Akan traditions of origin, p. 117. Terray (E.), *op. cit.*, p. 291.

[5] Diabaé (H.), *op. cit.*, p. 489. Enquête auprès de l'*Ohema* (reine-mère) d'Angye.

[6] Annan (E.), *op. cit.*, p. 124, p. 125. Daaku (K.Y), ''A history of Sefwi, A survey of oral evidence'', in *Research review*, IAS – University of Legon, vol. 7, n° 3 1971, p. 32.

Les migrants Aowin qui se sont établis dans le pays nzema ont emprunté différentes pistes à l'intérieur de la forêt qui sépare les deux royaumes. Ngwanda Eya est le premier site occupé par Ano Asema et ses sujets en Aowin Nouveau. Le Docteur Kwame Nkrumah rapporte qu'à la veille de son départ pour les États-Unis d'Amérique, sa mère lui a révélé l'origine de ses ancêtres. « *Elle me raconta aussi en détail l'histoire de mes ancêtres, du chef coutumier Aduku Addaie qui, le premier de mes aïeux, s'installa à Nzema, il y a des siècles et dont la sœur forgea le premier chaînon de ma lignée maternelle. Elle raconta aussi que j'avais droit à deux chefferies, celle de Nsuaem à Wassaw Fiase et celle de Dadieso à Aowin* »[1]. Une enquête menée par Daaku à Nsuaem auprès du régent Panyin Amea confirme les dires de la mère de Nkrumah.

Panyin Amea raconte que les populations de Nsuaem ont quitté Dadiɛso dans l'Aowin pour le Wassa Feyase avec à leur tête Nana Aduku Adae[2]. Leurs déplacements étaient principalement dus aux guerres. Les migrants ont d'abord occupé un vieux site appelé Mpatase près de la rivière Asamansu. De là ils sont partis à Betanase où leur leader Nana Apeko est mort.

Les traditions orales de Dadiɛso[3] racontent que le territoire habité par les Ahali était appelé Aha. Tano Adjo dont parlent les traditions orales de Dadiɛso est probablement la fondatrice de l'État Elomuen de Tchyassale[4]. Son information est vraisemblable car les populations qui ont fondé la confédération Asante étaient auparavant sous la domination Denkyira.

Le peuple Suamara Djuablen, écrit Sie Kofi, habitait la frontière nord du Denkyira à l'est de Kumase dans le district du Juaben[5]. Les Suamara aurait été chargés par Opoku Ware de pourchasser les armées d'Ebiri Moro qui ont attaqué Kumase alors que les Asante guerroyaient contre l'Akyem en 1717. Cette mission a conduit les guerriers Suamara à Dadiɛso où ils se sont installés. Ils ont trouvé sur place des Wawolé (Baoulé) Ahali que commandait Tano Adjo ainsi que des Akye guidés par Oben Aka[6]. Les informateurs de Dadiɛso racontent que le territoire habité par les Ahali était appelé Aha. Tano Adjo dont parlent les traditions orales de Dadiɛso est probablement la fondatrice de l'État Elomuen de Tchyassale[7].

---

[1] Nkrumah (Kwame), *Autobiographie de Kwame Nkrumah*, p. 39.

[2] Daaku (K.Y), *Unesco research project on oral tradition n° 3 Wassa Fiase, Nsuaem*, p. 35, Ghana Legon 1973, 42 p.

[3] Enquête de Daaku à Dadiɛso en 1972 cite par Diabaté (H.), *op. cit.*, p. 476.

[4] Kindo (B.), *Dynamisme économique et organisation de l'espace rural chez l'Agni N'denéan N'denéan et du Djuablin*, p. 116.

[5] I.D, n° 728 du 20 janvier 1985.

[6] Diabaté (H.), *op. cit.* Enquête à Dadiɛso, p. 393.

[7] Sekou Bamba Mohammed, *op. cit.*, p. 203.
Idem, L'État Elomuen, Emission radiophonique.
Histoire de la Côte d'Ivoire.

Nana Yentumi, *safohene* Suamara livre la guerre aux Ahali et aux Akye. Vaincus, ces derniers fuient vers l'Ouest. Ceux qui restent sont intégrés par les Suamara. D'après les traditions orales Anyi Djuablen, des Suamara se sont établis à Dadiɛso bien avant la naissance de la confédération Asante. Vers 1697, dit-on, un litige opposait Nana Koasi ou Kusi *juabenhene* à Ebiri Yɛboa roi des Amansie. Osei Tutu qui succède à son oncle sur le trône des Amansie livre la guerre au Juaben. Certains Suamara traversent l'Ofin puis la Tanoɛ pour s'installer à Dadiɛso[1].

Par la suite, plusieurs lignages ont quitté Dadiɛso pour Nsuaem et le pays nzema. Le lignage auquel appartient le docteur Kwame Nkrumah est l'un de ceux qui parti de Dadiɛso et a fait souche dans le pays Nzema.

Les fondateurs d'Etikɛbo II sont des migrants venus de la périphérie est de l'Aowin (Mbasia)[2]. Ils étaient sous la conduite d'un lignage du matriclan Ezohile. Le premier village qu'ils ont créé est Ɛkɛpeni qui par la suite a pris le nom Etikɛbo.

Les traditions orales rapportent que pendant le règne de Kaku Aka, Ɛkɛpeni était l'un des nombreux villages qui livraient des vivres au roi nzema. Une année, la récolte a été très bonne. Les habitants ont donc transporté beaucoup de vivres à la cour royale. Ils étaient à la longue épuisés. Ils se disaient : ''*Nous avons tellement acheminé des vivres que nos têtes vont éclater*''. D'où l'appellation Etikɛbo que le village a pris. Certains habitants d'Etikɛbo II ont créé Angɛlako et Nvelɛnu[3].

Des migrants venus toujours de l'Aowin avec à leur tête Nana Anwonzo Kpanyinli ont créé Bawia, Kyekyewɛlɛ et Fameɛti. Les anciens de Bawia se souviennent que leurs ancêtres avant de venir en Aowin étaient des Nzandelɛ[4](Ashanti).

Nana Kabenla Tendenle de l'*abusuan* Alɔnwɔba est parti de Bawia pour créer Kabenlasuazo[5]. D'après Egya Adonle, le *bia* le plus important du

---

[1] Frat/Mat, lundi 7 janvier 1986, p. 6.
Ephson (Isaac), Gallery of Gold Coast celebrities 1632-1958, vol. I, p. 5. *Note* : Kusi était le roi d'Odomara, Accra 1979, 219 p.
Note : Des groupes Suamara sont les fondateurs du royaume Anyi Djuablen. Des Suamara peuplent le Sanwi. Ils habitent les villages de Yawu, Apoaso, Kɛtɛso et Bianuan.
Diabaté (H.), *op. cit.*, p. 468.
[2] Amihere Essuah, Mekakye bie III, p. 108, p. 111.
[3] Amihere Essuah, *Mekakye bie III*, p. 108, p. 111.
[4] Ibid, p. 100.
Note : Dans la tradition orale nzema, le nom Nzandelɛ est un terme générique qui théoriquement désigne tous les peuples locuteurs de la langue Twi. Le terme Nzandelɛ dans l'histoire des traditions orales nzema peut servir à désigner aussi bien des Bono, Twifo, Akyem, Akwamu, Akwapem, Kwahu, Adanse, Asante, etc. De nos jours, les Nzema tendent à l'utiliser pour nommer les seuls asante.
[5] Enquête auprès d'Egya Adonle.
Amihere Essuah, *Mekakye bie III*, p. 162.

lignage royal de Kabenlasuazo est celui d'Adjuan dans le Sanwi[1]. Des traditions orales recueillies à Adjuan même, montrent que les fondateurs de ce village sont des Assomolo venus du pays nzema[2] avec à leur tête Agyili Kpanyinli, Mgban Aku et Belewue Kan. Henry Mouezy dit au sujet des Assomolo que ce peuple sous la conduite d'Ehwi Komvo dont le frère Dyebri (Agyili) était le *safohene* s'est disloqué. Tandis que Dyebri (Agyili) et ses sujets passent la Tanoɛ puis longent la côte pour s'établir dans le Sanwi, les partisans d'Ehwi Komvo se retirent dans la région de Benyinli[3].

Des migrants Aowin guidés par Nana Akpabenle[4] et Boa sont les fondateurs des villages de Nawule et d'Ɛkɛbaku[5]. Les populations qui ont créé Etikɛbo I (Alowule-Etikɛbo) sont venues d'Ebrossa, guidées par un lignage de l'*abusuan* Azawua. Etikɛbbo ici vient de l'expression *Eti* (tête) *Kɛbo* (ensemble). On l'explique par l'esprit de solidarité et d'unité que les ancêtres de ce village ont cultivé dans leurs relations[6]. Nuba est aussi un village qui a été créé par des migrants venus d'Ebrossa[7].

9. Des Ahanta et des ɛvaloɛ (Atweabanso, Mpɛasɛm, Mangyea, Ɛlɛnda)

Atweabanso a été créé par des réfugiés venus de Kpulisi (Princess Town ou Pokeso), un village ahanta. Ils étaient guidés par Nana Obili Mani[8]. Ils sont partis à la suite d'un litige qui les a opposés aux habitants de Kpulisi.

Akonu a aussi été créé par des populations venues de Kpulisi que guidait Anwi Nyamekɛ. Les sujets d'Anwi Nyamekɛ se sont d'abord installés à Fena près de Kekam avant de créer Akonu sur des terres occupées par des Betibe[9].
Betibe[9].

Obili Mani en partant de Kpulisi, ne pensait pas qu'il trouverait une nouvelle patrie, mais lorsqu'il a reçu un accueil fraternel à Nzema, il a appelé le village qu'il a créé Enkenyiawoman ce qui signifie, ''*Tu te disais que tu ne trouverais pas une patrie*''. Enkenyiawoman a pris le nom Atweabanso lorsque les rois nzema en ont fait un village stratégique et militaire.

---

[1] Enquête auprès d'Egya Adonle.
[2] Diabaté (H.), *op. cit.*, 396. Enquête à Adjuan.
Enquête auprès de Kofi Alexandre.
Connais-tu mon beau pays. Enquête de Jules Kofi Yeboa auprès des notables d'Adjuan.
[3] Mouezy (H.), *Assinie et le royaume de Krindjabo*, p. 65.
[4] Diabaté (H.), *op. cit.*, p. 681. Enquête auprès de Buasi Ekyi.
[5] Ackah (Y.J), *op. cit.*, appendix 22, p. 2 ; 3 ; 4.
[6] Ibid, appendix 16, p. 1.
[7] Amihere Essuah, *Mekakye bie III*, p. 127.
Voir enquêtes auprès de Papa Alagye Diallo.
[8] Amihere Essuah, *Mekakye bie III*, p. 15.
[9] Ackah (Y.J), *op. cit.*, appendix 5, p. 3.

Une enquête d'Annan en pays Nzema-Aduvolɛ auprès de Nana Abadu Tewia dont le lignage détient le siège de Nuamu montre que les ancêtres de ce dernier sont originaires de Kpulisi (Princess town). Ils ont migré à Adoanbo pendant le règne de Nyanzu Aka. C'est Nana Nda Aka qui est venu s'établir à Nuamu avec une partie de la famille[1].

Toujours de Kpulisi, un ahanta nommé Kosenwa est venu à Nzema avec les siens dans le but de créer son propre village. Son oncle Koa Takyi résidait depuis longtemps à Ekpu. Mpɛasɛm est le village qu'a créé Kosenwa[2]. Menwɔdobɛ est un ahanta qui est parti avec les siens de Nvuma (Dixcove) pour s'établir dans le royaume nzema pendant le règne de Kaku Aka[3].

Ndɛfo Ekyi l'un de nos informateurs rapporte que son lignage est originaire de Nvuma. Son lointain ancêtre Soa Aka est parti de Nzandelɛ pour venir en Ahanta où il a créé nvuma. Il a accueilli dans son village des réfugiés guidés par Dekyi qui arrivaient de Daalɔ (ɛdena ou El Mina) un village Eguafo.

Soa Aka a également accueilli des migrants Asante guidés par Agyeman de l'*abusuan* Alɔnwɔba[4]. C'est dire que les Ahanta qui se sont établis dans le le royaume nzema avaient des origines lointaines très diverses. À ce sujet, de nombreux Aowin se sont réfugiés à Pokeso pendant la guerre qui a opposé l'Aowin à l'Asante[5]. De même, les nombreux migrants venus de l'est qui ont ont longé le Pra jusqu'à Ɛsema[6](Shama) ont séjourné et essaimé en Ahanta avant de venir dans le royaume nzema.

Quant aux ɛvaloɛ (populations d'Axim), la proximité géographique de leur région avec Nzema a créé des brassages et des déplacements tous azimuts de populations de part et d'autre. À titre d'exemple, Akpatamu (Apatem) près de la région d'Axim est un village créé par des Adjɔmɔlɔ[7].

Lɛs ɛvaloɛ étaient auparavant partagées entre l'État nzema et l'État ahanta. Les ɛvaloɛ à l'ouest de la rivière Avenle[8] faisaient parties du royaume nzema tandis que ceux à l'est de la même rivière appartenaient au royaume ahanta. Bolɔfo et Nsanye par exemple étaient sous l'autorité de

[1] Anna (E.), *op. cit.*, p. 201.
Note : Les Ahanta eux-mêmes s'appellent Ahanda tandis que les Nzema les appellent Nyenda.
[2] Amihere Essuah, *Mekakye bie II*, p. 35.
[3] Ibid.
[4] Enquête auprès d'Egya Ndɛfo Ekyi.
[5] Mbra Ekanza (S.P), *op. cit.*, p. 107.
[6] *Note* : ɛsema est l'appellation ahanta de Shana. Les Nzema appellent ce village Sa.
[7] Aboagye (K.), *op. cit.*, p. 11.
[8] *Note* : La rivière Avenle est un affluent du fleuve Ankobra que les Nzema appellent Siane. La rivière Avenle est juste à l'Est de l'Ankobra.

l'*Ahantahene* d'Awusua (Busua)[1]. Par contre, Adwina juste à l'est de l'Ankobra dépendait de l'autorité des rois nzema[2].

Parmi les lignages ɛvaloɛ qui ont fait souche à Nzema, il y a celui de l'*abusuan* Ezohile (Nsona) qui détient le *bia* de Bolɔfo Sɔlɔ (quartier nord d'Axim)[3]. De même, le lignage de l'Abusuan adahonle qui détient le bia d'alɔnguanu en pays nzema-aduvulè est originaire de Bolɔfo. De là, le lignage s'est établi à Azuleloanu, Akonu, Aziema et Adoanbo. L'ancêtre qui a conduit le lignage à Akonu est Atible Kpusu[4].

Des Ahanta sous la conduite de Kyeku Anyimia de l'abusuan Ahwea sont arrivés en pays nzema. Après une pause à ɛkɛbaku, ils sont partis afin de pourquire leur activité principale qui est la chasse aux éléphants. Ils ont exploré la forêt à l'ouest du royaume jusqu'aux rives de la Tanoɛ. Leur intention était de passer le fleuve, mais comme ils ignoraient comment l'on fabriquait une pirogue, ils ont sollicité les services d'un homme nommé ɛzonle. Malheureusement ɛzonle partira à Benyinli avant l'achèvement du travail. Kyeku Anyimia et ses sujets ont créé ɛlɛnda sur le chantier où les travaux de construction des pirogues avaient lieu. Ɛlɛnda vient justement de l'expression '' ɛlɛnena'' c'est-à-dire la couche de la pirogue[5].

Les migrations de populations ahanta à Nzema s'expliquent principalement par les troubles qui ont éclaté dans ce royaume au cours des siècles. Par exemple, la politique hégémonique de l'État Wassa Adom (Wassa feyase) vis-à-vis de l'Ahanta aux XVIIe et XVIIIe siècles a probablement drainé de nombreux réfugiés ahanta en pays nzema.

Les populations de Sekondi-Takoradi vers 1683 ont demandé aux marchands européens d'édifier des fortifications dans leur cité et de leur livrer des armes afin qu'elles soient protégées contre les attaques des armées d'Adom[6]. Dans le souci d'être à l'abri des armées du Wassa-Adom, les chefs chefs ahanta ont signé le 7 août 1656 la dédication du haut Ahanta avec la

---

[1] Enquête auprès d'Alagye Diallo.

[2] Ackah (Y.J), *op. cit.*, appendix 6, p. 9.

[3] Enquête auprès d'Ante Muhyia.

Note : Valkenburg signalait déjà en novembre 1656 qu'Axim avait deux chefs. Celui de la partie supérieure de la ville et celui de la partir inférieure de la ville. *Rapport de Valkenburg*, p. 54-55.

[4] Diabaté (H.), *op. cit.*, p. 705-706.

Connais-tu mon beau pays. Enquête de Jules Kofi Yeboa auprès des notables d'Alɔnguanu.

[5] Ammihere Essuah, *Mekakye bie III*, p. 130.

[6] Van Dantzig, ''La juridiction du fort Saint Antine d'Axim'' *Revue française d'histoire d'Outre mer to LXVI*, n° 242-3 1979, p. 224.

Note : Des traditions orales recueillies par Daaku montrent que le Wassa Feyase a livré des guerres contre l'Ahanta.

A Adum Banso, les notables ont affirmé que le roi du Wassa Feyase contrôlait une large zone de la côte ahanta dont Akatakyi.

Daaku (K.Y), *Unesco research project on oral tradition n° 3 Wassa Fiase*, p. 111 ; p. 2.

compagnie hollandaise. Ils y demandent la construction d'une grande forteresse et la protection de la compagnie[1].

Des sources Brandebourgeoises signalent une invasion Adom en Ahanta entre 1681, 1685 et 1690. Suite à ces guerres, Cap trois points passera sous le contrôle d'Adom vers 1709[2].

La guerre entre Cap trois points et Axim[3] a aussi contribué à drainer des réfugiés à Nzema. Notons également que la guerre civile qui a éclaté en Ahanta vers 1869 entre le pouvoir central d'Awusua et Nvuma a poussé des Ahanta à s'établir à Nzema.

La population de Nvuma a refusé la présence de la compagnie hollandaise à la suite des échanges de territoires commerciaux entre les Hollandais et les Anglais le 6 mars 1867. En vue de mater l'insubordination des populations de Nvuma, l'armée d'Awusua appuyée par les canons des troupes hollandaises sous la conduite du Capitaine Pieter Willem Alvarez saccage et pille Nvuma[4]. Tous ces épisodes troubles en Ahanta expliquent l'installation de populations venant de ce royaume dans le pays nzema.

10. Immigrants ayant séjourné dans le Wassa (Teleku Bokazo, Awean, Akropon)

Les ancêtres fondateurs de Teleku-Bokazo sont partis du Bono. Ils ont séjourné dans le Wassa ainsi qu'à Anyinase en Egwira[5]. Ils ont longé l'Ankobra à Nzema.

L'un de nos informateurs Egya Aleɛhyen nous a laissé entendre que son lignage est originaire de Bɛnso dans le Wassa Fease[6]. Ce serait des suites d'une guerre qu'une fraction du lignage a trouvé refuge à Nzema.

De même, les fondateurs d'Awean sont des immigrants venus du Bono qui ont séjourné dans le Wassa avant de suivre le cours de l'Ankobra pour arriver dans le royaume nzema. La dernière étape de leur migration était conduite par Nana Semale Kpanyinli[7]. Les sujets de Semale Kpanyinli se sont au départ installés à Eliva auprès des immigrants Akwamu guidés par

[1] *Rapport de Valkenburg, VII, Dédication du Haut Ahanta*, p. 49-50.

[2] Jones (Adam), *Brandeburg sources for west African history 1680-1700*, Document 6 (75, 87, 88, 71).

[3] Jones (Adam), Document ZSTA Merseburg R 65 33 f2-66 V, R65-66 ff 93.

[4] Horton B. Africanus, *Letters on the politics condition of the Gold Coast*, pp. 113-119.
Amihere Essuah, *Mekakye bie II*, p. 119.
Lawrence (A.W), Fortified trade posts. The English in West Africa 1645, 1822, p. 190. Cet auteur signale vers 1750 une attaque des autres Ahanta contre Dixcove.

[5] Enquête auprès d'Alagye Diallo.
Ackah (Y.J), *op. cit.*, appendix 7, p. 2.

[6] Enquête auprès d'Egya Aleɛhyen.

[7] Amihere Essuah, *Mekakye bie III*, p. 60.

Bulumia Twum. D'Eliva, ils ont créé Awean leur village actuel. À partir d'Awean, une partie de la population guidée par Epila Samo a créé Edobo[1].

Quant au village d'Akropon, il a été créé par un lignage de l'*abusuan* Ezohile venu d'Akropong dans le Wassa Amenfi.

Ces déplacements de populations à partir du Wassa sont principalement dus aux guerres et à l'hégémonie asante qui vers 1730 amorce la conquête du Wassa[2]. Le roi Wassa Ntsiful a dû se réfugier en 1728 à Tahowase (Takoradi) pour éviter d'être fait prisonnier par les forces asante[3].

Les Wassa sont eux-mêmes des immigrants venus de différents royaumes akan. Pour s'en rendre compte, il suffit de voir les enquêtes de Daaku à Wassa Feyase. Les populations d'Adum Banso ont migré de Takyiman pour le Denkyira d'où elles sont parties pour le Wassa Feyase. Le lignage royal de Dompim Pepesa a migré de Moseaso en Asante. Il s'est installé à Kankyabo en Aowin avant de venir à Dompim.

Le lignage royal de l'*abusuan* Agona du village d'Essuaso, est originaire d'Ayase dans le Twifo (Buabin Mbream)[4]. Il existe deux États Wassa qui sont le Wassa Feyase et le Wassa amenfi. Les fondateurs du Wassa Amenfi sont des guerriers akwamu qui après la chute de l'État akwamu ont migré vers l'Ouest sous la conduite de Kolokolo Bɔmanyin de l'abusuan Abrade[5]. Ils expulsent du pays qu'ils occupent les Aowin qui, alors, y vivaient. Ces guerriers akwamu avaient pour suzerain le roi du Wassa Feyase qui résidait à Bɛnso[6].

Vers 1730, profitant des visées expansionnistes asante dans la région, ils livrent une série de guerres contre le Wassa Feyase vis-à-vis duquel ils s'émancipent pour créer le Wassa Amenfi.

---

[1] Ibid, p. 155-156.

[2] 310 WIC 16 février 1731, 410 Verschneren to assembly 24 novembre 1739. *Note* : Il est signalé que de nombreux Wassa quittent leur pays pour la côte à cause d'une attaque des armées asante.

[3] Wils (Ivor), *Asante in the nineteenth century. The structure and evolution of a political order*, p. 23 – Cambridge 800.

[4] Daaku (K.Y), *Unesco research project on oral tradition n° 3 Wassa Fiase.*

[5] Diabaté (H.), *op. cit.*, p. 661.

[6] Ibid, p. 663 ; p. 669.

Note : Le Wassa Feyase aurait été créé par des migrants venus de Takyiman. Celui qui a fondé et organisé le Wassa Feyase est Geythuya Mansu de l'abusuan Ekoona-Ahene.

Agbodeka (F.), *African politics and British policy in the Gold Coast 1868-1900*, p. 105, Illinois 1971, 197 p.

11. Villages créés par des immigrants venus des confluents du Pra et du l'Ofin (Ezinlibo, Kɛnrɛne, Bassakɛ, Ayinaseɛ, Bomuakpole, Eikwe, Sanzule)

De nombreux nzema sont originaires des confluents du Pra et de l'Ofin[1]. C'est le cas des ancêtres fondateurs d'Ezinlibo qui venant de Moseaso en Asante, ont séjourné en Aowin puis à Dompim Pepesa dans le Wassa Feyase avant de venir dans le royaume nzema[2]. Nana Ebule Gyahen Alima de l'abusuan Nvavile et Nana Danoma Kpanyinli étaient à leur tête. Tandis que certains lignages se sont installés à Benyinli, d'autres sont allés créer Ezinlibo.

D'autres migrants guidés par Nana ɛtwe Kpanyinli et son frère Anvo Amɛnlɛma ont longé le Pra en provenance de l'Adanse pour venir dans le pays nzema[3]. Ils prêtent le serment d'allégeance au roi nzema Anɔ Bile Aka qui les autorise à créer un village sur le site de leur choix. Le village qu'ils ont créé est Kɛnrɛne.

Les lignages fondateurs de Bomuakpole seraient des Asante venus de Kokofu[4]. Leurs déplacements les ont conduits à Takwa Bramen dans le Wassa Feyase puis à Kpulisi (Princess Town). À la suite d'une querelle intestine, certains viennent à Nzema où ils créent Bomuakpole. Ces migrants avaient pour leader un membre de l'abusuan Alɔnwɔba (ɔyɔkɔ) dont le lignage reste détenteur du bia de Bomuakpole.

Les lignages fondateurs d'Eikwe sont partis de Juaben en Asante sous la conduite d'Abatlashion à cause d'une guerre. Ils ont longé le Pra jusqu'à la côte où ils ont séjourné à Sopomu près de Shama. Ils ont accueilli à Eikwe des migrants venus de Kumasi Asafo sous la conduite d'Asafo Agyaye qui plus tard ont créé le village de Sanzule. Les lignages qui détiennent les bia d'Eikwe et de Sanzule appartiennent à l'abusuan Adahonle[5].

Les fondateurs de Basakɛ ont migré des confluents du Pra et de l'Ofin pour Nwɔlɔ puis pour l'Ahanta. De même, le lignage fondateur d'Ayinaseɛ est parti des confluents du Pra et de l'Ofin pour Egya n° 1 en pays Fante. Sous la conduite de Nana Anɔ Kakraba, le lignage s'installe en pays nzema où il crée Ayinaseɛ[6]. Les lignages qui détiennent les bia de Basakɛ

---

[1] Amihere Essuah, *Mekakye bie III*, p. 19.
Diabaté (H.), *op. cit.*, p. 689.

[2] Enquête auprès de Nana Bozoma.
Amihere Essumah, *Mekakye bie III*, p. 174.
Daaku (K.Y), *Unesco research project on oral tradition n° 3 Wassa Fiase*. Enquête à Dompim Pepesa.

[3] Amihere Essuah, *Mekakye bie III*, p. 191.

[4] Enquête auprès d'Alagye Diallo.

[5] Ackah (Y.J), *op. cit.*, appendix 3, p. 1 ; p. 4.

[6] Ibid, appendix 2, p. 9, p. 11.

appartiennent à l'abusuan Alɔwonba. Les principaux royaumes qui se sont développés dans les confluents du Pra et de l'Ofin sont l'Adanse et l'Asante. L'Adanse était une coalition militaire de plusieurs chefferies dont l'un des chefs importants au XVIème siècle était Opon Enim[1]. La grande majorité des lignages adanse est d'origine Bono alors qu'une frange se veut autochtone[2].

Dans la première moitié du XVIIe siècle, l'Adanse se trouve à la tête d'une confédération de royaumes connue sous le nom Akani fondée dans la région du Birim, du Pra et de l'Ofin. Cette confédération comprend des États comme l'Adanse, le Denkyira, le Twifo et l'Akyem Abuakwa[3]. L'unité de celle-ci se fait autour du génie tutélaire national Bɔna en face duquel se prêtent les serments et se font les alliances.

Pendant les libations traditionnelles à Fomena, il est dit ceci : ''*Adanse est le gardien traditionnel, le jardin du bonheur de tous les Akan. Le premier des États akan est Adanse. Adanse se tient à la tête des nations akan*''[4].

La genèse des Royaumes akan fait du Bono le royaume akan le plus ancien, mais il faut comprendre à travers ces libations que l'Adanse est dit la tête, le premier parce qu'il était au XVIe siècle un havre de paix par rapport au Bono qui se débattait dans des troubles internes[5]. L'Adansehene Ewurade Ewurade Bassa du ntɔ Asenee (Ekoona-Ahene) tente de centraliser la confédération Akani autour de Fomena la capitale. Mais des troubles provoquent des départs de populations dont les Ekoona du Sefwi Bekwai[6] et les Abu qui peuplent le village aburé de Bonoua en Côte d'Ivoire.

Les traditions orales racontent que les Abu sont partis du pays dansa dans le premier quart du XVIIe siècle sous la conduite de Nana Aka Ahɔba[7]. Ils désiraient se soustraire de l'oppression et du tribut de Pendema la capitale de l'État dansa. Deux indices importants nous confirment que cet État n'est autre que l'Adanse. En effet, du point de vue étymologique, Dansa est proche d'Adanse et pendema de Fomena. De tous les royaumes akan, seul l'Adanse rappelle les noms et lieux que les traditions des Abu de Bonoua évoquent.

Les Abu, dit-on, formaient une principauté se trouvant au Sud de Kumase mais qui dépendait du pouvoir central Dansa[8]. Or, la région au Sud de la capitale Asante n'est autre que l'Adanse. L'on ne peut pas considérer les

---

[1] Ward (W.E.F), *A history of the Gold Coast*, p. 112, London 1948, 387 p.
[2] Annan (E.), *op. cit.*, p. 111.
[3] Daaku (K.Y), *Adanse Stool history*, Institute of African studies (IAS) AS 89 Legon.
[4] Anquandah (J.), *Rediscovering Ghana's past*, p. 86.
[5] Meyerowitz (E.), *At the court of an african king*, p. 83, London 1982, 244 p.
[6] Daaku (K.Y), *Unesco research project on oral tradition n° 4, part I Sewi Anhwiaso and Bekwai*, Ghana Lagon 1974, 213 p.
[7] Ablé (J.A), *op. cit.*, p. 51.
[8] Ablé (J.A), *op. cit.*, p. 51.

Abu comme des Asante car ils ont quitté l'Adanse bien avant la naissance de la confédération Asante. Ils n'ont donc pas participé à l'érection de celle-ci. Parmi les populations qui quittent l'Adanse après les tentatives centralisatrices du roi Ewurade Bassa, l'on compte celles qui ont créé la confédération asante.

Des chefs du ntɔn ɔyɔkɔ qui fuyaient une guerre civile à Asantemanso dans l'Adanse[1], vont se déplacer un peu au nord vers 1660 pour créer plusieurs cités-États comme Kumase, Juaben, Kokofu, Nsuta, Bekwai après avoir soumis les Kaase[2]. Un chef du matrilignage Ekoona (Bretuo) qui secondait les chefs ɔyɔkɔ est parti d'Ahensan dans l'Adanse pour créer Mampon[3]. Ces matriclans formaient diverses entités politiques dont les Amansie installés dans le Kwaman, les Suamara dans le Juaben, les Bramaen à Kokofu, les Atwima, les Sekyere, les Kwabre, etc.

Les fondements de la confédération Asante seront jetés vers 1701 lorsqu'Osei Tutu roi des Amansie à la tête d'une coalition regroupant Kumawu, Asumegya, Nsuta, Kokofu, Offinso, Ejisu des cités dépendantes de la suzeraineté du Denkyirahene, remporte à Feyase la guerre contre le Denkyira dirigé alors par Ntim Gyakari. Progressivement Osei Tutu étend son autorité sur le futur noyau asante en livrant des guerres victorieuses contre l'Odomarahene Kusi, l'Amakomhene Akosa Yiadom, le Tafohene Asofo Akotan, l'Ofinsohene Wiafe Akentan et l'Akwamuhene Dɔma Kusi. Osei Tutu après ces guerres unificatrices a centralisé la confédération asante autour du trône royal ɔyɔkɔ de Kumase[4].

12- Des Ɛhɛ (Krisan, Baku, Anɔkyi)

Le noyau de la population qui a créé Krisan, Baku et Anɔkyi se réclame d'Alesam aux environs de Grand-Bassam[5]. Binger dit d'Alesam que c'est un un village situé à l'Est de l'embouchure du fleuve Comoé[6]. Alesam jadis dit-

---

1 Diabaté (H.), *op. cit.*, p. 626. Enquête auprès de Buafour.
Fynn, *Ashanti and its meigbours 1700-1801*, p. 27-28, Evanston 1971, 175 p.

2 Loucou (J.N), ''Entre l'histoire et la légende : L'exode des Baoulé au XVIIIe siècle : de Kumassi à Sakassou, les migrations d'une fraction du grand Akan'', *Afrique histoire numéro 5*, p. 44.

3 Rodney (W.), ''The Gold Coast'', *The Cambridge history of Africa*, p. 301-303.
Van Dantzig (A.), *Les Hollandais sur la côte de Guinée à l'époque de l'essor de l'Ashanti et du Dahomey 1680-1740*, p. 130.

4 Ephson (Isaac), *Gallery of Gold Coast celebrities*, p. 6-7. Fynn, *Ashanti and its neighours*, p. p. 37. Jack Goody, Kwame Arhin, *Ashanti and the Northwest*, p. 6-9.
Note : Les Asante sont eux-mêmes le fruit d'une fusion de différentes communautés akan.

5 Diabaté (H.), *op. cit.*, p. 689-690. Enquête auprès d'Amihere Essuah, Ce dernier a obtenu cette information il y a longtemps auprès d'un ancien de Krisam

6 Binger (L.G), *op. cit.*, p. 313.

dit-il était fréquenté par des bâtiments marchands anglais et leurs traitants africains.

Les populations qui ont créé Krisan, Baku et Anɔkyi ne peuvent être que des ɛhɛ qui ont quitté Alesam pour revenir s'établir à nouveau en Apollonie leur pays d'origine. Les ɛhɛ connus par les sources écrites sous l'appellation Efief ou Esieps étaient des populations originaires d'Apollonie qui, vers 1620, ont été chassées de la rive droite de l'Ankobra par les ɛvaloɛ d'Axim[1]. Les ɛvaloɛ ont alors trouvé refuge en pays betibe.

À propos du sens de Bassam, il y a une controverse. Les Nzema prétendent que Bassam viendrait de « Ba Zoa me » expression qui signifie (aide-moi à porter le fardeau (sous-entendu) sur la tête[2]). Ce serait, dit-on, une femme Semanli (singulier de Nzema) qui aurait sollicité ce service à un Européen qui a pris cette phrase pour le nom de la localité.

Les Ɛhɛ de Moossu soutiennent en revanche que Bassam vient de l'expression Alesam qui signifie dans leur parler le couchant[3]. La version des ɛhɛ est la plus vraisemblable parce que le mot abassam est mentionné depuis le XVIIIe siècle dans l'établissement d'Issigny. Or, l'arrivée des premiers Nzema à Bassam est récente car elle se situe vers la première moitié du XIXe siècle. De plus, les Nzema n'appellent Bassam qu'un quartier de la cité, c'est-à-dire la petite France. Ils appellent Bassam Blɔkɔso[4].

C'est une frange de Nzema mécontent du roi Ɛzoa Ekyi qui avant tous les autres Nzema est venue à Bassam vers 1843 pour se livrer au commerce après l'installation de la Maison Régis. Ce groupe de Nzema mécontent de son roi s'est d'abord installé à Assini d'où certains sont venus s'établir à Bassam.

Bassam vient donc d'Alesam qui est devenu Abassam puis Bassam du fait des déformations linguistiques. Les Ɛhɛ sont incontestablement les fondateurs du royaume d'Abassam (Alesam) qui n'était éloigné de Takuechue cité Esuma que de douze lieues (48 km)[5].

Le peuple ɛhɛ était originaire de l'Apollonie mais ses lointains ancêtres étaient des migrants venus en provenance du nord. Voilà pourquoi les Ɛhɛ se

---

[1] Loyer (G.), « Journal du père Loyer », *L'Établissement d'Issigny*, p. 176.
Diabaté (H.), *Aniaba., un assinien à la cour de Louis XIV*, p. 46.
Koffi (Koffi Lazare), *La vie quotidienne au royaume de Krindjabo sous Amon Ndoufou III (1844-1886)*, p. 12, 228 p.
Note : Il est mentionné les Ahanta d'Axim, mais en réalité les populations d'Axim sont appelées ɛvaloɛ.

[2] Connais-tu mon beau pays. Enquête à Alɔnguanu.

[3] Connais-tu mon beau pays. Enquête à Alɔnguanu. Intervention du Professeur Niangoran-Bouah.

[4] *Note* : Blɔkɔso est une déformation de blokhauss.

[5] Loyer (G.), ''Journal du père Loyer'', in *L'Établissement d'Issigny*, p. 176 et suivantes.

réclament aussi d'Awean-wean qu'ils situent au nord-est de la Côte d'Ivoire actuelle[1].

Les Ɛhɛ sont partis de la région d'Axim c'est-à-dire du pays ɛvaloɛ à cause des guerres fratricides contre les ɛvaloɛ et les Adjɔmɔlɔ (Nzema)[2]. Ils voulaient se soustraire des tentatives conjuguées des Adjɔmɔlɔ et des Ahanta pour les intégrer à leurs royaumes respectifs. Il est curieux de constater que le mot riz se dit ''malo'' en parler ɛhɛ tout comme en parler ɛvaloɛ alors que les Nzema disent ''awule''. Notons aussi que le nom ɛvaloɛ est étymologiquement proche du nom Enva dont se servent les Nzema et les Anyi Sanwi pour nommer les ɛhɛ.

Les Ɛhɛ au cours de leur migration vers l'Ouest étaient conduits par Alu Anga du matriclan Samandjɛ[3] mlɛ. Ils ont longé la côte nzema pour venir s'établir vers 1620 en pays betibe. Les Ɛhɛ ont occupé plusieurs sites dans la région d'Elubobo, Ɛnɔhuan et Ɛhɛsulo (Esilo) près de l'actuel Akunugbe[4]. Il est probable que certains ɛhɛ soient restés en pays ɛvaloɛ ou aient essaimé en pays nzema comme cela se produit généralement au cours des migrations de populations.

Les Ɛhɛ du clan Moho ont cherché à s'imposer à leurs hôtes Betitbe. Ces derniers qui accueillent les Essuma vers 1670 s'allient à ceux-ci pour expulser les Ɛhɛ de ce clan qui se retirent à Alesam créant ainsi avec les autres clans Ɛhɛ le royaume d'Abassam avec pour centre principal Gbamelɛ (près de l'actuel Azuleti). De nos jours, les Ɛhɛ peuplent Mɔhɔ (Moossu) et ɔjɔ (Yawu).

Les Abu de Bonoua bien qu'ils parlent aujourd'hui la même langue que les Ɛhɛ ont des traditions orales différentes quant à leurs origines. Les Abu sont partis de l'Adanse tandis que les Ɛhɛ sont partis de l'Apollonie.

Les Abu ne sont pas non plus les Agwa que les sources écrites appellent Compa[5]. Les traditions orales des Agwa et des Abu sont totalement divergentes. Contrairement aux Abu, les Agwa se veulent des autochtones qui ne sont venus de nulle part[6].

L'installation des Agwa (Compa) au nord de la lagune Dwenye (lagune Aby) est aussi ancienne que celle des Betibe autour de la même lagune. Le peuplement relativement ancien du pays agwa est attesté par la découverte d'anciens hauts fourneaux[7].

---

[1] *Fraternité Matin* du vendredi 6 juin 1986 n° 6495. Conférence de Niangoran-Bouah, ''Visages culturels des Nzema et des Abouré de Grand-Bassam''.
Niangoran-Bouah, ''Le pays abouré'', *Annales de l'Université d'Abidjan 1965*, p. 56.

[2] Diabaté (H.), *op. cit.*, p. 28 ; p. 58. Enquêtes auprès d'Aibo Adja et d'Aluan Albert.

[3] Niangoran-Bouah, ''Le pays abouré'', *Annales de l'Université d'Abidjan 1965*, p. 57.

[4] Diabaé (H.), *op. cit.*, p. 601 ; p. 496.

[5] Loyer (G.), « Journal du père Loyer », in *L'Établissement d'Issigny*, p. 180 et suivantes.

[6] Diabaté (H.), *op. cit.*, p. 604 ; p. 488 ; p. 563.

[7] Jean Polet, *Découvertes archéologiques dans les lagunes Eotilé.*

Les Agwa échangeaient leurs produits agricoles (banane, manioc, taro, tomate, piment...) contre les produits de pêche des Betibe. Les mêmes Betibe leur servaient d'intermédiaires pour avoir les produits manufacturés européens obtenus sur la côte auprès des Essuma.

Les Agwa sont des Akan installés dans la forêt du Sud-Est ivoirien depuis le XIIe siècle[1]. Tout comme leurs frères betibe, ils sont le résultat d'une dislocation de populations venues de l'intérieur c'est-à-dire du nord. La proximité du pays agwa avec l'Ebrossa permet d'affirmer que certains agwa ont eu des rapports avec les Sohié et les Anabula ; populations anciennement installées en Aowin avant l'arrivée des migrants conduits par Anɔ Asema.

Une enquête de Daaku à Nkwanta n°2 montre que les Sohié connaissaient leurs voisins agwa et qu'ils avaient des rapports avec eux[2]. Les Sohié et les anabula sont aussi des groupes akan anciennement établis dans la forêt. D'ailleurs, Sohié n'est rien d'autre que le nom d'un matriclan qui chez les Nzema se dit Ezohile et chez les locuteurs du Twi se dit Asona ou Nsona. Le grand guerrier Ebiri Moro de l'Aowin était un Sohié appartenant au ntɔn Asona[3]. Le village principal des Sohié dans l'Ebrossa où résidait la reine Ata Ata Bala était Asra Manza[4].

Les voisins immédiats des Sohié à l'ouest étaient les Nanjumansu de Kɔtɔka, les Agwa de Dubi (Kɔkɔla Namue), d'Ɛbakulo (Buka Kɔkɔlɛ), d'Ɛboɛso et d'Ehulobu (Aleɛkulo)[5].

Les Agwa étaient organisés en différentes communautés politiques indépendantes les unes des autres[6]. Ils ont accueilli pendant le premier quart du XVIIe siècle dans leur pays les Abu qui s'y sont organisés en une chefferie indépendante en créant leurs villages propres ou en vivant pêle-mêle parmi les Agwa. Lorsqu'au début du XVIIIe siècle les Sanwi envahissent le pays agwa, les Abu auxquels s'étaient mêlés des éléments agwa se retirent à Bonoua, Adiaho et à Ɛbra[7].

Quelle réalité recouvre le nom agwa ? Le nom agwa est un terme générique dont vont se servir les migrants akan du XVIIIe siècle pour désigner divers groupes de populations anciennement établis, qu'ils ont trouvé sur place[8]. Agwa est donc synonyme d'autochtone et recouvre des réalités ethnologiques larges et multiples.

---

[1] *Note* : Les hauts fourneaux découverts en pays agwa datent du XIIe siècle. Histoire de la Côte d'Ivoire.
Découvertes archéologiques dans les lagunes éotilé, étude présentée par Jean Polet.

[2] Enquête de Daaku à Nkwanta n°2. Voir Diabaté (H.), op. cit., p. 585.

[3] Diabaté (H.), *op. cit.* Enquête à Abukia, p. 555.

[4] Enquête de Daaku à Nkwanta n°2. Diabaté (H.), *op. cit.*, p. 585.

[5] Diabaté (H.), *op. cit.* (thèse d'État), p. 488 ; p. 494 ; p. 582 ; p. 563 ; p. 604.

[6] Ibid, p. 495 ; p. 557.

[7] Diabaté (H.), *op. cit.*, p. 494 ; p. 504.

[8] Ibid, p. 491. Enquête de Diabaté (H.), auprès d'Amua Nda.

À travers l'intitulé qui va suivre, à savoir ''tous des immigrants bono'', il s'agira de montrer que la grande majorité des ancêtres fondateurs des royaumes akan dont celui des nzema étaient de lointains migrants originaires du Bono qui ont acquis l'expérience étatique à Bono Manso.

13. Tous des immigrants Bono

Les traditions orales nzema soutiennent qu'en dépit des séjours dans divers États akan comme l'Adanse, l'Akwamu, l'Aowin, l'Egwira, le Denkyira, le Sefwi, l'Asante, le Wassa, le Twifo, l'Ahanta, etc., la grande majorité des ancêtres étaient de lointains immigrants venus du Bono[1].

Venant d'Awean-Wean, les ancêtres ont participé à la naissance de l'État Bono avant que par vagues successives, ils amorcent les migrations vers le sud. Les ancêtres fondateurs de tous les États akan y compris le royaume nzema ont connu les lointaines étapes d'Awean-Wean et du Bono[2]. La cité qui a laissé un souvenir inoubliable dans la mémoire des anciens est Takyiman.

Nombre de villages nzema se souviennent des origines bono de leurs lointains ascendants. Les départs du Bono s'étendent sur une période relativement longue, depuis le XIe siècle jusqu'à la décadence du royaume vers 1740[3]. Les causes de ces migrations sont multiples parmi lesquelles la politique centralisatrice des Bonohene, les guerres intestines entre matriclans, l'attrait du commerce côtier avec les marchands européens, le surpeuplement, la guerre civile dans le Banda et les guerres de conquête asante dans le Bono. Les traditions orales de Wankyi (Wenchi) disent à ce sujet que lorsque les Asante ont détruit Ahwene kɔkɔ, beaucoup des leurs sont allés sur la côte[4].

Cependant, avant les départs de migrants akan qui ont participé à l'élaboration de l'État Bono, des Proto-Akan les ont précédés depuis des périodes préhistoriques puisque l'on a découvert dans l'espace géographique des Akan des sites qui datent de ces périodes[5].

Les traditions orales nzema concernant les origines bono de la grande majorité des matriclans et des peuples akan, sont attestées par les traditions

Mouezy (H.), *op. cit.*, p. 45.
[1] Aboagye (K.), *op. cit.*, p. 8.
Amihere Essuah, *Mekakye bie III*, p. 13.
[2] Ackah (Y.J), *op. cit.*, appendices 1, 7.
Annan (E.), *op. cit.*, p. 119.
Mereyowitz (E.), *Akan traditions of origin*, p. 114.
Amihere Essuah, *Mekakye bie III*, p. 14.
[3] Meyerowitz (E.), *At the court of an african king*, p. 226.
[4] Jack Goody, *Ashanti and the Nortwest*, p. 160, Ghana Legon 1965, 185p.
[5] Anquandah (J.), *Rediscovering Ghana's past*, p. 23.

orales des autres régions akan ainsi que par quelques données de l'historiographie.

Dans l'Aowin, l'élément dominant, fondateur de l'État se réclame d'une origine bono[1]. Au Sefwi Wiɔso, une enquête auprès de Nana Kodjo Aduhene montre que le lignage royal est parti de la région de Takyiman avec à sa tête Nana Boa Ankye du ntɔn Asenkera avant la décadence du Bono[2]. L'explosion démographique et le manque de terre est la raison majeure du départ de Boa Ankye et de ses sujets. Après une étape dans le Wassa Feyase à Esaaman (Preastea) ces migrants se dispersent. Certains vont plus au Sud à Nzema tandis que d'autres partent pour l'Aowin et le Sefwi.

Un informateur confidentiel aurait affirmé à Annan que certains lignages du Sefwi Wiɔso viennent du Denkyira. Ici, cela ne fait aucune différence fondamentale puisque de nombreux matrilignages Denkyira sont des immigrants venus du Bono précisément de Nkyira[3]. Des traditions orales recueillies à Wankyi (Wanchi) ainsi que des travaux de Daaku ont montré qu'à la suite de la destruction d'Ahwene Kɔkɔ première cité des Bono de Wankyi, des matriclans se sont déplacés pour Kasekrom et Ahibenso dans le Sefwi Wiɔso, à Wankyi dans le Sefwi Anhwiaso, en Aowin, en Asante Akyem, à Drobo, à Nzema et à Nsuaem dans le Wassa Feyase[4].

Les fondateurs du Sefwi Anhwiaso ont aussi migré de Wankyi dans le Bono en passant par Bantaman, Adanse et Anyuansu[5]. À Tarkwa, les notables ont révélé à Meyerowitz que le trône royal du Wassa Feyase vient de Takyiman[6].

Le lignage du ntɔn Ekoona qui a fondé le Sefwi Bekwai est une branche de la famille royale adanse de Fomena. Des suites d'une dispute intestine, les Ekoona du Sefwi Bekwai ont quitté Fomena en essaimant dans le Denkyira, le Wassa et en pays nzema[7]. Or, de nombreux matrilignages adanse clament

---

[1] Mbra Ekanza (S.p), *op. cit.*, p. 129.
Annan (E.), *op. cit.*, p. 129.
Diabaté (H.), *op. cit.*, Thèse, p. 576.

[2] Annan (E.), *op. cit.*, p. 126.
Voir aussi Daaku (K.Y), *Unesco research project on oral tradition n°4 part II Sefwi Wiawso*, p. 1.

[3] Daaku (K.Y), *Unesco research project on oral tradition Denkyira n°2*, p. IV.
Annan (E.), *op. cit.*, p. 115.

[4] Daaku (K.Y), *Unesco research project on oral tradition n°4 Part I Sefwi Anhwiaso and Bekwai*, p. VII, p. VIII.
Jack Goody ; Mustapha (T.M), ''Wenchi and its inhabitants'', *Research review, Supplement n°I*, p. 160-161.

[5] Diabaté (H.), *op. cit.*, p. 657.
Annan (E.), *op. cit.*, p. 125.

[6] Meyerowitz (E.), *Akan tradition of origin*, p. 113.

[7] Daaku (K.Y), *Unesco research project on oral tradition n°4 Part I*, p. VIII.

leur origine Bono[1]. C'est dire que les lointains ascendants des Sefwi Bekwai et des Asante sont des immigrants venus du Bono. En effet, les fondateurs de la confédération ont migré de l'Adanse[2].

Il est intéressant de noter que dans le Gonja, les Asante sont appelés Ka-Mbon et sont regardés comme une fraction de Bono[3]. Ce même terme sert à nommer les Bono et l'ensemble des Akan dans le Gonja. Les lointains ancêtres du lignage royal ɔyɔkɔ de l'Asante seraient, dit-on, originaires de la partie occidentale du Bono[4], d'où ils ont migré pour Asantemanso dans l'Adanse.

Le lignage royal de l'abusuan Nsona qui a fondé l'Akyem Abuakwa est aussi parti du Bono pour l'Adanse. De l'Adanse, il se déplace vers l'Est pour créer le royaume Akyem Abuakwa dont Ofori Panyin sera le premier souverain[5]. Les Abrade qui ont créé l'État Akwamu sont eux aussi des immigrants originaires du Bono[6]. Les Brobro Fante ont migré de Takyiman sous la conduite des chefs Obonomankoman, Oson et Odapagyan[7]. Les traditions orales du Bono et du pays fante se recoupent extraordinairement.

L'histoire orale bono rapporte que les Fante sont arrivés dans le royaume en provenance du nord avec pour leader Amoa Sanka. Takyi Firi le neveu de ce dernier est le fondateur de Takyiman, cité qui porte son nom[8]. Ces traditions orales akan prouvent d'une part la justesse des traditions orales nzema, et d'autre part montrent que ce sont des mouvements migratoires partis du Bono qui sont à l'origine des autres royaumes akan. Le Bono est donc bien le premier royaume fondé par les Akan.

Les travaux de Florence Dolphyne ont montré que dans le Brong actuel, il y a un conservatisme dans les dialectes Twi[9]. Un vocabulaire archaïque

---

[1] Annan (E.), *op. cit.*, p. 111.
[2] Diabaté (H.), *op. cit.*, Thèse, p. 626.
Rodney (W.), ''The Gold Coast'', *The cambridge history of Africa*, vol. 4, p. 301-303.
[3] Meyerowitz (E.), *Akan traditions of origin*, p. 52.
Cardinal (A.W), *The natives of the northern territeries of the Gold Coast*, p. 22, New York 1969, 158 p.
[4] D.M Warren K.O Brempong, *Techiman traditions state*, Part I, p. 37-38.
Annan (E.), *op. cit.*, p. 115.
Note : La famille royale des Kulango de Buna se dit parent et alliée de la famille royale asante.
Niangoran-Bouah, *Introduction à la drummologie*, p. 175.
[5] Terray (E.), *op. cit.*, p. 595.
[6] Supra, voir p. 87.
[7] Anquandah (J.), *op. cit.*, p. 18.
Annan (E.), op. cit., p. 202.
D.M Warren, Brempong, *op. cit.*, p. 82 ; p. 94.
Ward (W.), op. cit., p. 40.
[8] Meyerowitz (E.), *At the court of an african king*, p. 126.
[9] Dolphyne (F.A), ''The Bron (Boo) dialect of Akan'', in K. Arhin ed., Essay on the society of the Brong people, *Institute of African studies*, Accra 1979.

subsiste par rapport aux zones akan du centre et du sud. Meyerowitz mentionnait cette particularité à travers les chants qui servent à invoquer les esprits des rois défunts à Takyiman[1].

L'archéologie dans le Brong révèle l'existence d'un établissement plus ancien par rapport aux autres régions akan. Des poteries extraites sur le site d'Amuowi datées selon le radiocarbone 14 montrent que déjà au Ve siècle de notre ère, les populations commencent à édifier Bono Manso la capitale de l'État Bono[2]. L'archéologie au Ghana indique que le Brong présente des sites d'occupations humaines et des signes d'un travail du fer plus ancien. Cependant, des découvertes diversifiées et plus efficientes pourraient trancher définitivement ce que nous entrevoyons à propos de l'antériorité de l'État Bono.

Les traditions orales dans le Bono même, suggèrent deux thèses concernant les origines. L'une locale et l'autre nordique. Les Bono de Wankyi disent que leurs ancêtres ont émergé d'un trou sacré à Bonoso. Les Bono de Hani Nsawkaw (Begho) disent également que leurs ancêtres sont sortis de la fosse sacrée de Bonkese[3]. Quant au lignage royal ɔyɔkɔ, il se réclame d'une origine septentrionale, de même que les Atebubu et les Adiaka[4].

La persistance de la thèse de l'origine nordique même à travers les traditions orales des Akan du Nord est importante, car elle nous indique qu'Awean-Wean n'est pas si utopique qu'il paraît puisque les migrations des populations mélano-africaines dans la zone méridionale de notre sous-région sont liées au dessèchement du Sahara[5].

Les Akan du sud comme les Brobro Fante et les Adawu-Denkyira soutiennent que leurs lointains ancêtres ont migré d'une zone plus au Nord avant même de s'installer dans le Bono[6]. Les Akan ont très tôt phagocyté des des groupes d'ascendance Guan. Les genèses de la confédération Guan puis de l'État Bono ont favorisé ce brassage. Meyerowitz soutient qu'un État Guan dont le Bono était tributaire a existé longtemps avant l'érection de l'État Gonja créé par Jakpa. Ce serait sous le règne de Nana Asaman fondateur de l'État de Bono Manso[7] que les populations se sont émancipées

---

[1] Meyerowitz (E.), *At the court of an african king*, p. 17.
[2] Anquandah (J.), *Rediscovering Ghana's past*, p. 87.
[3] Anquandah (J.), *op. cit.*, p. 86-87.
[4] Meyerowitz (E.), *At the court of an african king*, p. 69-70 ; p. 82 ; p. 168.
DM Warren, K.O Brempoong, *op. cit.*, 58, p. 69, p. 74.
[5] Rachet (G.), *L'univers de l'archéologie. Technique histoire bilan*, p. 157
[6] Daaku (K.Y), *Unesco research project on oral tradition Denkyira,* n°2, p. 3.
Van Dantzig, *Les Hollandais sur la côte de Guinée à l'époque de l'ssor de l'Ashanti et du Dahomey 1680-1740*, p. 126.
[7] Meyerowitz (E.), *Akan traditions of origin*, p. 34.
Idem, *The early history of the akan states*, p. 10-11.
D.M Warren, K.O Brempong, *op. cit.*, p. 30.

vis-à-vis de l'État Guan. Nana Asaman lui-même est parti du Gonja pour s'établir au sud de la Volta noire. Il est intéressant de noter à ce sujet que l'un des groupes fondateurs de Bono Manso, le peuple Djomo se retrouve dans le Gonja[1].

Les Akan en se déplaçant vers le sud, ont absorbé des groupes Guan ne laissant que quelques ilôts de locuteurs guan. Des poches de parler guan subsistent à Krachi, en Efutu et dans quelques villes de l'Akwapem[2] dont Awukugwa qui est le lieu d'origine d'Okomfo Anokye.

Des historiens pensent à ce sujet que l'antériorité de l'établissement guan dans le sud ne fait aucun doute[3]. Les Brobro Fante par exemple ont trouvé sur la côte les Etsi, Eguafo et Asebu. Ces groupes guan bien qu'ils parlent fante, utilisent le parler guan pendant certaines cérémonies religieuses. Dans la région d'Ambro Brafo, les Guan ont créé de petites chefferies comme Aty, Asebu, Abremu et Sonkwa. Des migrants Adanse fusionnent avec eux pour jeter les bases de l'État Assin[4]. De même, l'État Agona a été fondé par des Guan et des Akan[5]. De nombreux brassages entre Akan et Guan ont eu lieu au cours des siècles. À Nzema par exemple, des Asebu se sont établis à Nzulezo[6] auprès des Betibe.

Les Guan sont généralement considérés comme des Proto-Akan, à qui l'on donne une origine septentrionale[7]. Fynn en dépit de ce que disent les traditions orales Etsi a montré que ces derniers ont migré en provenance du nord[8]. Les Etsi en soutenant être sortis du fond de l'Océan veulent dire qu'ils qu'ils ont précédé les Brobro Fante sur la côte. Remarquons que le peuple Wawolé (Baoulé) comprend des groupes d'ascendance guan comme les Ngban[9].

La langue guan est d'après les travaux de Colin Painter l'une des langues les plus anciennes de l'hinterland akan et s'apparente au Twi[10]. Les us et

---

[1] Meyerowitz (E.), *Akan traditions of origin*, p. 55.
[2] Van Dantzig, *Les Hollandais sur la côte de Guinée à l'époque de l'essor de l'Ashanti et du Dahomey 1680-1740*, p. 128.
[3] Wild (R.P), ''The inhabitants of the Gold Coast and Ashanti before the Akan invasion'', *Gold Coast teachers journal vol. 6-7, 1934-1935.*
[4] Van Dantzig, *Les Hollandais sur la côte de Guinée à l'époque de l'essor de l'Ashanti et du Dahomey 1680-1740*, p. 129-130.
[5] Meyerowitz (E.), *Akan traditions of origin*, p. 53.
[6] Ackah (Y.J), *op. cit.*, p. 12.
[7] Terray (E.), *op. cit.*, p. 171.
[8] Fynn (J.K), ''The Etsi of Ghana'', in *Ghana social science journal*, University of Legon 1975, pp. 96-110.
[9] Loucou (J.N), ''Entre l'histoire et la légende : l'exode des Baoulé au XVIIIe siècle : de Kumassi à Sakassou, les migrations d'une fraction du grand peuple akan'', *Afrique Histoire*, n° 5, p. 49.
Note : Des groupes Awutu et Atutu sont les fondateurs du royaume Efutu.
[10] In Anquandah (J.), *op. cit.*, p. 18.

coutumes ainsi que les institutions politiques des Guan présentent beaucoup de similitudes avec ceux des Akan.

Cependant, les Guan du Gonja connaissent une organisation sociale de type patrilinéaire. Ils ont été influencés par les classes dirigeantes actuelles du Gonja qui sont de confession musulmane[1].

Bien d'historiens considèrent les Gonja comme un peuple d'origine Mandé qui serait venu de la boucle du Niger. Des historiens plus prudents attribuent cette ascendance Mandé à la seule aristocratie dominante[2]. Or, aucune preuve irréfutable n'a été encore avancée pour justifier l'origine supposée Mandé des populations Gonja dans leur ensemble ou de l'aristocratie en particulier. L'on perd de vue une fois encore que tout peuple est le résultat d'un brassage souvent complexe de divers groupes de populations, pour retomber dans l'erreur qui consiste à rattacher des ensembles ethnologiques sans analyser au préalable leurs composantes. La chose dont on est sûre est que les bandes guerrières conduites par Jakpa venaient du nord[3].

Or, toute la boucle du Niger était parcourue par divers peuples. Les grands empires du Ghana, du Mali puis du Songhaï ont permis des brassages importants de populations. Les armées de Jakpa devaient probablement être très hétéroclites. Ephson soutient que Sumula Ndewura Jakpa venait du Gambaga[4].

Des études linguistiques ont montré que le Malinké n'a laissé aucune trace dans le Gonja. La langue qui s'est imposée n'est autre que le Ngbanyito qui est celle des populations guan[5]. Aucun élément de la civilisation mandingue non plus n'a été relevé. Même les grands djamu (patrilignage mandé) ne se rencontrent pas au sein de l'aristocratie.

Les Gonja sont désignés sous le vocable Nta par les Akan[6]. En réalité les termes Nta et Pépé servent à nommer tous les peuples non Akan souvent de confession musulmane qui vivent dans les régions septentrionales[7]. Les Guan du Gonja se donnent eux-mêmes le nom Anga qui signifie gens du pays, autochtones[8]. Ils ne font pas parties des Nta et des Pépé.

---

[1] Meyerowitz (E), *Akan traditions of origin*, p. 53.
[2] Loucou (J.N), *Histoire de la Côte d'Ivoire. Formation des peuples*, p. 56.
[3] Ephson (Isaac), *Gallery of Gold Coast celebrities*, p. 12.
[4] Ibid, p. 11.
[5] Goody (J.), ''The over kingdom of Gonja'', *International African Institute*, Oxford University Press.
Binger (L.G), *op. cit.*, p. 113.
[6] Bowdich, *op. cit.*, p. 63.
[7] Terray (E.), *op. cit.*, p. 174.
[8] Goody (J.), ''Ethnohistory and the Akan of Ghana'', *Africa*, Volume XXIX, London, Oxford University, p. 74.

Les Akan de Côte d'Ivoire se servent d'un terme synonyme de Nta qui est Kanga pour désigner les peuples gur et mandé du nord. L'étude sur le peuplement du pays nzema nous impose les constatations suivantes :

1-Les migrants ne sont pas venus directement d'un endroit pour peupler le royaume nzema. Plusieurs escales ont jalonné leurs parcours. Certains ont même contribué à la création de différents royaumes akan avant de s'établir définitivement dans le pays nzema.

2-Des migrants sont venus par petits groupes. Quelquefois, il s'agissait d'un simple lignage (suakunlu abusuan) comme celui qui a créé Ngalɛkpole. D'autres par contre sont venus en nombre plus important comme les Gyiman et les Akwamu de Nwulofolɔ.

3- Mis à part le peuplement préhistorique qui est probable, le peuplement du pays nzema s'étend en général du XVe au XIXe siècle. Les temps forts du peuplement se situent au XVIIIe siècle car la plupart des populations disent être arrivées dans le pays nzema pendant les règnes d'Anɔ Bile Aka et d'Amihyia Angɔla. Cela se comprend car le XVIIIe siècle est la période pendant laquelle s'est manifestée l'hégémonie de l'État Asante. C'est aussi pendant le XVIIIe siècle que s'est produite la chute de l'État Denkyira, de l'État Bono et de l'État Akwamu.

Le pays nzema a donc été à une petite échelle, un ''melting pot''[1] dans lequel ont fusionné au cours des siècles des migrants venus de diverses régions akan et qui ont au demeurant emprunté différentes voies pour aboutir dans le pays nzema.

C- LES VOIES GÉNÉRALES EMPRUNTÉES PAR LES MIGRANTS

L'étude du peuplement en pays nzema suggère quatre voies principales empruntées par les migrants.

1- Le cours du Pra

Dans les récits que relatent les traditions orales, il est souvent dit, « Nous avons longé le Pra et nous sommes arrivés sur la côte à Sa[2] ». Sa n'est autre que Ɛsema (Shama), cité ahanta voisine de l'embouchure du Pra. Les migrants ensuite ont traversé l'Ahanta d'est en ouest pour gagner le pays nzema. De nombreux nzema ont emprunté cette voie. C'est le cas des Gyinan et des populations qui ont créé Awiebo, Kɛnrɛne, Basakɛ, etc. Il s'agit des groupes qui ont migré de la région des confluents du Pra et de l'Ofin.

---

[1] *Note* : Les traditions orales reconnaissent d'ailleurs que le peuple nzema est né d'un brassage de différents peuples. Ackah (Y.J), *op. cit.*, appendix 7, p. 2 ; appendix I, p. 4. Enquête auprès d'Adjoba Ekyi.

[2] Diabaté (H.), *op. cit.*, p. 689. Enquête auprès d'Amihere Essuah.

Le royaume nzema dans la région akan

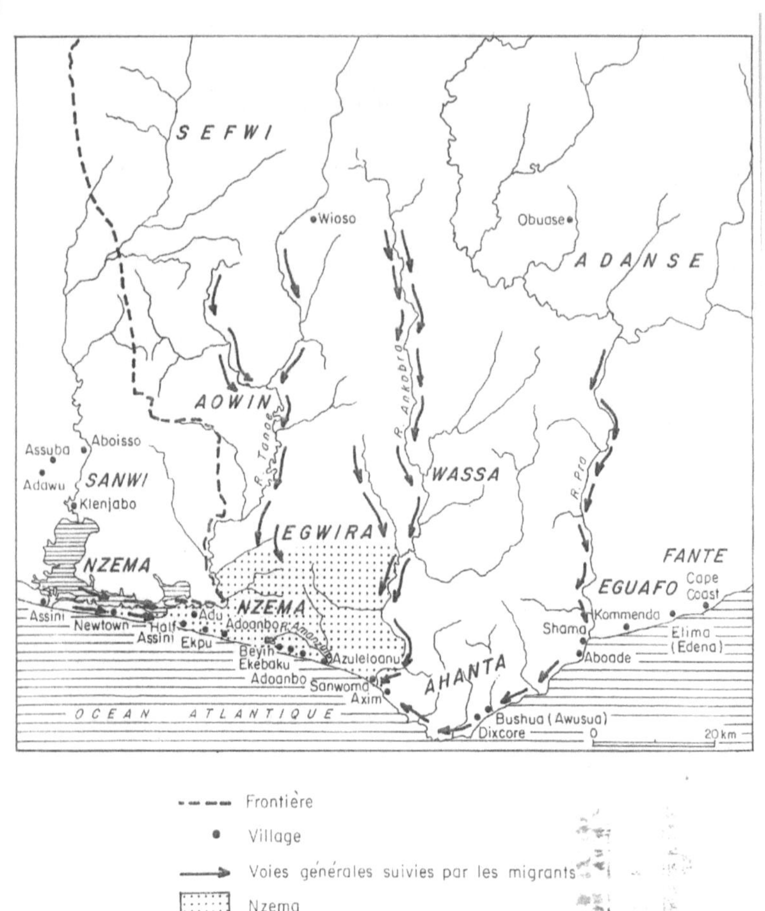

2-Le cours du Siane (Ankobra)

Un nombre relativement important de migrants ont emprunté le cours de l'Ankobra. Principalement, les populations qui venant du Bono ont séjourné au Wassa ou en Egwira ont suivi cette voie. À titre d'exemple, l'on peut citer les populations qui ont créé Teleku Bokazo, Kekame et Asɛnda. Des voies secondaires empruntées par les groupes qui ont suivi le cours de l'Ankobra passent par la zone tampon avec l'Egwira appelée Asonti et une autre avec le Wassa appelée Muni.

3- Le cours du Tanoɛ

Le cours du Tanoɛ a été suivi par les populations venues de l'Aowin. Cette voie conduisait à la grande forêt qui servait de limite naturelle entre le royaume nzema et l'Aowin.

4- La lagune Dwenye (Aby-Tendo-Ehy)

Les populations qui venaient de l'Ouest ont emprunté cet itinéraire. Il s'agit notamment des Betibe et des Ɛhɛ. La plupart des migrants qui ont peuplé le pays nzema ont longé des cours d'eau. La raison en est simple. Cela permettait de pourvoir aux besoins en protéine par la pêche, de se désaltérer, de rechercher des filons d'or et de jouir de tout ce que l'eau peut apporter.

En réalité, les migrants ne suivaient pas des chemins tout tracés. Ils se frayaient des pistes à l'intérieur de la forêt tout en restant le plus près possible des cours d'eau. Certains migrants ont peut-être eu à se servir de pistes préexistantes.

Les migrants faisaient souvent de nombreuses escales de sorte que du point de départ à l'arrivée en pays nzema, il pouvait s'écouler de nombreuses années.

Une fois dans le royaume, le processus d'intégration des migrants aux institutions politiques et sociales commençait. Ce processus d'intégration que l'on pourrait qualifier de ''Nzemanisation'' passait par une participation active des populations aux institutions politiques, sociales et culturelles du royaume.

L'unification entre les populations se faisait à partir d'un consensus politique entre un trône principal et des sièges secondaires. Des rôles précis étaient dévolus à chacun d'eux, afin que soit assurée la défense des populations du royaume ainsi que l'ordre interne. Des alliances de nature politique, culturelle et sociale ont été nouées pour aboutir à la naissance d'un peuple uni et conscient de sa particularité.

DEUXIÈME PARTIE

LE ROYAUME ET LA NAISSANCE DU PEUPLE NZEMA (XVe SIÈCLE-XIXe SIÈCLE)

CHAPITRE IV

UNITÉ POLITIQUE ET DÉFENSE DU ROYAUME

A- LE POUVOIR POLITIQUE

a- Le trône principal (Ebia Kpole) : Trône d'une dynastie issue du peuple Adjɔmɔlɔ depuis le règne de Kɛma Kpanyinli à celui de Kaku Aka.

Plusieurs sources écrites qui désignent l'espace géographique du Nzema actuel par des appellations proches étymologiquement du terme local adjɔmɔlɔ, montent que ce peuple est le fondateur du royaume[1] ou de Guioumray[2] qui est signalé dans l'espace de l'Apollonie. Les différentes transcriptions liées à ce terme sont jumoree[3], Jumore, Goimee, Guiomo, Guioumray, Gyomre, joumo, Ghiomer. Le terme local et originel Ajɔmɔlɔ a subi une corruption de la part des Européens. Cela se comprend aisément d'autant plus que la lettre /ɔ/ ne figure ni dans l'alphabet anglais ni dans l'alphabet français et ni dans l'alphabet néerlandais. En lieu et place de la lettre ɔ, il a été utilisé /ou/, /o/ et /oi/. Comparons Adjɔmɔlɔ et Goimere. /Adjɔ/ correspond à /goi/ et /mɔlɔ/ correspond à /mere/. Dans le cas de Guioumray, il a été utilisé /guiou/ pour /djɔ/ et /mray/ pour /mɔlɔ/. En ce qui concerne Jumore (Jumo/ a un lien avec Adjɔmɔ/ et /re/ /lɔ/).

Le père Loyer révèle que les naturels de l'Appollonie sont appelés Guiomo ou Guioumray et que le royaume de Guioumray n'est autre que celui de Cap Apollonia[4]. De même dans son rapport, Valkenburg écrit : « *Jansontia (Asɛnda), Elony (Ellonye) et Bongere (Bɔnyelɛ) sont des laclités du pays de Jumore* »[5].

Ces informations permettent de dire que le peuple Adjɔmɔlɔ est le premier signalé dans l'espace du Nzema à avoir créé une entité politique. Celui qui est à l'origine du royaume Guioumray (Adjɔmɔlɔ) est Kɛma

---

[1] Van Dantzig (A.), ''Juridiction du fort Saint Antoine d'Axim'', *Revue française d'histoire d'Outre-mer*, Tome LXVI, n° 242-3, 1979, p. 232, Axim Joumo (Gyomre).

[2] Loyer (G.), ''Journal du père Loyer'', in *L'Établissement d'Issigny*, p. 178. Cet auteur du royaume de Guioumray qui n'est autre que celui de Cap Apollonia.

[3] *Rapport de Valkenburg*, p. 55. Il y est fait mention du pays de Jumoree ou de Jumore. Voir aussi Van Dantzig ''Les forts et les châteaux du littoral ghanéen'', in *L'Afrique littéraire et artistique*, n° 26, décembre 1972, p. 54.

[4] Loyer (G.), ''Journal du père Loyer'', in *L'Établissement d'Issigny*, p. 178.

[5] *Rapport de Valkenburg*, pp. 55, Wic/oc/12, 25 novembre 1656.

Kpanyinli qui d'après les traditions fut le premier Belemgbunli kpole (souverain) du pays nzema[1].

Les belemgbunli kpole qui se sont succédé sur le trône depuis le règne de Kɛma Kpanyinli jusqu'à celui de Kaku Aka appartenaient au matriclan Nvavile.

Kɛma Kpanyinli est parti de Takyiman[2] avec une fraction du peuple Adjɔmɔlɔ dont la présence sur la côte nzema actuel est indubitable au moment où les Portugais découvrent Cabo de Santa Apollonia pendant la deuxième moitié du XVe siècle.

Les chefs Jumore ont déclaré devant le gouverneur Valkenburg que les États de Joumo, Abripiquem, Cobre (Ankobra), Boucree (Ebokro), Axem (Axim) et Encasser ont été liés et attachés les uns aux autres depuis des temps immémoriaux et ont soumis depuis toujours leurs différends devant le commandant portugais d'Axim[3]. Ces indices permettent de dire que les Adjɔmɔlɔ ont atteint la côte dès l'aube du XVe siècle en provenance de l'État de Bono Manso.

De nombreux traditionalistes reconnaissent que les anciens belemgbunli kpole qui ont précédé les actuels ɔmanhyenle (roi) du matriclan Ndweafoɔ étaient issus d'un lignage appartenait à l'abusuan Nvavile[4]. Nana Amihyia II chef d'Eikwe affirme que tous les belemgbunli kpole jusqu'à Kaku Aka étaient Nvavile. Kaku Aka, dit-on, était favinli (singulier de Nvavile)[5]. Il est important de noter que le chef de Nwulofolɔ qui est de l'abusuan Ndweafoɔ tout comme les ɔmanyenle actuels, reconnaît que le belemgbunli kpole Anɔ Bile Aka avec qui son ancêtre a conclu l'alliance était de l'abusuan Nvavile.

Certains informateurs de James Ackah reconnaissent l'appartenance du souverain Kaku Aka à l'abusuan Nvavile mais disent qu'il est un esclave domestique. Sa mère Amanzule, dit-on, était l'esclave de Nyamekɛ Renya[6]. Cette information paraît suspecte. En effet, le choix du belemgbunli donnait lieu à une réunion du lignage royal. L'Ɛhyema (la reine-mère) et les femmes du lignage essayaient de voir les candidats possibles en s'assurant qu'ils sont des dehelɛ c'est-à-dire de nobles descendants de la lignée. Aucun homme du lignage d'origine servile (Kanranli) ne pouvait être retenu candidat. C'était d'ailleurs un acte sacrilège qui pouvait provoquer la colère des ancêtres que

---

[1] James Y. Ackah, *Kaku Ackah and the split of nzema*, appendix 3, p. 178.
Aboagye (K.P.A), *Nzema Aneɛ ne anwo mgbanyidwɛkɛ*, p. 8.

[2] Ackah (J.), *op. cit.*, appendix 1, p. 1.

[3] *Rapport de Valkenburg*, p. 56, Wic (Oc) 13, 10 janvier 1657. Dédication de Jumore.

[4] Enquêtes auprès d'Egya Wendja, Alagye Diallo, et d'Adjoba Ekyi.
Ackah (Y.J), *op. cit.*, appendix 3, p. 8.

[5] Ibid, appendix 6, p. 2, appendix 7, p. 2. Enquêtes auprès d'Adjoba Ekyi, d'Egya Wendja et de Papa Alagye Diallo.

[6] Ackah (Y.J), *op. cit.*, appendix 21, p. 2, appendix 6, p. 2.
Note : La servilité se transmet en ligne maternelle uniquement à cause du principe de la matrilinéarité qui a cours chez les Nzema.

d'introniser un kanranli. Le choix du belemgbunli se faisait donc judicieusement et il n'est pas possible qu'une femme d'une servilité récente en l'occurrence la mère de Kaku Aka ait pu voir son fils accéder au trône. Chez les Nzema, l'esclave est parfaitement intégré au lignage mais il ne peut hériter d'un dehelɛ (noble). Au regard de la coutume, Kaku Aka s'il était Kanranli n'aurait pas pu hériter de Nyanzu Aka son prédécesseur. Kaku Aka aurait-il été choisi comme régent ? Cette éventualité ne peut être retenue parce que l'autorité de Kaku Aka reposait sur un bia appelé Ohotolo[1]. En effet, un régent n'a pas de bia, objet qui est le symbole du pouvoir politique et de la pérennité dynastique. Kaku Aka a donc été intronisé comme belemgbunli. Les régents étaient soit des fils du lignage royal, des Kpɔmavolɛ (porte-cannes) ou des mgbanyima (notables). Or, Kaku Aka n'entrait dans aucun de ces cadres.

Kaku Aka aurait-il été intronisé en dépit de son origine servile ? Ahua, sixième chef d'Awiebo se serait exilé avec ses sœurs Adwa Tenewa et Badu à Niable parce que, dit-on, il ne pouvait supporter de voir Kanranli en l'occurrence Kaku Aka sur le trône[2]. Des traditions orales recueillies dans le Ndenye disent que Ta Koadwo grand marchand et frère du chef Adu Kpanyi de Yakasse a persuadé Ahua de venir commercer dans le pays[3]. À cette occasion, Ta Koadwo a conduit trente (30) nzema venus en délégation pour conclure une alliance à Yakasse. La présence d'Ahua dans le Ndenye s'explique donc par des motivations commerciales. D'après la coutume, les belemgbunli ekyi (chefs des sièges secondaires) n'avaient rien à dire dans le choix des belemgbunli kpole[4] (souverain du trône). Ahua ne pouvait donc contester l'accession de Kaku Aka au trône.

Nana Annor Adyaye qui a été ɔmanhyenle du western nzema reconnaît que Kaku Aka était bien le neveu du Belemgbunli Kpole Nyanzu Aka[5]. Maintes traditions orales disent aussi cela[6]. Kaku Aka, dit-on, aurait reçu son son éducation à la cour de son oncle Nyanzu Aka[7]. Des sources hollandaises permettent d'avoir la certitude que Nyanzu Aka était bien l'oncle de Kaku Aka[8]. James Y. Ackah se pose la question de savoir si c'est du côté du père ou de la mère que Nyanzu Aka est l'oncle de Kaku Aka[9]. La question à notre notre avis ne se pose même pas. En effet, chez les Nzema, le terme

[1] Ackah (Y.J), *op. cit.*, appendix 6, p. 4.
[2] Ackah (Y.J), *op. cit.*, appendix 21, p. 5.
[3] Perrot (C.H), *Les Agni ndenye et le pouvoir politique au XVIIIe et XIXe siècles*, pp. 529-533.
[4] Ackah (Y.J), *op. cit.*, appendix 1, p. 4.
[5] Nana Annor Adjaye, *Nzima Land*, p. 4.
[6] Enquête auprès d'Egya Wendja et de Maame Adjoba Ekyi.
Amihere Essuah, *Mekakye bie I*, p. 11 ; p. 33 ; p. 33. Diabaté (H.), *op. cit.* (thèse d'État), p. 692.
[7] Ackah (Y.J), *op. cit.*, appendix 22, p. 1.
[8] KVG 361, Expédition against Apollonia.
[9] Ackah (Y.J), *op. cit.*, p. 79.

awuvonyi à un sens précis et ne correspond qu'à l'oncle en ligne matrilinéaire. Ce que les Européens appellent oncle en ligne patrilinéaire chez les Nzema correspond au terme père (ze).

Certains informateurs prétendent que le trône serait passé de l'abusuan nvavile à l'abusuan ndweafoɔ avant même l'avènement des ɔmanhyenle de Benyinli et d'Adoanbo.

Les Nvavile auraient, dit-on, régné pendant 140 ans jusqu'à ce qu'un litige éclate au sein du lignage royal. Les jeunes gens auraient renié leur abusuan originel nvavile pour adopter l'abusuan Ndweafoɔ. Ils auraient alors disputé le trône aux anciens qui ne pouvant supporter cette insulte se sont enterrés vivants à Mowazo[1]. Ce suicide collectif d'anciens pour une querelle querelle familiale est un peu gros et paraît pour le moins surprenant. Lorsqu'un groupe de gens quitte son lignage, la seule possibilité qui s'offre à lui est de créer un bia avec le consentement de l'ensemble du lignage et des notables[2]. Au sujet de Mowazo, une deuxième version dit que Kaku Aka a ordonné l'assassinat des Nvavile qui réclamaient le trône. Cet événement se serait produit à Mowazo et la fosse dans laquelle Kaku Aka aurait fait enterrer vivants ces nvavile est appelée Nvavile Kuma (la fosse des nvavile)[3]. Pourquoi les Nvavile auraient-ils attendu si longtemps depuis le règne d'Anɔ Bile Aka avant de réclamer ce qui leur revenait de droit ?

Une troisième version dit que l'histoire liée à Mowazo se serait produite pendant le règne d'Anɔ Bile Aka. Le fils de ce dernier aurait épousé une jeune fille qui est décédée des suites d'un accouchement. Les membres du lignage de la fille en question qui sont Nvavile ont demandé au roi Anɔ Bile Aka de remplacer leur fille par une fille du lignage royal. Leur requête était un crime de lèse-majesté grave. En effet, cela revenait à réduire à la servilité une personne de la famille royale. En guise de punition, Anɔ Bile Aka fit enterrer vivants certains membres de ce lignage. Ceux qui y échappèrent ont adopté l'abusuan Ndweafoɔ afin de se faire oublier[4]. Nous penchons pour cette version qui est plus vraisemblable.

Kaku Aka, il est vrai a éliminé les membres influents de son propre lignage afin de mieux asseoir son pouvoir absolu[5]. C'est peut-être ceux-ci qu'il a fait enterrer vivants. Ces membres du Suakunlu abusuan de Kaku Aka protestaient probablement contre la politique arbitraire de ce dernier qui en plus s'était rendu coupable du meurtre des enfants de son oncle Nyanzu

---

[1] Ackah (Y.J), *op. cit.*, p. 76.

[2] Enquête auprès de Nana Koffi Alexandre.

Note : Chez les Nzema, comme chez l'ensemble des peuples akan, des individus dont la famille n'a pas de *bia* sont considérés comme des gens d'origine servile.

[3] Ackah (Y.J), *op. cit.*, appendix 17, p. 9, appendix 2, p. 3.

[4] Ackah (Y.J), *op. cit.*, appendix 1, p. 4.

Note : Ce type de servilité est appelé *awoba*. Dans les temps anciens, celui qui commettait un crime pouvait être livré comme *awoba* au lignage victime.

[5] Ibid, p. 97.

Aka[1]. Kaku Aka a agi ainsi parce qu'il voulait se venger des enfants de son oncle qui le battaient du temps où ce dernier vivait[2].

Les Ndweafoɔ qui fournissent les ɔmanhyenle actuels veulent se rattacher au lignage des anciens belemgbunli kpole de l'abusuan Nvavile. Buasi Ekyi présente par exemple Amihyia Kpanyinli comme un ancêtre du lignage de l'abusuan ndweafoɔ des ɔmanhyenle de Benyinli. La liste des ɔmanhyenle de Benyinli qu'il donne parle d'elle-même[3].

1- Amihyia Kpanyinli
2- Ake Nyima (neveu d'Amihyia Kpanyinli)
3- Koasi Ama Ekyi (frère d'Akɛ Nyima)
4- Anɔ Adje Kpanyinli (son père est Wassa. Il sera déposé puis intronisé à nouveau)
5- Cena Asuan
6- Anɔ Adjei Kpanyinli
7- Anɔ Adjei Ekyi
8- Kaosi Ama Ekyi II
9- Anɔ Adjei II (ɔmanhyenle actuel)

Koasi Ama Ekyi qui en réalité est le premier ɔmanhyenle de l'*abusuan* Ndweafoɔ de Benyinli, prétendait lui-même être le légitime descendant des anciens *Belemgbunli kpole*[4] au moment du conflit qui l'opposait à Avo. Aussi paradoxal que cela puisse paraître, les *ɔmanhyenle* d'Adoanbo font des anciens *Belemgbunli kpole* leurs ancêtres[5] alors que les deux lignages de l'*abusuan* nweafoɔ qui fournissent les *ɔmanhyenle de Benyinli* et d'Adoanbo ne sont pas de même souche. Les traditions orales sont unanimes sur le fait que ni Ebayenle premier *ɔmanhyenle* d'Adoanbo, ni Koasi Ama Ekyi, premier *ɔmanhyenle de Benyinli* n'étaient parentés à Kaku Aka[6].

Aucun des deux n'aurait été roi, dit-on, si Kaku Aka n'avait été arrêté par les Anglais[7]. Le lignage de l'*abusuan* Nvavile qui se trouve à Awiaso (village près d'Edwakpole) est celui qui a légitimement droit au trône qu'il revendique d'ailleurs en affichant une réelle indépendance vis-à-vis des *ɔmanhyenle* actuels[8]. Adwina, dernier village nzema à l'est de l'Ankobra,

[1] Ibid, appendix 22, p. 1.
[2] Ibid.
[3] Diabaté (H.), *Le Sannvin, un royaume akan de la Côte d'Ivoire (1701-1901) sources orales et histoire*, p. 681.
[4] Gold Coast (1871-1873) enclosure 1 in n° 80.
[5] Ackah (Y.J), *op. cit.*, appendix 1, p. 2.
[6] Ibid, appendix 7, appendix 15, appendix 21.
Enquêtes auprès de Maame Adjoa Ekyi ; d'Edya Wandja et d'Alagye Diallo.
Diabaté (H.), *op. cit.*, p. 692.
[7] Ackah (Y.J), *op. cit.*, p. 177.
[8] Ibid, appendix 2, p. 19, appendix 6, p. 5.

refuse de reconnaître l'autorité de l'*ɔmanhyenle* d'Adoanbo parce que le pouvoir n'est pas exercé par les vrais propriétaires du trône[1]. Les *bia* de Benyinli et d'Adoanbo ont été à maintes reprises contestés parce qu'on reproche à leurs occupants d'être des usurpateurs. Le *bia* de Western Nzema de 1895 à 1929 a été réclamé par Nyamekɛ Kaku dit Ebelehunlu Kaku[2].

La liste des rois de Benyinli que donne Buasi Ekyi nous inspire quelques réflexions. Des noms de rois nzema mentionnés par des sources écrites et confirmées par les traditions orales ne figurent pas sur sa liste.

Des traditions orales recueillies dans le Sanvi mentionnent des noms de rois nzema tels qu'Amihyia, Ɛzoa et Kaku Aka[3]. Le capitaine Louis Gustave Gustave Binger parle du roi de Apollonie Kako Aka (Kaku Aka)[4]. Dans les archives nationales de Côte d'Ivoire, l'on retrouve le nom du roi Kaoaka contre qui était dirigée l'expédition anglaise[5]. Il est aussi fait mention des rois de l'Apollonie Yanso Aka (Nyanzo Aka) et Aroaki (Ɛzoa Ekyi)[6]. Le Furley collection parle du roi Ando Ebri Acca (Anɔ Bile Aka) d'Apollonia[7]. Sous l'administration du gouverneur Walembeck d'Axim, Ando Ebri Acca meurt et est succédé par Amanehea (Amichyia) en lieu et place de son frère Boa Kpanyinli. Amanehea regnera jusqu'en 1779[8]. Meredith soutient qu'Amonnihier (Amihyia) aura pour successeur Quashie (Koasi)[9].

En mars 1816, Sueky (Ɛzoa Ekyi) roi d'Apollonie étant un grand infirme, autorise son neveu Yansachah (Nyanzu Aka) à tenir les rênes du pouvoir.

''Sueky the king of Appolonia is a wild character and friendly inclined to the whites, but being very infirm he allows his nephew yansackah (a man of most arbitrary disposition) to hold the reins of government''[10].

Henri Mouezy rapporte :

« Sous le règne d'Ezoa Kpanyinli chez de Benyinli, un gros contingent de nzema mécontent, quitta le pays pour s'installer dans la région de Mafia. Kakou Aka successeur de Nyanzou Aka voulut mettre le pays agni sous sa domination »[11].

---

[1] Ibid, appendix 6, p. 19.

[2] Ackah (Y.J), *op. cit.*, p. 186
Nana Annor Adjaye Nzima Land, pp. 16-36.

[3] Diabaté (H.), *op. cit.*, p. 610, p. 635, p. 534.

[4] Binger (L.G), *op. cit.*, p. 323.

[5] ANCI 1 EE 1, Correspondance adressée au ministre de la Marine et des Colonies au sujet du du meurtre du Lieutenant Thévenard, Commandant du poste d'Assinie 1848.

[6] ANCI 1EE 1, Procès verbaux des séances de la commission mixte de délimitation des frontières d'Assinie 1884.

[7] Furley collection n° 48, 30 avril 1755.

[8] Public record office T70/1000. Wic 1317, 1er septembre 1763.

[9] Merdith (H.), *An account of the Gold Coast of Africa*, p. 66.

[10] T70/36 Dated 2 march 1816, public record office.

[11] Mouezy (H.), *Assinie et le royaume de Krindjabo*, p. 110.
Note : Il s'agit plutôt d'Ɛzoa Ekyi.

La liste de Buasi Ekyi diffère également des listes de James Acka et d' Henriette Diabate.

James Ackah donne la liste suivante[1] :
Annor Blay Ackah
Amihere Kpanyinli
Kwasi (mort en juin 1801)
Erzua Kyi (1801-1816)
Nyanzu Ackah (1816-1832)
Kaaku Ackah (1833-1851)
La liste d'Henriette Diabaté est celle-ci[2] :

Anno Blay Ackah	1752
Amihere Kpanyinli	1752-1779
Kwasi	1779-1801
Anno Broman	1801-1803
Erzua Kyi	1803-1820
Nyanzou Aka	1830-1831
Régent	1831-1832
Kaku Aka	1832-1851

La liste des rois nzema d'Amihere Essuah se fonde sur des traditions orales recueillies depuis 1958 auprès des anciens. Elle concorde sur beaucoup de points avec les sources écrites sur lesquelles sont basées les listes d'Henriette Diabaté et de James Ackah. Voici la liste d'Amihere Essuah[3].
Amihyia Kpanyinli
Awulae Koası
Anɔ Bile Aka
Boa Kpanyinli
Anɔ Bolɔmane I
Mɛnlan Koffi
Ɛzoa Ekyi
Anɔ Bolɔmane II
Miezan Ekyi
Nyanzu Aka
Kaku Aka

[1] Ackah (Y.J), *op. cit.*, p. 77.
[2] Diabaté (H.), *op. cit.*, p. 554.
[3] Amihere Essuah, *Mekakye bie I*, p. 33.

Voici une suite de listes de *Belemgbunli Kpole* Nzema[1].

1- Kema Kpanyinli
2- Amihere Kpanyinli
3- Annor Blay Ackah
4- Annor Bromman
5- Yanzu Ackah
6- Kaku Ackah[2]

1- Kema Kpanyili (reigned for nearly 30 years)
2- Annor Blay Ackah
3- Buah Kpanyinli
4- Annor Bromman
5- Amihere Kpanyinli
6- Bremmpon Kwasi (Kwasi Blay)
7- Ezuah Kyi
8- Nyanzu Ackah
9- Kaku Ackah

10- Ebanyenle
11- Avo
12- King Blay I
13- Ehyiman
14- Kwasi Ngeda (Destooled)
15- Blay II (Alias Menlah)
16- Blay III (Alias Erzuah Kwaw)
17- Blay IV (Alias Ezena) (Destooled)
18- Blay V (Alias Kwaku Duroe) – Destooled
19- Blay VI (Alias Enokpole-) – Destoolod
20- Blay VII[3]

1- Kema Kpanyinli
2- Annor Blay Ackah
3- Annor Broman
4- Buah Kpanyinli
5- Amihere Kpanyinli (his father was Annor Blay)
6- Dihileh Kwesi
7- Kwasi Blay
8- Menlah Kofi
9- Buah Kyi
10- Miezah Kyi

[1] *Note* : Ces listes de rois nzema sont données par des informateurs de James Ackah.
[2] James Y. Ackah, *op. cit.*, appendix 3, p. 5.
[3] James Y. Ackah, *op. cit.*, appendix 1, p. 2.

11- Nyanzu Ackah
12- Kaku Ackah

13- Ebanyele
14- Avo
15- Blay
16- Ekyiman
17- Kwasi Ngedah
18- Menlah II
19- Erzuah Kwaw III
20- Nwiah Ebanyenle
21- Enena
22- Enokpole
23- Kelebu Daroe
24- Blay VII[1]

1- Awulae Amihyie Kpanyinli	1400-1450 (règne)	50
2- Awulae Deheleh Koasi	1450-1500	50
3- Awulae Ennor Bile Ackah	1500-1550	50
4- Awulae Boa Kpanyili	1550-1600	50
5- Awulae Anno Broman I	1600-1660	60
6- Awulae Menlah Kofi	1660-1700	40
7- Awulae Ezoa Ekyi	1700-1746	46
8- Awulae Annor Broman II	1746-1789	43
9- Awulae Mieza Ekyi	1789-1820	31
10- Awulae Nyanzu Ackah I	1820-1831	11
11- Awulae Kaku Ackah	1831-1851	20
12- Awulae Koasi Amachi I	1851-1876	25
13- Awulae Ezoa Kpanyinli	1876-1878	2
14- Awulae Nyanzu Ackah	1878-1893	15
15- Awulae Ackah Anyimah	1893-1919	24
16- Awulae Koasi Horbah	1917-1920	3
17- Awulae Annor Adjei I	1920-1935	15
18- Awulae Kyini Assuah	1935-1936	1
19- Awulae Annor Adjei	1936-1938	2
20- Awulae Annor Adjei II	1938-1952	14
21- Awulae Koasi Amachi II[2]	1952 still reigning	

Les lacunes de la liste de Buasi Ekyi sont évidentes. Il cherche à ne pas saper le pouvoir des Ndweafoɔ de Benyinli dont il est lui-même un membre.

---

[1] James Y. Ackah, *op. cit*., appendix 5, p. 4.
[2] James Y. Ackah, *op. cit.*, appendix 6, p. 9.

Donner la liste réelle des *Belemgbunli kpole* de la dynastie Nvavile revenait implicitement à reconnaître les droits des véritables propriétaires du *bia* de Benyinli. Le nom d'un *belemgbunli kpole* aussi célèbre que Kaku Aka ne figure même pas sur la liste de cet informateur. Certains Ndweafoɔ reconnaissent que Kaku Aka appartenait à l'abusuan Nvaʋile, mais ils le présentent comme un usurpateur. Or, Kaku Aka est le neveu du roi Nyanzu Aka, donc un légitime héritier du *bia kpole* (grand siège ou trône).

Koasi Ama Ekyi qui vient en troisième position sur la liste de Buasi Ekyi a régné après Kaku Aka. Koasi Ama Ekyi est le premier *ɔmanhyenle* de l'abusuan Ndweafoɔ de Benyinli. Son règne commence vers 1850. Il était l'adversaire d'Avo l'*ɔmanhyenle* d'Adoanbo pendant la guerre civile qui a suivi l'arrestation de Kaku Aka dernier *belemgbunli kpole* de la dynastie Nvavile[1].

Kɛma Kpanyinli est le fondateur du royaume Adjɔmɔlɔ qui est le royaume-mère de l'État nzema. Les membres de son *suankunlu abusuan* (matrilignage) sont donc les propriétaires légitimes du *bia kpole.* Tous les migrants qui sont arrivés dans le pays ont prêté serment d'allégeance au *bia* de kɛma kpanyinli. Cette pratique est répandue chez les Akan. Atta, chef d'Axim affirmait ceci à casely Hayford : « *Si tu t'installes sur la terre de quelqu'un, même si sa chaise est petite, il peut te réclamer tribut* »[2].

Souvent, le pays appartient à celui qui le premier, le foule du pied. Cela donne le privilège d'être en contact avec les forces mystiques de la région qui sont les maîtres spirituels de la terre. Mais le maître de la terre n'est pas toujours le maître politique. Les migrants anyi qui sont arrivés dans la région d'ɛboɛso (Aboisso) au début du XVIIIe siècle se sont imposés aux Betibe et aux Agwa, des peuples anciennement installés. Les listes de Diabaté Henriette et de James Ackah qui se fondent sur les sources écrites ne concordent pas avec celles des traditions orales essentiellement au niveau de la succession des rois dans le temps. Certains rois mentionnés par les traditionalistes ne figurent pas sur les listes de Diabaté Henriette et de James Ackah.

Les sources écrites disent qu'au moment de la construction du fort Apollonia entre 1768 et 1773, le monarque régnant était Amonihier[3] (Ammihyia). Des traditions orales affirment que celui qui est à l'origine du *bia kpole* est Nana Kɛma Kpanyinli. Sur ce point, les traditions orales se trompent rarement parce que le nom de l'ancêtre qui a apporté le *bia* est

---

[1] *Note* : Nous reviendrons avec détails sur ces faits dans le chapitre consacré à la guerre civile.

[2] Hayford (Casely J.E), *Gold Coast native institutions*, p. 50.
Frank Cass & CO LTD 1970, 418 p.

[3] A. W. Lawrence, *Fortified trade-posts. The english in west Africa, 1645-1822*, p. 228.
Note : La construction du fort Apollonia a débuté en 1768 et à été complété en 1770. Les travaux de la façade extérieure du fort ont commencé en 1771 pour s'achever en 1773.

prononcé lors des libations faites dans la case où sont gardés les sièges (Ebia sua) même en dépit d'un changement de dynastie.

Des sources écrites hollandaises rapportées par Van Dantzig permettent d'apporter la preuve de l'existence d'un roi nzema appelé Mɛnlan Kofi par les traditions orales. Dans l'ouvrage de cet auteur, il est dit que l'année consécutive à 1654, le Fiscal Jenitsch de la compagnie suédoise se vantait d'avoir ''*acheté Jumore, Bongere, Attebo et Abini après avoir reçu de Mena une paillote pour servir de comptoir*''[1]. Il est écrit que Mena se comporte comme le chef de Jumore. Mena était probablement celui qui exerçait l'autorité politique à Jumore. C'est à ce titre qu'il octroie une paillote aux marchands suédois.

Qui d'autre à part le roi aurait eu une telle prérogative quand on connaît la culture politique des Akan. Mena était donc le roi de Jumore qui a permis à la compagnie suédoise[2] d'exercer ses activités dans le royaume. De tous les noms de *Belemgbunli kpole* nzema, celui dont le nom est étymologiquement proche de Mena est Mɛnlan. Le rapprochement devient plus grand lorsqu'on fait abstraction du /l/ de Mɛnlan.

La tradition orale soutient que le *belemgbunli kpole* qui a livré la guerre contre le royaume egwira était Amihyia Kpanyinli[3]. Or, cette guerre a eu lieu du temps du Gouverneur Portugais Dom Francisco de Soto Mayor[4], c'est-à-dire avant 1642, année pendant laquelle les Portugais sont évincés de la côte de l'or par les Hollandais.

Deux *belemgbunli kpole* portant le nom Amihyia à notre avis ont régné. Le premier Amihyia est celui qui était au pouvoir au moment des guerres que les sources écrites mentionnent comme étant celles qui opposaient Jumore à Abuma. Pour les traditions orales, cette guerre opposait nzema à l'Egwira.

Le second Amihere est celui qui règne au moment de la construction du fort Apollonia. Il est précisément appelé Amihyia Angɔla. Les traditions orales ne s'accordent pas quant à celui qui est à l'origine du *bia kpole*. Tantôt l'on évoque à ce sujet le nom d'Amihyia ou celui d'Anɔ Bile Aka[5]. Il

---

[1] Van Dantzig (A.), *Les Hollandais sur la côte de Guinée à l'époque de l'essor de l'Ashanti et du Dahomey 1680-1740*, p. 41-42.

[2] *Note* : La compagnie pour le commerce du royaume de Suède a reçu les privilèges du roi Gustave II (Gustave Adoli) à Stockolme le 14 juin 1626. Le lieu de rassemblement et d'arrivée des navires de la compagnie était le port de Gothenbourg (n° 18). Une nouvelle compagnie sera créée et le goi de Suède lui octroyera également des privilèges. Cette nouvelle créée le 16 octobre 1632. Elle était représentée à Nuremberg. (N° 3) *Archives de la Bibiothèque nationale de France. Rue Richelieu, paris, Nouvelles acquisitions françaises n° 6486. Compagnie d'Afrique, d'Amérique et d'Asie pour les pays nordiques.*

[3] Amihere Essuah, *Mekakye bie II*, p. 126. Ackah (Y.T), *op. cit.*, p. 85, appendix 13. Enquête auprès d'Egya Bile Kaku.

[4] Van Dantzig (A.), ''Juridiction du port Saint-Antine d'Axim'', *Revue française d'histoire d'outre-mer*, Tolxvl, n° 242-3, 1979, p. 230.

[5] Ackah (Y.J), *op. cit.*, appendix 6, 8, 9, 22, 15, 18.

est dit sur le District d'Apollonia en 1869 que le fondateur du royaume entre Ancober (Ankobra) et Assini est un certain Anubiree Akka (Anɔ Bile Aka) qui est aussi le fondateur de l'actuel Benyinli[1]. Le commandant hollandais d'Axim a reçu cette information d'un porte-canne (kyeame) qui ajouta qu'Americhia (Amihyia) était le frère d'Anɔ Bile Aka. De ce fait, Anɔ Bile Aka est contemporain d'Amihyia Angɔla. C'est donc à juste titre que les traditions orales affirment qu'Amihyia Angɔla qui a fait bâtir le fort Apollonia est l'un des proches successeurs d'Anɔ Bile Aka. Il est donc improbable qu'Anɔ Bile Aka osit le premier à avoir posé les pieds à nzema puisque la période de son règne n'est pas si distante de celle d'Amihyia Angɔla. Or, quand dans la deuxième moitié du XVe siècle, les Portugais découvrent Cabo de Santa Apollonia, le pays n'est pas vide d'hommes. Kɛma Kpanyinli ne peut donc qu'être celui qui a apporté le *bia kpole.*

Des traditions recueillies en pays betibe disent que le roi betini (singulier de betibe) Ndjomu wɔpu Nimgbe est contemporain du roi nzema Amihyia Angola. C'est entre 1752 et 1754 qu'à eu lieu la guerre de Monobaha période pendant laquelle le roi des Betibe est Ndjomu Wɔpu Nimgbe[2]. Amihyia Angola des traditions orales betibe n'est autre que celui qui a repoussé les Hollandais avec ses sujets près de l'ankobra et a pris leur artillerie en guise de trophée de guerre. C'est aussi lui qui a invité les Anglais à bâtir le fort Apollonia. Amihyia Angɔla est le deuxième roi à porter le nom Amihyia Kpanyinli. Un autre l'a précédé, et est celui qui a soutenu la guerre du royaume nzema contre l'Egwira. La grande célébrité d'Amihyia Angɔla (Amihyia Kpanyinli II) qui fut honorée comme un héros[3] a peut être fait que la tradition orale a quelque peu oublié le premier amihyia Kpanyinli et attribué à l'époque du règne d'Amihyia Angɔla des événements qui datent du règne d'Amihyia Kpanyinli I.

Entre les règnes d'Anɔ Bile Aka et d'Amihyia Angɔla, il faut retenir celui de Boa Kpanyinli que mentionnent des traditions orales. Quashie (Koasi) qui a régné après Amihyia Angɔla est décédé en 1801[4]. Mérédith rapporte que la succession de Quashie a entraîné des troubles. Les notables dit-il se sont rassemblés et ont désigné le fils aîné de Quashie pour le remplacer. Annahoma aidé de ses partisans tente de s'emparer du pouvoir par la force en lieu et place de son frère aîné. Vaincu, il se donne la mort. Le pouvoir est confié à un homme faible qui désigne un régent. Ce dernier par la suite devient roi[5]. Le personnage Annahoma dont parle Meredith serait-il Anɔ Bolɔmane ? Cela est possible. Annahoma (Anɔ Bolɔmane) est peut-être un

---

[1] Furley collection journal 1870-1872, p. 45.
[2] Diabaté (H.), *op. cit.*, p. 673-674-.
[3] Ackah (Y.J), op. cit., p. 6.
Note : Amihyia Angɔla fut si célèbre que son nom fut attribué au royaume tout entier.
[4] Meredith (H.), *op. cit.*, p. 66.
[5] Ibid, p. 68-69.

membre du lignage royal qui s'est trouvé confronté aux notables qui voulaient désigner comme régent le fils du roi Koasi.

Le monarque âgé et malade auquel Meredith fait allusion n'est autre que Sueky (Ɛzoa Ekyi)[1]. James Ackah assimile à tort le nom Ɛzoa Ekyi au mot Sokoo ou Sakoo[2]. Remarquons qu'il n'y a aucun lien étymologique entre Soko et Sueky. L'ouvrage de John Barbot d'où il a tiré son information montre bien que Sokoo est un royaume. Sokoo est aussi appelé Awine ou le pays d'Adouwasian. Sokoo dont parle Barbot ne peut qu'être l'île d'Assɔkɔ où les Français ont bâti un comptoir[3]. C'est à Assɔkɔ que les Betibe ont installé les Essuma qui ont appelé ce lieu Abine[4] ou Awine comme le mentionne John Barbot. John Ogilby fait remarquer que les sujets du royaume Sokoo sont des quaquas. La Côte Quaqua correspond à la côte entre Cap Lahou et Assini[5]. Les Quaqua sont les peuples Akan lagunaires de la Côte d'Ivoire. Dans ce cas précis, il s'agit des Betibe et des Essuma.

Bowdich mentionne aussi le nom Suikee ou Suiquah mais dit que le personnage ainsi nommé était l'un des prétendants qui luttaient pour accéder au trône [6].

« *On the death of the late king of Amanahëa, two competitors for the stool appeared. One called suikee or suiquah ; the other's name. I am ignorant of. Both collected their slaves and adherents, and fought* ».

Ɛzoa Ekyi semble-t-il a été confronté à son jeune frère Anahoma (Anɔ Bolɔmane) qui également convoitait le trône[7]. Cependant, le choix des anciens s'est porté sur Ɛzoa Ekyi. Il est possible qu'Anahoma ait succédé à son frère aîné. Kaku Aka dernier *belemgbunli kpole* de la dynastie Nvavile est le successeur de Nyanzu Aka. Les dates des règnes de ces deux monarques sont assez bien connues.

---

[1] Ibid., p. 68-69. Public Record office T. 70 /36. Robertson (G.A.)
Robertson (G.A), *Notes on Africa* 1819, p. 106.

[2] Ackah (Y.J), *op. cit.*, p. 6.

[3] 101 WIC 98, 10 octobre 1703.

[4] Enquête auprès Nana Kofi Alexandre.
Note : Adam Jones n'approuve pas Garrard qui assimile Abine à Beyin. Pour Jones Jones, Abine correspond à Half-Assini (Awiane). Jones (Adam), *Brandeburg sources for west african history pensons 1680- 1700*, p. 253.
Nous pensons qu'Abin n'est autre qu'Assɔkɔ. Les Betibe appellent cette île Assɔkɔ tandis que les Essuma l'appellent Abine.

[5] WIC Omsreeks 1670 (235 NBKG 84, El Mina Journal).

[6] Bowdich (T. Edward), *Mission from Cape Coast Castle to Ashantee*, p. 237.

[7] Claridge (W.W), *A history of the Gold and Ashanti*, p. 215-216.
Frank Cass & CO LTD, 1964, 638 p.
Note : Les sources anglaises signalent les funérailles du roi Aonhia en 1779. T70/1000 Appolonia fort's day book july-september 1779.
Ammihya Angɔlɔ serait donc mort en 1779, date probable à laquelle Brempon Dehelɛ Kooasi accède au trône.

Liste des anciens belemgbunli kpole nzema de la dynastie Nvavile

1- Kɛma kpanyinli. Leader de la migration Adjɔmɔlɔ. Fondateur du royaume de Jumore et du *bia kpole* dans le courant du XVe siècle.

2- Amihyia kpanyinli I. Il a livré la guerre à Egwira avant 1642.

3- Mɛnlan Kofi. Il a permis aux Suédois de créer le comptoir de Jumore en 1653.

4- Anɔ Bile Aka

5- Boa Kpanyinli

6- Amihyia Angɔla (Amihya Kpanyinli II). Il a fait bâtir le fort Apollonia entre 1768 et 1773.

7- Brempon Dehelɛ Koasi. Décédé en juin 1801.

8- Anɔ Bolɔmane I

9- Miezan Ekyi

10- Ɛzoa Ekyi

11- Anɔ Bolɔmane

12- Nyanzu Aka (…1833)

13- Kaku Aka (1833-1851)

Cette liste des *belemgbunli kpole* nzema tient compte des données écrites et des différentes remarques déjà mentionnées. Le trône principal sur lequel reposait l'autorité des *belemgbunli kpole* était secondé par plusieurs sièges secondaires qui jouaient un rôle très important dans l'organisation politique du royaume.

b- Ebia nkyi kyi (sièges secondaires)

Autour du *bia kpole*[1] détenu par un lignage de *l'abusuan* Nvavile, gravitent plusieurs sièges de moindre importance (*Ebia nkyi kyi*) par rapport au premier. Tout *bia* sans exception appartient à un lignage donné. Chaque matrilignage (*suakunlu abusuan)* a son *bia* propre mais qui peut en même temps être le *bia* dirigeant d'une localité quelconque. Le *bia* est le symbole de la personnalité juridique, politique et morale du lignage. Il est pour cela lié au culte des ancêtres. Au regard des croyances du peuple, les ancêtres qui continuent de vivre dans l'au- delà (ɛbolɔ) ont un droit de regard sur les activités de leurs descendants vivant encore ''sous le soleil'' (ewiade). Ils les aident lorsqu'ils ont des difficultés ou les punissent quand ceux-ci provoquent leur colère. Le pouvoir du *belemgbunli kpole* tout comme celui des *belemgbunli ekyi* repose sur un *bia* qui est sacré et qui est conservé dans

[1] *Note* : Dans le parler nzema, le terme *kpole* signifie gros ou grand. *Ebia kpole* est le siège le plus grand et le plus important du royaume.L'autorité du *belemgbunli kpole* (grand-roi) se fonde sur le *bia kpole*. Ekyi veut dire en langue nzema petit. *Ebia nkyi kyi* sont donc les petits sièges dont les chefs sont les *belemgbunli nkyi kyi* (petits rois) qui sont soumis au *belemgbunli kpole*).

des sanctuaires spéciaux (*Ebia sua* /case des sièges). Un *bia* est taillé à l'intention de chaque *belemgbunli* qui est intronisé.

Si un belemgbunli est détrôné, le *bia* taillé à son intention revient à son remplaçant[1]. Dans les temps anciens, détrôner un belemgbunli était chose rare[2]. Les *bia* des différents *belemgbunli* qui se succédaient étaient conservés dans la case des sièges (Ebia sua). Le *bia Kpole* qui est le symbole de la nation en gestation est celui du fondateur du royaume. Pour celui de nzema, il s'agissait en l'occurrence du *Bia* de Kɛma Kpanyinli. Le *bia* représente aussi la pérennité du pouvoir royal et sert de lien entre les membres du lignage encore vivants et les ancêtres qui vivent dans l'au-delà. *Ebia Kpole* est le siège sur lequel se fonde le pouvoir du *belemgbunli Kpole.* Il est au-dessus de tous les autres bia du royaume, et sert dans les cérémonies rituelles d'intronisation du *belemgbunli Kpole.* Ce dernier en tant que premier responsable du bia Kpole est l'intermédiaire entre le peuple et les ancêtres. Sa fonction de grand prêtre du culte des ancêtres fait de lui un être sacré.

Souvent, il fait des libations, implorant les ancêtres afin que ceux-ci accordent leur bénédiction au peuple dans tous les aspects de ses activités. Cependant, il faut dire que même les *belemgbunli nkyi kyi* sont eux aussi sacrés au regard de leurs communautés respectives. La sacralité du *belemgbunli kpole* fait que la nouvelle de son décès n'est annoncée dans un premier temps qu'a *l'abusuan kpanyinli* (chef du lignage royal), à l'ɛhyema (reine-mère), aux *mgbanyima* (les notables) à ses épouses et à ses enfants. La nouvelle du décès du *belemgbunli kpole* est annoncée au peuple par des expressions telles que ''ye hɔ ayile nu'' (il est allé se faire soigner), ''azɛlɛ ne ekpusu'' (la terre a tremblée), ''ye pɛ ɔ nwɔ'' (il s'est retourné)[3]. L'on considère que la mort du *belemgbunli kpole* souille la terre, de sorte que des sacrifices humains sont faits afin de purifier la terre. Cette cérémonie rituelle est appelée *ahylɛ ezielɛ*[4]. En principe, l'on ne fait pas de sacrifice humain quand un *belemgbunli ekyi* meurt mais cela se fait quelquefois en cachette. Pour les belemgbunli nkyi kyi, l'on sacrifie des victimes animales. Le décès d'un belemgbunli Ekyi est annoncé par l'expression ''renya kpanyinli ne lale la gna dweazo'' (l'homme âgé s'est couché, il ne s'est pas levé).

Comment les *bia nkyi kyi* soumis au *bia kpole* sont-ils choisis ? Des migrants sont arrivés avec à leur tête un leader reconnu de tous à l'exemple de Bulumia Twum premier *belemgbunli* de Nwulofolɔ. Dans ce cas, le *bia* du *suakunlu abusuan* du chef de la migration devient le *bia* dirigeant. Une seconde possibilité existe. Un homme peut créer un campement *(namule)* qui progressivement se peuple de gens venus d'ici et là. Si le campement devient un village, son *belemgbunli* est le fondateur ou en l'absence de celui-ci un

---

1 Amihere Essuah, *Mekakye bie II*, p. 92.
2 Ibid, p. 110.
3 Ackah (Y.J), *op. cit.*, p. 21-24.
4 Amihere Essuah, *Mekakye bie II*, p. 42.

membre de son lignage (*suakunlu abusuan*)[1]. À partir d'un gros village, d'autres villages peuvent naître en suivant le processus déjà décrit.

Le *belemgbunli* du village-mère est alors le *belemgbunli* supérieur des villages satellites. Ces villages satellites n'ont pas de rapports directs avec le *belemgbunli kpole* du royaume. Ils doivent se référer au *belemgbunli* de leur village-mère. Nwulofolɔ par exemple est le village-mère d'Adublim, Nvɛlɛsɔlɔ, Asasetɛlɛ, Poku, Nvuma. Asɛnda est le village-mère de Bɔbenleama et de Sanwoma. Kekame est le village-mère d'Asɛmkɔ. Amgbɛnu est le village–mère de Kamgbunli et Azuleloanu.

Un *belemgbunli* quelque soit son importance porte le titre Nana. Il est doublé de *l'ɛhyema* une femme à l'autorité rituelle importante chargée spécialement des questions généalogiques dans le système lignager. Le terme reine-mère qui a souvent servi à traduire *ɛhyema* est impropre parce que celle-ci peut être la mère, la tante, la sœur, la cousine ou la nièce du *belemgbunli*, cela dans la lignée matrilinéaire. Le belemgbunli administre avec l'aide d'un conseil du *bia* qui se compose des personnages suivants :

1- L*'abusuan kpanyinli* : il est le chef du lignage royal et est chargé spécialement de régler les problèmes au sein de celui-ci.

2- *Kpɔmavolɛ Kpanyinli :* il est le porte-canne en chef et l'historien de la cour. Aidé de plusieurs porte-cannes qui dépendent de son autorité, il est chargé d'informer la population sur les décisions qui sont prises à la cour. Le *kpɔmavolɛ kpanyinli* est le messager du *belemgbunli.*

3- Les *Mgbanyima* : ce sont les notables. Ils sont au nombre de sept et représentent les intérêts de la population dans son ensemble ou des sept matriclans qui composent la société. Les *mgbanyima* ont une grande connaissance des coutumes et servent avec dévotion le *bia*. De même que les *kpɔmavolɛ*, ils sont choisis en fonction de leurs mérites propres.

La même structure se retourne au niveau du *bia kpole* dont le *belemgbunli* est le monarque du royaume. Le *belemgbunli* gouverne en tenant impérativement compte des suggestions du conseil du *bia*. Un équilibre structurel existe de ce fait entre le pouvoir royal et celui des *mgbanyima*. L'on a avancé que le système politique à nzema était une monarchie absolue. Cette idée est soutenue par Henry Meredith et John Beecham[2]. Robetson en revanche parle de l'existence d'une assemblée de chefs à Apollonia[3].

Les Nzema sont des Akan et selon la culture politique des Akan, le pouvoir royal n'est jamais absolu. Il est tempéré par le conseil des anciens. En guise d'exemple, les *Asantehene* (rois de l'Asante) Kofi Karikari (1867-

---

[1] Enquête auprès de maame Adjoba Ekyi.
Amihere Essuah, *Misukoa Nzema VI*, p. 35.

[2] Meredith (H.), *op. cit.*, p. 26-27.
John Beecham, Ashantee and the Gold Coast, p. 113.

[3] Roberston, *op. cit.*, p. 107.

1874) et Osei Mensa Bonsu (1874-1883) ont été détrônés par le conseil royal de l'Asante. Cependant, il peut arriver que le *belemgbunli* abuse de son autorité. Ce fut le cas d'Ɛzoa Ekyi[1] et de Kaku Aka[2].

Les Nzema se refusaient dans les temps anciens à détrôner un *belemgbunli*, même si ce dernier abusait du pouvoir. Ils exprimaient cette attitude par l'expression '*'belemgbunli kulu kɔ anwuma de dee a, ewule kedwula ye aze kenle bie*''[3]. Cela signifie que si un roi abuse du pouvoir, la mort se chargera d'y mettre fin. Dans la structure gouvernementale du royaume nzema, contrairement à James Ackah, nous pensons qu'il ne faut pas inclure les porteurs des sièges (Ebiasoavolɛma), les porteurs du parasol (Ekyimasuavolɛma), les bourreaux (tilepɛmvoma), les tambourinaires (kenlebovoma), les gardes du corps royal (sinzavolɛma), les héraux (Elawulebɔvolɛ), les souffleurs d'oliphants (Mɛnebɔvoma) et les serviteurs de la cour (Egyasefoɔ)[4]. En effet, tous ces personnages ne participent pas aux prises de décisions politiques. Les personnages qui jouent des rôles politiques réels sont ceux qui apparaissent à travers l'organisation politique du royaume nzema qui suit : organisation politique du royaume nzema

1- Instances supérieures dans la capitale du royaume
(conseil du trône)
- Belemgbunli kole ou nzema maanle belemgbunli (le grand roi)
- Abusuan kpanyinli (le chef du matrilignage Royal)
- Ɛhyema (la reine-mère)
- Kpɔmavolɛ kpanyinli (porte-canne principal)
- Maanle mgbanyima (les notables)

Villages-mères

2-Belemgbunli nkyikyi des villages-mères ou safohyenle (chefs guerriers) du belemgbunli kpole
- Abusuan kpanyinli.
- Ɛhyema
- Kpɔmavolɛ kpanyinli
- Maanle mgbanyima

Villages satellites

3- Belemgbunli nkyi kyi des villages satellites ou safohyenle des belemgbunli des villages-mères
- Abusuan Kpanyinli
- Ɛhyema
- Kpɔmavolɛ Kpanyinli

---

[1] Ibid, p. 106-107.
[2] Enquêtes auprès d'Egya Wenda et d'Alagye Diallo.
Amihere Essuah, *Mekakye bie III*, p. 5.
[3] Amihere Essuah, *Mekakye bie II*, p. 110.
[4] Ackah (Y.J), *op. cit.*, figure 8.

- Maanle mgbanyima

Au niveau de l'ensemble du royaume, il existe des assemblées qui sont structurées de la façon suivante.

1- Assemblée du royaume (nzema maanle ayiaku)
- Belemgbunli kpole ou nzema maanle belemgbunli
- Abusuan kpanyinli de la capitale.
- Ɛhyema de la capitale
- Kpɔmavolɛ kpanyinli de la capiale
- Maanle mgbanyima de la capitale
- Belemgbunli nkyi kyi des villages-mères

2- Assemblées locales de premier niveau
- Belemgbunli nkyi kyi des villages-mères
- Abusuan kpanyinli des villages-mères
- Ɛhyema des villages-mères
- Kpɔmavolɛ kpanyinli des villages-mères
- Maanle mgbanyima des villages-mères
- Belemgbunli nkyi kyi des villages satellites

3- Petites assemblées locales ou assemblées locales de deuxième niveau
- Belemgbunli nkyi kyi des villages satellites
- Abusuan kpanyinli des villages satellites
- Ɛhyema des villages satellites
- Kpɔmavolɛ kpanyinli des villages satellites
- Maanle mgbanyima des villages satellites

James Ackah emploie le terme d'*Odikro*[1] à la place de *Belemgbunli nkyi kyi* et de *Sub-Odikro* en lieu et place de notre *Belemgbunli nkyi kyi* des villages satellites. *Odikro* est un mot twi qui a une signification précise. L'autorité de l'*Odikro* ne repose pas sur un *bia* contrairement à celui du *Belemgbunli.* L'*Odikro* est un simple chef de village qui est élu par les chefs des différents lignages[2]. La fonction d'*Odikro* n'est pas héréditaire justement parce qu'elle ne repose pas sur un *bia.* Dans le Sanwi, l'*Odikro* est appelé *Kulo Kpanyi.* L'*Odikro* est donc choisi pour ses mérites personnels et non pas parce qu'il appartient à un lignage donné. En revanche, l'autorité du *Belemgbunli* est rattachée au *bia* et au *lignage.*

Le *Belemgbunli kpole* de la capitale est aussi désigné par le terme *nzema maanle Belemgbunli* (roi du pays nzema). En plus du titre de *Nana* qui est porté par tous les *Belemgbunli* il porte un titre qui lui est spécifiquement

---

[1] Ackah (Y.J), *op. cit.*, figure 8.

[2] Pierre Alexandre, *Les Africains. Initiation à une longue histoire et à de vieilles civilisations de l'aube de l'humanité au début de la colonisation*, p. 74.

Note : Nous pensons que le terme *Odikro* tel qu'il est employé par James Ackah est impropre.

dévolu et qui est *Awulae* (seigneur). *Les relations entre le bia kpole et les bia nkyi kyi sont des facteurs explicatifs primordiaux de la perpétuation du royaume nzema.*

c- Les rapports entre le trône principal (Ebia kpole) et les sièges secondaires (Ebia nkyi kyi)

Les *belemgbunli nkyi kyi* ont des obligations envers le *belemgbunli kpole* :

1- ils doivent allégeance et fidélité au *belemgbunli kpole* ;

2- Environ 2/3 de l'or qui est exploité sur les territoires dépendants de leur juridiction doit être versé au *belemgbunli kpole* ;

3- ils doivent veiller à ce que l'ivoire de tout pachyderme abattu dans le pays soit remis au belemgbunli kpole ;

4- ils doivent tenir informé le Belemgbunli kpole des problèmes de sécurité dans la zone de leur juridiction ;

5- ils ont obligation de fournir des hommes pour une guerre quelconque si le *Belemgbunli kpole* en exprime le désir ;

6- ils doivent maintenir la paix et l'ordre dans les zones qu'ils administrent ;

7- ils doivent à tout moment répondre à l'appel du *belemgbunli kpole*[1] ;

En retour, le *Belemgbunli kpole* a le devoir d'assurer la protection de tous ses sujets, de les défendre des agressions étrangères, d'assurer la paix et la justice dans l'ensemble du royaume.

Le Belemgbunli kpole est tenu informé de l'intronisation des belemgbunli nkyi kyi. Au cours d'une cérémonie pendant laquelle l'aggeance au Bia kpole est réaffirmée, le *Belemgbunli ekyi* est présenté au *Belemgbunli kpole* et fait devant ce dernier le serment suivant :

« À présent, moi X qui suis sur le bia, si ce ne sont pas les relations que mes prédécesseurs ont eu avec le bia kpole que j'aurai et que je tourne le dos, je jure wo se ! Nana Y qui est sur le bia kpole, s'il affronte un problème, que ce soit de nuit ou de jour, s'il me fait appel que je me dérobe, je jure wo se ! S'il ne m'en informe pas, c'est que je l'ignore. Mais si je suis mis au courant que ce soit pendant une guerre, ou un problème avec les Européens que je ne vole pas à son secours, et que je l'abandonne, je jure au nom du grand serment, du royaume (nzema maanle ndane) »[2].

Le Belemgbunli kpole lors de son intronisation prononce le serment de fidélité aux devoirs que le bia kpole doit remplir envers le peuple et les sièges secondaires. Il dit ceci :

---

[1] Ackah (Y.J), op. cit., appendix 1, p. 9. Amihere Essuah, *Mekakye bie II*, pp. 73-101.

[2] Amihere Essuah, *Mekakye bie II*, p. 97.

Note : ''Je tourne le dos'' est une expression qui pourrait être traduite par trahir en français.

*« À présent, moi qui suis sur le **bia kpole**, si je n'administre pas le royaume de la manière dont l'a fait mon prédécesseur et que je vous tourne le dos, je jure **wo se** ! Si un litige survient dans l'**abusuan** ou dans le royaume et que je vous tourne le dos, je jure **wo se** ! Si les peuples avec lesquels nous partageons des frontières provoquent une guerre et que je vous abandonne, je jure au nom du grand serment du royaume »*[1].

Le serment ou *ndane* est un texte figé qui rappelle un événement douloureux[2]. Le prononcé revient à faire appel à la justice du *belemgbunli*. Il existe en réalité des *ndane* à différents niveaux :

1- le *ndane* du royaume ;
2- le *ndane* d'un village ;
3- le *ndane* du lignage ;
4- le *ndane* individuel.

Les relations entre le *bia kpole* et les *bia nkyi kyi* apparaissent comme un consensus mutuel pour assurer la défense de tous. Les rôles dévolus aux sièges secondaires et au grand trône constituaient l'armature qui faisait l'unité. L'assujettissement au *bia* de Kɛma Kpanyinli se fondait sur la reconnaissance envers ce dernier et envers ses successeurs qui ont accueilli et offert leur protection aux migrants qui arrivaient dans le royaume. Cependant, cette soumission au *bia kpole* était relativisée, régulée par la participation effective des sièges secondaires aux affaires du royaume à travers les rôles qui leur étaient dévolus et aux droits dont ils bénéficiaient vis-à-vis du grand trône.

Les détenteurs des sièges secondaires acceptaient librement de servir avec loyauté le grand trône. La liberté de tous par rapport aux étrangers passait par cet impératif. Tous les *belemgbunli nkyi kyi* des villages-mères étaient membres de l'assemblée du royaume (nzema maanle ayiaku) qui siégeait de façon extraordinaire à la demande du *belemgbunli kpole.*

Le trône principal possédait des moyens de pression supérieurs par rapport aux divers groupes politiques représentés par les sièges secondaires. En effet, le pouvoir central disposait d'une ''violence physique''[3] c'est-à-dire d'une force militaire supérieure aux autres forces du royaume prises séparément. Le pouvoir central pouvait s'appuyer sur ses alliances avec l'ensemble des sièges secondaires pour mater un groupe particulier rebelle à son autorité. Le bia kpole s'appuyait donc sur une politique de force existante susceptible d'être utilisée en cas de besoin, mais préférait mener une ''politique-intégration''[4], c'est-à-dire l'effort de favoriser, susciter,

---

[1] Amihere Essuah, *Mekakye bie II*, p. 93.
[2] Voir Niamkey (Kodjo), ''Ndani source historique'', in *Colloque inter-universitaire Ghana-Côte d'Ivoire 1974*, p. 504-517.
[3] Weber, *Le savant et la politique*, Paris, Plon 1959. Traduction de J. Freud, p. 111-113.
[4] Duverber (M.), *Introductino à la politique, Paris*, Gallimard, 1964, p. 20-22, 506 p.

maintenir l'ordre, la justice et la tolérance vis-à-vis des migrants qui arrivaient dans le royaume. L'essentiel pour le pouvoir central n'était pas d'exercer uniquement l'autorité légitime, il fallait s'en servir pour parvenir à l'intégration des communautés composites du royaume.

Les *belemgbunli kpole* vont prendre une part active à l'intégration sociale des populations de l'ensemble du royaume. Ils incarnaient par leur fonction le pouvoir arbitre, la justice et l'autorité réalisatrice de l'intérêt général. Le *belemgbunli kpole* était le dernier recours si une affaire judiciaire n'avait pu être résolue au niveau des *belemgbunli nkyi kyi*. Le recours à la justice royal se faisait par la prononciation du nzema maanle ndane (grand serment du royaume). Le *Belemgbunli kpole* assure l'intérêt général parce qu'il protège la communauté entière des agressions extérieures et des crises internes.

Le serment que prononce le Belemgbunli kpole au moment de son intronisation est le témoignage de cette tâche royale. Mais il peut arriver que le bia kpole ait des démêlés avec les communautés soumises à son autorité. C'est ce qui est arrivé avec les Betibe qui se sont réfugiés au bord de la rivière Nvɛhiɛ à Efiɛ. Ces Betibe voulaient afficher leur indépendance vis-à-vis du grand trône du royaume nzema. Des informateurs d'Henriette Diabaté ont affirmé que les Nzema étaient mécontents de l'installation des Betibe au bord de la rivière Nvɛhiɛ.

Les nzema disent-ils voulaient se servir de la situation dans laquelle se trouvait ces réfugiés betibe pour faire d'eux des esclaves[1]. Le terme esclave employé ici ne reflète pas la situation réelle. Il est probable que le roi nzema Amihyia Angɔla voulait que ces réfugiés Betibe fassent allégeance au trône comme cela se faisait pour tous les migrants qui s'installaient sur les terres du royaume. L'attitude récalcitrante des Betibe, explique la colère des nzema qui n'appréciaient pas le fait que certains réfugiés Betibe retournaient clandestinement dans le Sanwi sans l'autorisation du roi Amihyia Angɔla.

Les guerriers nzema ont donc massacré bon nombre de Betibe qui cherchait à quitter en cachette Ɛfiɛ. Ces événements sont à l'origine du serment Betibe ''Mɛ lɛtɛ ɛfiɛ''[2] (je jure par Ɛfiɛ). Notre hypothèse est corroborée par le fait que le roi Amihyia Angɔla refusait de livrer au roi Sanwi les réfugiés Betibe tant qu'il n'aurait pas l'assurance que ces derniers recevraient là-bas un bon accueil. En avril 1756, sept chefs Betibe demeuraient encore auprès d'Amihyia Angɔla parce que ce dernier n'avait pas obtenu cette assurance[3].

Le pouvoir de coercition du *bia kpole* sera aussi utilisé contre les migrants arrivés dans le royaume sous la conduite de Nana Bonyia Kofi. Ce dernier et ses hommes qui ont abattu un éléphant n'ont pas remis au *belemgbunli kpole* l'ivoire comme l'exigeait l'un des devoirs que les sièges

---

[1] Diabaté (H.), *op. cit.*, p. 524.
[2] Ibid, p. 622. Enquête auprès de Nana Kofi Alexandre.
[3] Furley collection Journal n° 48, avril 1756.

secondaires avaient à remplir envers le *bia kpole*. Bonyia Kofi sera rappelé à l'ordre et à dû verser en plus une certaine quantité de poudre d'or au *belemgbunli kpole* pour se faire pardonner[1]. Le grand trône avait en cela la capacité régulatrice c'est-à-dire celle de contrôler les comportements des communautés qui lui étaient soumises. La clé de cette régulation était le serment sacré de fidélité vis-à-vis du *bia kpole*.

Maurice Duverger montre que l'utilisation de la contrainte par État en vue de la mise à l'ordre des récalcitrants est l'un des moyens utilisés dans le processus d'intégration[2]. L'accueil pacifique des migrants par les belemgbunli kpole a indubitablement été un point de départ important dans la recherche de cette intégration, but suprême de leur politique.

B- LA FORMATION DU PEUPLE NZEMA

a- L'action des belemgbunli kpole (souverains du trône principal)

Du règne de Kɛma Kpanyinli à celui de Kaku Aka, les *belemgbunli kpole* ont accueilli tous les migrants qui désiraient s'établir dans le royaume. Buasi Ekyi décrit fort bien comment l'accueil des migrants se faisait. « *Ils arrivaient, ils disaient, ''Maître, nous voulons un endroit où nous installer'', et nous leur donnions la permission de choisir l'endroit qui leur convenait* »[3].

Tous les leaders de migrations juraient sur un fétiche (*amonle*) de ne jamais trahir le bia kpole. Les traditions orales de Kekame se souviennent que pendant le règne d'Amihyia Kpanyinli, Kɛma Bɛtu venu de l'Egwira avec les siens a eu à faire de même[4]. Chaque groupe de migrants qui arrivait obtenait au préalable, la permission du *belemgbunli kpole* avant de s'installer. En l'absence de ce dernier, un régent négociait avec les migrants les modalités de leur installation. D'après les traditions, les nouveaux migrants laissaient leur leader dans la capitale tandis que certains allaient à la recherche d'un site propice à leur installation. Une fois cela fait, ils retournaient dans la capitale où un membre du lignage du *bia kpole* et un membre du lignage du leader des migrants étaient sacrifiés.

Le sang des victimes recueilli dans une calebasse était mélangé avec des plantes spéciales. La mixture obtenue était mangée d'abord par le *belemgbunli kpole* puis ensuite par le leader des migrants. Le reste de la mixture servait à enduire une pierre qui était ensuite enveloppée dans un

---

[1] Amihere Essuha, *Mekakye bie III*, p. 73.
[2] Duverger (M.), *op. cit.*, p. 312.
[3] Diabaté (H.), *op. cit.*, p. 682.
[4] Amihere Essuah, *Mekakye bie III*, p. 1920.

tissu blanc puis le tout était jeté dans le fleuve Amanzule[1]. Cette cérémonie appelée *amonle*[2] que l'on traduit littéralement par fétiche, est un serment irrévocable et un pacte d'alliance entre le *belemgbunli kpole* et le leader de la migration. Les témoins de *l'amonle* sont de part et d'autre les ancêtres des deux contractants et les esprits du fleuve Amanzule.

La violation du serment est un acte grave. Le contrevenant s'expose à la colère des ancêtres et du *Bozonle* (esprit, génie) de l'Amanzule. *L'amonle* apparaît comme un contrat. En effet, selon les clauses de ce pacte, le *belemgbunli kpole* a le devoir de défendre les nouveaux migrants en temps de guerre, de les aider en cas de malheur et de s'assurer qu'ils sont pourvus en terre afin qu'ils puissent subvenir à leurs besoins vitaux.

Les leaders des migrants qui est un *safohyenle* (chef guerrier) vis-à-vis du *belemgbunli kpole* est aussi un *belemgbunli* vis-à-vis de son groupe. Il a le devoir selon les termes de *l'amonle* d'être loyal et de servir avec fidélité le *belemgbunli kpole.* Il ne devra jamais abandonner celui-ci en temps de guerre ou en cas de danger. Il devra reconnaître *belemgbunli kpole* comme son seigneur. Il devra appuyer les décisions de ce dernier et en être l'avocat auprès de ses propres sujets. Quelle qu'en soit la raison, le leader des migrants ne devra jamais prendre les armes contre le *Belemgbunli kpole* ni contre un village sous sa juridiction. Le leader des migrants ne devra pas entreprendre de guerre contre des royaumes voisins ou des populations hors de la juridiction du *Belemgbunli kpole* sur son initiative propre. Il ne devra jamais tuer un membre du lignage du *Belemgbunli kpole.* Cela est tout aussi valable pour le *Belemgbunli kpole* qui à son tour ne devra jamais exécuter ni le leader des migrants, ni un membre du lignage de ce dernier. Cela se traduit par l'expression ''ye dadeɛ ɛnnga me ɛnze me deheleɛ'' (son sabre ne mc touchera ni ne touchera l'un des miens), qui est prononcée par le leader des migrants[3]. Les traditions racontent que Kaku Aka très mécontent du *Belemgbunli Ekyi* Akolowe d'Amgbɛnu a failli le faire exécuter. Mais au regard de l'alliance qui existe entre le *bia kpole* et le bia ekyi d'Amgbɛmu, il a dû très vite abandonner cette idée[4].

Le Belemgbunli kpole nous l'avons dit devait veiller à ce que les migrants aient des terres. Ceux-ci choisissaient les terres selon leur convenance après autorisation du *Belemgbunli kpo* ; à condition que le site en question ne soit pas occupé. Le leader des migrants était chargé de distribuer des terres aux lignages de son groupe dans la zone sous sa juridiction. Le seul et véritable maître de la terre est le trône principal dont le représentant est le *Belemgbunli kpole.* Les leaders des migrants n'en ont que l'usufruit de sorte que les terres cultivées sont rattachées à des *bia. L'amonle*

[1] Ackah (Y.J), *op. cit.*, p. 14, appendix 13, p. 1.

[2] Amihere Essuah, *Mekakye bie III*, p. 19, p. 100, p. 108.

[3] Ackah (Y. J), *op. cit.*, p. 14-15.

[4] Ibid, appendix 5, p. 9.

donne le droit aux leaders des migrants de gérer les terres cultivées sous leur juridiction. Tout lignage qui met en valeur une terre en devient le propriétaire légitime.

Il peut arriver que le *Belemgbunli kpole* demande aux migrants d'occuper un site précis pour des raisons de sécurité. Ainsi, le *Belemgbunli kpole* a ordonné à Bonyia Kofi de créer son village dans la forêt qui sert de limite entre le royaume et le pays mbasia[1]. Ce fut aussi le cas quant à la création du village Amihyia Bile Bokazo[2]. Les *Belemgbunli kpole* n'ignoraient pas que les migrants fraîchement arrivés dans le royaume, gardaient des liens avec leurs pays d'origine. En cas de guerre contre l'un de ces pays, ils devaient être assurés de la loyauté de leurs nouveaux alliés. Egya Ndɛfo Ekyi raconte que dans le passé, les guerriers asante au cours d'une bataille contre les nzema ont découvert Bomuakpole. Ils étaient contents de savoir que les habitants de ce village étaient des immigrants asante.

Convaincus de l'aide de ces derniers, ils leur demandent des guides. Les habitants de Bomuakpole, fidèles au serment qui les liait au *Belemgbunli kpole*, ont conduit les guerriers asante dans les marécages où beaucoup y sont morts. Bomuakpole venait de prouver ainsi sa loyauté envers le *bia kpole*. Maintes raisons ont poussé les *Belemgbunli kpole* à offrir l'hospitalité aux migrants qui arrivaient dans le royaume.

Nzema était voisin de royaumes puissants susceptibles de l'aliéner. L'attaque asante de 1715 et de 1721 en est une preuve évidente. Il était donc nécessaire d'avoir des bras pour mieux défendre ce petit royaume dont les avantages économiques pouvaient au demeurant attirer la convoitise des puissants États akan de l'époque[3]. Le commerce à Cap Apollonia (Benyinli) en 1688 était estimé à environ 150 marks d'or par an. De nombreux navires interlopes fréquentaient la côte nzema de sorte que les activités commerciales y étaient très importantes[4]. Nzema en tant que royaume côtier, libre de tout contrôle de la part des compagnies marchandes, recevait des interlopes toutes sortes de produits. Les marchands nzema se livraient au commerce du sel et du poisson séché. En avril 1718, il est rapporté que de nombreux Aowin sont venus acheter du sel à Cap Apollonia[5].

Nzema jouissait donc d'une relative prospérité. Dans le but de doter le pays d'une armée forte, capable de faire face aux agressions étrangères, les *Belemgbunli kpole* n'hésitent pas à accueillir dans leurs dépendances des

---

[1] Amihere Essuah. *Mekakye Bie III*. P. 73 ; p. 128.
Note : Le village crée par Bonyia Kofi est Basakɛ.

[2] Ibid, p. 80

[3] Daaku (K. Y.) in *the international journal of african historical studies* V,2, 1972, montre que les guerres entreprises par les grands États Akan avaient aussi des motivations économiques.

[4] WIC 54, 7 août 1684 – WIC omsreeks 1670.

[5] Van Dantzig (A.), *Dutch documents relatin to the Gold Coast and the slave coast. Coast of Guinea*, Part II 1710-1740, 12 février 1716, p. 124.

populations de provenances diverses. Cela fait dire à certains traditionalistes que nzema vient de *Njeba* (traquer)[1], c'est-à-dire le refuge de tous ceux qui sont traqués et qui fuient l'insécurité ou la guerre.

Une deuxième version dit que nzema vient de Menzema expression anyi qui signifie ''je ne sais pas''. Les nzema, dit-on, refusaient de discuter de leurs origines avec les étrangers en disant Menzema[2]. Une troisième version dit que certains futurs nzema sont passés par le Sefwi au cours de leurs migrations. Les nzema, dit-on, vendaient du sel dans le pays Sefwi, mais ils ont arrêté de le faire pendant un certain temps. Le Sefwi, ne les voyant plus, ont décidé de venir sur la côte en pays nzema pour acheter du sel à ''ceux qui sont passés par leur pays''. En parler Sefwi, cela se dit nzelema (ceux qui sont passés (sous entendu) par notre pays, le Sefwi).

Une quatrième version fournie toujours par la tradition orale soutient que nzema vient du terme nzesam (mélange). Les nzema se nomment ainsi parce qu'ils sont un métissage de plusieurs peuples[3]. Les versions qui disent que nzema est un nom qui a été attribué à ce peuple par d'autres populations nous paraissent improbables. En effet, les peuples en général se donnent eux-mêmes un nom même si des peuples étrangers leur attribuent une appellation quelconque. Les versions qui paraissent vraisemblables sont *Njeba* et *Nzesam*, parce qu'elles ne sont pas externes et correspondent bien à la politique d'intégration que les *Belemgbunli kpole* menaient vis-à-vis des populations qui s'établissaient dans le royaume. Nous pensons donc que le nom nzema est né de la manifestation des *belemgbunli kpole* d'aboutir à la fusion des communautés disparates du pays. Nzema marque la période pendant laquelle l'unité s'est opérée, car s'il n'en était pas ainsi, cette appellation ne désignerait pas l'ensemble des groupes hétéroclites qui ont peuplé l'Appollonie. Le contraire les aurait amenés à conserver leurs appellations originelles. Or, de l'Ankobra à la lagune Dwenye, les populations se reconnaissent nzema qui est la marque de leur spécificité et de leur identité propre vis-à-vis de leurs voisins ou des étrangers. Mais à quelle époque peut-on situer l'apparition du nom nzema ? On ne peut totalement se fier aux sources écrites car il peut avoir un décalage entre la période à laquelle le terme naît et sa mention dans les documents européens. Le capitaine Louis Gustave Binger dans la deuxième moitié du XIXe siècle mentionne dans ses écrits le mot zema en ces termes :

« Le nom réel de ce pays est Ahua, mais il a été baptisé par les Européens du nom d'Apollonie parce que dit un navigateur ancien, on a reconnu que les nègres de cette partie de la côte sont remarquablement beaux et bien faits. Sans mériter cependant le titre d'Apollon, les habitants

---

[1] Diabaté (H.), *op. cit.*, p. 9.
[2] Aboagye (K.), *op. cit.*, p. 9.
[3] Aboagye (K.), appendix 1.

de la côte les nzema, pour les appeler comme dans le pays sont mieux faits que les autres noirs ; ils portent plus volontiers la barbe et ont un air plus prospère, plus civilisé que les Kroumen et les Agni »[1].

Les nzema se donnent eux-mêmes le surnom (mgbayilɛ) Ɛzoa Nzema. Or, un *Belemgbunli kpole* portait comme nom de règne Ɛzoa (Ɛzoa Ekyi). C'est une hypothèse mais il est possible que le nom nzema soit apparu pendant le règne de ce monarque[2]. Quoi qu'il en soit, Nzema marque la volonté d'aboutir à l'unité des diverses populations qui ont peuplé le royaume. L'État nzema est né de ce désir ainsi que des pressions extérieures. La nécessité pour tous ces migrants de se souder à travers une organisation politique leur permettant de faire face aux menaces éventuelles des puissants royaumes voisins, a abouti à la naissance d'un ''pacte social'' au sens Rousseauen du terme c'est-à-dire, à une association politique qui défend et protège par l'intermédiaire de la force commune l'intérêt général. En cela, les alliances que les futurs nzema ont nouées sont des témoignages vivants.

b- Les alliances

Deux sortes d'alliances ont servi à rapprocher les populations hétéroclites du royaume nzema. D'une part les us et coutumes akan qu'elles partageaient toutes, et d'autre part les liens qu'elles ont forgés de leur propre chef. Dans le premier cas, la solidarité à l'intérieur des matriclans (*assalo abusuan*) au-delà même de l'appartenance antérieure à un peuple donné a été un puissant moyen de rapprochement. En effet, tous les individus qui appartenaient à un *assalo abusuan* commun se sentaient frère. De si larges groupes de parenté permettaient l'éclosion d'un sens communautaire aigu et une solidarité effective.

Les alliances matrimoniales grâce à la répartition tous azimuts des individus qu'elles entraînaient, tissaient un réseau dense de liens. Une boutade dit à cet effet que tout semanli (singulier de nzema) appartient à *l'abusuan* de sa mère mais est du village de son père. '*'Bɛ b□ bɛ nli abusuan, na bɛ vi bɛ ze suazo*''. Cette pratique coutumière fait que tout homme est incorporé à l'armée du village paternel.

Dans le second cas, des villages historiques ont eu à sceller par *amonle* des pactes de non-agression. La tradition orale raconte que Bawia et Mgbeme ont offert en sacrifice aux esprits mystiques et aux mânes des ancêtres deux femmes nobles prises chacune dans les lignages respectifs de

---

[1] BINGER (L. G.), *Du Niger au Golf de Guinée par le pays de Kong et le Mossi 1887-1889*, p. 323.

[2] *Note* : James Ackah situe le règne D'ɛzoa Ekyi entre 1801 et 1816. Ackah (Y. J.), *op. cit.*, p. 77.

Henriette Diabaté situe le règne de ce même monarque entre 1803 et 1820. Diabaté (H.), *op. cit.*, p. 554.

Remarquons notamment que c'est le nom zemma (nzema). Binger (L. G.), *op. cit.*, p. 323.

leurs leaders afin de ne jamais avoir à s'affronter. Le *ndane* (serment) des deux villages ''Me ka Bawia, me ka Mgbeme'' rappelle cet événement[1].

Une alliance de même nature sera scellée entre Nzulezo et Ngelekazo[2]. De telles alliances politiques montrent que l'émergence de l'État nzema fut aussi liée à la nécessité d'élaborer des moyens permettant à tous ces groupes de populations de vivre en sécurité à l'intérieur du territoire qu'ils occupaient.

L'un des moyens efficaces qui ont servi à contribuer à l'unité des nzema est le Kundum ou Abissa. Il a été découvert à l'origine par des membres de l'*abusuan* nvavile venus de l'Ahanta[3]. Il servait de rituel de purification pour les familles de ce matriclan. Aux funérailles d'un des leurs, les nvavile dansaient l'Abissa. Les Belemgbunli kpole ont récupéré le Kundum pour en faire une fête pour l'ensemble du peuple nzema probablement en légitimant leur action par leur appartenance à l'*abusuan* nvavile[4]. Les lois (mmɛla) qui seront adoptées pour régir cette institution se sont mises en place progressivement. Les voici telles qu'elles apparaissent de nos jours :

1- Le Kundum marquera désormais l'année nouvelle dans tout le royaume.

2- Nul ne devra exécuter l'abissa dans n'importe quelle circonstance.

3-Les Nvavile propriétaires spirituels de l'Abissa s'ils désirent l'exécuter aux funérailles d'un des leur, devront obtenir au préalable l'autorisation du *Belemgbunli kpole.*

4-Les comportements antisociaux seront dénoncés à l'occasion du Kundum. L'ensemble des *Belemgbunli* y compris le *Belemgbunli kpole* ne seront pas épargnés s'ils commettent des actes anti-sociaux.

5- Les critiques seront faites de façon subtile à travers des chansons. Cela s'appelle *ezalɛ.*

6- Chaque semanli pourra donner libre cours à ses ressentiments à l'occasion du kundum.

7- Nul ne doit se sentir offensé par les faits qui lui sont reprochés. Bien au contraire, il doit faire le serment d'abandonner ses défauts afin d'avoir un comportement social exemplaire[5].

Les anciens se souviennent avec nostalgie de Kosenwa qui pendant les festivités du Kundum n'a pas hésité à dénoncer les cruautés du *belemgbunli kpole* Kaku Aka[6]. La recherche de la paix sociale à travers le Kundum a

---

[1] Ammihere Essuah, *Mekakye Bie III*, p. 100.

[2] Ibid, p. 203-204.

[3] Eboyi Anza, *Bɛnlea maamɛla*, p. 59.

Paulme (D.), ''Un rituel de fin d'année chez les nzema de Grand-Bassam'', *Cahiers d'Études Africaines* n° 38, vol. X, p. 189-202. Enquête auprès de Nana Bozoma.

[4] *Note* : avant l'apparition du Kundum, de nombreux groupes dans le royaume nzema célébraient la fête des ignames. Voir Ackah (Y. J.), op. cit., appendix 2, p. 2.

[5] Eboyi Anza, *op. cit.*, p. 59-60.

[6] Ibid, p. 59.

indubitablement été un moyen primordial pour l'unité des Nzema. Les *Belemgbunli kpole* ont fait de cette institution une contestation de forme rituelle s'inscrivant dans le domaine des stratégies qui permettaient au trône principal de se donner périodiquement une nouvelle vigueur. À l'occasion du Kundum, les sièges secondaires étaient justement tenus de réaffirmer leur allégeance au trône principal[1].

L'institution qu'est le kundum permet de dire que le royaume nzema ne reposait pas uniquement sur la contrainte, mais dans la ''liberté''[2]. Il libérait l'individu à travers les critiques sociales formulées pendant le kundum. Chacun prenait ainsi une part active aux affaires du royaume. À tous les niveaux de la société nzema, quiconque avait le sentiment d'être directement concerné par la conduite des affaires politiques. L'un des éléments qui a contribué à l'intégration sociale des groupes hétéroclites qui peuplaient nzema est la langue. La communication à travers un parler commun implique une réciprocité, des liens intenses, une communauté de pensées, de sentiments qui renforcent la volonté d'appartenir à un ensemble uni et cohérent.

Comment le parler qui s'est développé dans l'espace géographique soumis à l'État nzema est-il devenu la ''langue nationale'' ? En quoi aura-t-il contribué à forger l'unité des groupes alors composites du royaume ?

c-La langue nzema : un instrument privilégié d'unification.

Les populations qui ont migré dans le royaume nzema parlaient diverses langues. Suivant les travaux de Stewart[3], on peut les classer en trois groupes :

1- L'Ono (Betine (langue éotilé), Abouré)

2- Le Tano (Agni, Ahanta, Sefwi, Nzema)

3- Le Twi.

Le Twi et l'Ono vont s'éclipser pour faire place à un parler Tano qui sera adopté dans l'ensemble du royaume. Malgré tout, des groupes ont conservé pendant longtemps leur langue originelle. Les Betibe sont de ceux-là. Meredith au début du XIXe siècle notait que les habitants du village lacustre du lac d'eau fraîche conservent leur langue[4]. Les populations dont parle Meredith ne sont autre que les Betibe de Nzulezo. Même encore aujourd'hui

---

Note : Meredith a eu a remarquer la joie et la bonne humeur au sein du peuple nzema pendant les festivités du kundum. Meredith (H.), op. cit., p. 62.

[1] Ackah (Y. J.), *op. cit.*, p. 45.

[2] Spinoza, *Traité théologico-politique*, Paris, Garnier-Flammarion 1965, Traduction de C. Appuhn, p. 329-330.

[3] Stewart (J. M.), ''Akan history : some linguistic evidence'' (*Ghana notes and gueries n° 9*), november 1966.

[4] Meredith (H.), *op. cit.*, p. 53-54.

quelques anciens de Nzulezo parlent Betine. Ils continuent de s'adresser en betine au Bozonle (génie, esprit mystique) du ruisseau Nzema Angɔ[1].

Le nzema s'est tout de même imposé aux Betibe. Les Eotilé dit Buasi Ekyi aujourd'hui sont devenus nzema, ils parlent la langue nzema. Beaucoup parmi les anciens qui parlent éotilé sont morts, sauf quelques rares vieux. Quand ils venaient, ils étaient éotilé[2]. L'adoption de la langue nzema a donc été un élément capital dans le rapprochement de ces groupes divers. Maame Adjoba Ekyi le montre quand elle dit, *''Nous sommes partis d'Aguanyin, il y a longtemps. Ceux de nous qui sont restés à Aguanyin sont devenus des Akye. Mais nous, nous sommes devenus nzema. Nous parlons nzema''*[3].

Les groupes qui sont venus des royaumes de parler Twi ont aussi délaissé leur langue originelle pour le nzema. Les empreintes du Twi se voient dans les noms des villages fondés par les locuteurs de cette langue. Nwuofolɔ par exemple vient de la phrase twi krofofrɔ. Kro (village) et fofrɔ (nouveau) qui signifie nouveau village. Asɛmda vient de Asɛm (affaire) et ta (jumelée). En langue nzema on aurait dit pour krofofrɔ, sua fololɛ et pour asɛmta, ɛdwɛkɛ ndalɛ.

Depuis l'étape lointaine du Bono, les populations utilisaient le Twi. Ɛlɛ kɛtɛlɛ kyi raconte que ceux qui venaient d'Awean-Wean parlaient l'asante (entendre le twi) qui est devenu populaire. Chacun dit-il avait sa langue, mais il parlait asante[4]. Le twi était assez répandu dans le royaume et se posait en sérieux concurrent du nzema. Il a été d'ailleurs conservé à travers les récits tambourinés. Les anciens de Teleku Bokazo utilisent encore de temps à autre le twi-wassa[5].

Comment le nzema, un parler tano a-t-il acquis la prééminence ? Il est difficile d'affirmer que les *Belemgbunli kpole* ont eu la volonté politique d'imposer une langue quelconque dans le royaume. Le concours de différents facteurs pourraient plutôt expliquer l'expansion de ce parler tano.

1- La volonté des populations de communiquer à travers une langue comprise de tous.

2- Le rôle de centre politique et économique principal joué par Cap Apollonia (Benyinli) peut avoir été déterminant. Tous les habitants du royaume s'y rencontraient pour marchander.

Or, à Benyinli se parlait un dialecte du groupe tano. Les Adjɔmɔlɔ au moment de leur départ du Bono parlaient certainement un dialecte twi, mais

---

[1] Amihere Essuah, *Mekakye Bie III*, p. 122.
Note : Le nom Nzema Angɔ est significatif car il veut dire que pendant les libations qui sont faites devant ce *Bozonle* l'on ne parle pas la langue nzema mais plutôt le Betine.
[2] Diabaté (H.), *op. cit.*, p. 685.
[3] Enquête auprès de Maame Adjoba Ekyi.
[4] Diabaté (H.), *op. cit.*, p. 280.
[5] Enquête auprès d'Alagye Diallo.

au moment où ils s'établissent dans le pays, ils parlent un dialecte tano. La preuve est donnée par les appellations des premiers villages qu'ils ont créés. Il s'agit d'Ahumazo, Anyenlebo, Bɛntenlebo et Adoanbo. Le suffixe /bo/ en parler tano signifie au-dessous. Dans le parler twi, au-dessous se dit par contre *ase*.

3- Le pays nzema se situe dans une zone d'influence favorable au tano à cause de la proximité géographique de l'Aowin, de l'Egwira et de l'Ahanta qui sont des régions où l'on parle des langues tano[1].

Le voisinage de ces royaumes dont la puissance militaire ainsi que les ambitions expansionnistes sont évidentes commandait aux nzema de créer des moyens susceptibles de leur épargner la domination étrangère. Or, la délimitation des cadres spatiaux des sociétés politiques est un élément essentiel dans la défense de ces dernières. La géographie a une importance très grande, voir décisive dans l'élaboration de ce cadre spatial de l'État[2]. Comment cela a-t-il été fait en ce qui concerne le royaume nzema ?

C- LA DÉFENSE DU ROYAUME

a-Les frontières politiques et géographiques du royaume

La notion de frontière n'était pas inconnue des Nzema. Les traditions disent que les ancêtres se servaient des cours d'eau[3] pour établir les limites entre royaumes. Cela jouait un rôle efficace dans la défense du territoire. Les fleuves en effet constituaient les lignes repérables[4]. La surveillance permanente des rives du fleuve ou de la rivière par les villages riverains enlève à l'ennemi l'aubaine de la surprise. Les habitants sont vite informés en cas d'attaque et ont le temps de prendre des dispositions. Un second avantage est que la traversée de l'eau oblige l'ennemi à limiter l'effectif de ses hommes, de ses armes, de ses munitions et de ses vivres. L'armée ennemie en cas de difficulté, parvient péniblement à opérer une retraite ou à recevoir des renforts.

Les fleuves constituent donc une gène pour les conquérants[5]. Les Nzema, Nzema, conscients de ces avantages stratégiques, vont se servir de divers réseaux hydrographiques pour limiter leur territoire. À l'Est, Azule Avenle un affluent de l'Ankobra servait de limite avec l'Ahanta[6]. Pour plus de

---

[1] *Note* : même si le parler nzema se classe dans le groupe tano, il est un mélange de diverses langues issues soit du tano, soit du twi, soit de l'ono. Voir Ackan (Y. J.), *op. cit.*, appendix 4.

[2] Ouverger (M.), *op. cit.*, p. 42.

[3] Amihere Essuah, *Mekakye Bie III*, p. 5-7. Voir Cruickshank (B.), *Eighteen years in the Gold Coast of Africa*, p. 41. Annan (E.), *op. cit.*, p. 199.

[4] Duverger (M.), *Sociologie politique*, p. 43.

[5] Duverger (M.), p. 44.

[6] Amihere Essuah, *Mekakye bie III*, p. s

commodité, les guerriers nzema étaient postés sur la rive ouest de l'Ankobra. Au sud, le royaume nzema était limité par le Golfe de Guinée. À l'ouest, la Tanoɛ et la lagune Dwenye servaient de limite avec le Sanwi et le pays Betibe. Au nord-est, la rivière Muni marquait la limite avec le Wassa tandis que la rivière Asonti servait de frontière avec l'Egwira. La petite diificulté sesituait au niveau de la limite avec l'Aowin au nord-ouest. Le Tanoɛ, limite naturelle entre les deux royaumes sur la rive droite était occupée par une grande forêt qui la rendait indécise[1].

Le royaume nzema allait de l'Ankobra à l'est à la lagune Dwenye à l'ouest sur une superficie estimée à 2560 km²[2]. La majorité de la population reste concentrée au sud d'une ligne qui va d'Ɛlɛnda Ahonlezo sur le Tanoɛ à Anibil Ahonlezo sur l'Ankobra. La distance fait plus de 1000 miles (1852 km) en partant de l'océan Atlantique. La distance entre Sanwoman et Avoleɛnu fait environ 70 miles (129,64 km). La superficie du pays nzema fait donc environ 1000 square miles (3704 km²)[3].

L'occupation des espaces proches des limites occidentales du royaume nzema a été progressive. Les villages les plus anciens à l'ouest avant le règne d'Amihyia Angɔla étaient Edobo et Adusuazo[4]. Les territoires ouest du royaume seront petit à petit occupés avec la création des villages d'Atweabanso, Awiane (Half-Assini), Metika, Gyawue, Alomantuaɔpe, Mpɛasɛm, Enzemetianu, Mangyea, Efasu et Avoleɛnu. Dans la deuxième moitié du XXe siècle, la migration Aduvolɛ étend le territoire des Nzema sur la rive nord de la lagune Dwenye où leur limite avec les Sanwi se situait entre Mowa et Ebuenda[5].

b- Les villages créés pour des raisons stratégiques et militaires

Le système de défense du royaume nzema était simple. Une armée de métier n'existait pas. Chaque village constituait en soi une réserve de guerriers. Les *Belemgbunli nkyi kyi* étaient pour le Belemgbunli kpole des safohyenlɛ (chefs guerriers) à qui il pouvait exiger des hommes pour les besoins d'une guerre quelconque. Un homme capable de tenir une arme n'échappait pas au devoir de défendre le royaume. En cas de difficultés graves, les femmes valides pouvaient être amenées à faire de même. Awulae Amihyia Kpanyinli I pendant les guerres contre l'Egwira n'a pas hésité à

[1] Ibidem, p. 5.
Note : les Aowin du village d'Inkaken disent qu'ils ont eu des démêlés à propos des limites avec les Nzema ;
Les Nzema les ont repoussés sur l'autre rive de la Tanoɛ. Diabaté (H.), *op. cit.*, p. 496.
[2] Nkrumah (K.), *Autobiographie de Kwame Nkrumah*, p. 15.
[3] Ackah (Y. J.), *op. cit.*, p. 2.
[4] Amihere Essuah, *Mekakye bie II*, p. 16
[5] Enquête auprès de Nana Kofi Alexandre.
Note : le dernier village aduvolɛ à l'ouest était Ebuenda tandis que le dernier village anyi sanwi à l'est était Mowa.

envoyer les femmes au front. Mais dans l'histoire guerrière du royaume nzema, cela ne s'est produit qu'une seule fois. La tactique militaire utilisée était semblable à celle de tous les États akan. Les armées se composaient d'une avant-garde, d'une arrière-garde, d'une aile gauche et d'une aile droite. L'armée sur le terrain prenait donc la forme d'une croix. Les *Belemgbunli nkyi kyi* avaient eux-mêmes des *Safohyenle* à leur service. Certains de ces *Belemgbunli nkyi kyi* étaient de grands chefs militaires appelés *safohyenle mgbanyinli*. Ils étaient chargés en temps de guerre, de commander les colonnes de l'armée.

Le *Belemgbunli kpole* à son seul niveau, pouvait aligner une armée d'environ mille hommes[1]. Benyinli était le nœud central du système de défense. Il devait être défendu par tous les moyens en cas de danger, car c'était là que se trouvait le *Bia kpole*, le *Belemgbunli kpole*, et où était stocké l'essentiel des armes et des munitions de l'État. Benyinli était en tant que capitale, le point stratégique de la plus haute importance dans le royaume. Il occupait une position géographique centrale sur le littoral du pays, de sorte que, venant du Nord, de l'Est ou de l'Ouest, il fallait vaincre au moins la moitié des armées avant de l'atteindre.

Les *belemgbunli kpole* ravitaillaient régulièrement les *safohyenle* chargés de surveiller les limites du pays en vivres et en munitions. Les armes dans les temps anciens étaient des arcs (*ada*) et des sagaies (*atchɔ*). Les contacts avec les marchands européens ont donné une place de plus en plus grande aux mousquets et aux canons.

Des villages-frontières à l'est, au nord et à l'ouest ont été créés sur les ordres des *Belemgbunli kpole* afin d'assurer une meilleure défense du royaume. Sanwoma sur la rive ouest de l'Ankobra était un village stratégique créé pour servir de poste frontière. Les *Belemgbunli kpole* y postaient des guerriers afin de prévenir toute attaque d'une armée ennemie. Les voyageurs qui arrivaient de la rive est du fleuve étaient fouillés et questionnés pour s'assurer qu'ils ne constituaient pas un danger pour la sécurité du royaume. L'appellation sanwoma exprime l'idée que seul l'air ou le vent peut passer à cet endroit sans être vu ni questionné (*saa anwoma ala na yapɛ azule ne mɔɔ bɛ miza ye ɛdwɛkɛ*)[2]. Pendant le règne de Kaku Aka, la surveillance à Sanwoma est devenue plus stricte parce que la présence britannique devenait de plus en plus grande. Même les nzema qui voulaient se rendre à Bolɔfo (Axim) devaient au préalable obtenir la permission de Kaku Aka.

Au Nord, la forêt servait de limite naturelle avec l'Aowin et le Wassa. L'absence d'un grand cours d'eau dans cette zone tampon entre Nzema, Aowin et Wassa rendait sa surveillance difficile. Elle était appelée ''Nzema

[1] Meredith (H.), *op. cit.*, p. 63-64.
[2] Amihere Essuah, *Mekakye bie III*, p. 7.

nee Mbasia Ɛwɛne''[1]. Le nom Mbasia désignait principalement les populations vivant dans la zone frontalière du Wassa de l'Egwira et de l'Aowin. On retrouve ce terme dans l'ouvrage de Van Dantzig. « *On négocia avec les chefs d'Egwira afin qu'ils autorisent les gens de Bassia à venir commercer. Cette région étant la plus riche en or et proche du comptoir* »[2].

Les heurts entre Nzema et Mbasia dans la forêt étaient fréquents. Awulae Amihyia Angɔla charge son *safohyenle* Amihyia Bile de l'*abusuan* Azanwule de créer un village au sommet d'une colline située dans la forêt. De là, les guerriers observaient l'intérieur des terres. En cas de mouvements de troupes ennemies, ils informaient le *Belemgbunli kpole* ainsi que les *Belemgbunli Nkyi kyi* des villages voisins de Nuba, Awiebo, Etikɛbo II, Ayinaseɛ et Basakɛ.

Le village servant de poste d'observation créé par Amihyia Bile et ses hommes sera appelé Amihyia Bile Bokazo[3] (sur la colline Amihyia Bile). Les populations des royaumes situés au nord qui se rendaient à Benyinli, pour commercer, étaient surveillées par les guerriers de ces villages ci-dessus nommés. Basakɛ par exemple a été créé pour appuyer le rôle d'Amihyia Bile Bokazo. L'appellation Basakɛ vient de l'expression ''bɛ sia ɛkɛ'' (ils veillent là).

L'ouest du royaume nzema était particulièrement surveillé à cause des conflits avec le Sanwi. Les armées sanwi malgré les patrouilles permanentes des guerriers nzema, parvenaient à pénétrer le territoire de ce côté. Les Nzema conçoivent donc l'idée de transformer Enkenyiawoman en village stratégique. Sur l'ordre du Belemgbunli kpole, les habitants de ce village se transportent sur la rive est de la rivière Anyeko. Les safohyenle kyena et Hɔba sont dépêchés à Enkenyiawoma avec pour mission de patrouiller le long du Tanoɛ. La stratégie en question sera dénommée ''ahwea ɛhane'' (le piège du chien). Enkenyiawoma prendra par la suite à cause de ce plan militaire le nom d'Atweabanso. Ce village n'a jamais été une ancienne limite avec le Sanwi contrairement à ce que pense Henriette Diabaté[4].

L'initiative en vue de l'accroissement de la population d'Awiane pour une défense plus efficace de ce village, est venue d'Awulae Nyanzu Aka qui a demandé aux safohyenle Ayebie Amihyia, Ehyiman, Ahizu, Aka Amon Arizi, Banwoto Tendenle, Bile Kpanyinli et Ekpanyi Ekyi de s'y établir avec leurs hommes[5].

---

[1] Amihere Essuah, p. 79.

[2] Van Dantzig, *Les Hollandais sur la côte de Guinée à l'époque de l'essor de l'Ashanti et du Dahomey 1680-1740*, p. 79.

Note : Mbasia est la zone charnière entre l'Aowin, le Wasa et l'Egwira.

[3] Amihere Essuah, *Mekakye bie III*, p. 80.

[4] Diabaté (H.), *op. cit.*, p. 556.

[5] Ackah (Y. J.), *op. cit.*, p. 148.

Les Nzema s'étaient rendu compte qu'en dépit du ''piège'' d'Atweabanso, la distance qui séparait ce village du Tanoɛ et de la lagune Dwenye demeurait grande. Le *Belemgbunli kpole* ordonne la recherche d'un site à mi-distance et de la lagune et du fleuve Tanoɛ. Un *safohyenle* est chargé de le trouver pour y implanter un village. Les Nzema appelleront ce village stratégique Awieliɛ sua ou Awiane, c'est-à-dire le dernier village côtier le plus à l'ouest du pays[1].

La création d'Ekpu et d'Awiane est liée aux guerres du royaume nzema contre le Sanwi. Le *safohyenle* Melekyi Ɛzoa et ses hommes secondaient les troupes du *safohyenle* d'Awiane[2]. Le site d'Ekpu n'a pas été choisi au hasard. Il est au centre de trois rivières, Azule Ekpu Ekyi à l'Est, Azule Kɛlatunli à l'Ouest et Azule Alehialɛ au Nord, ce qui rend la prise du village d'Ekpu par une armée ennemie difficile. Si des envahisseurs tentent de pénétrer le pays nzema par l'ouest, l'armée d'Ekpu emprunte un raccourci qui conduit à l'embouchure du Tanoɛ pour fermer toute possibilité de retraite à l'armée ennemie. Cette tactique a été payante pendant les conflits du XVIIIe siècle contre le Sanwi.

Les nzema ont eu au cours de leur histoire à livrer des guerres contre des royaumes voisins. Ces guerres entraient dans le concert des stratégies devant concourir à maintenir la pleine souveraineté de l'État nzema. Les guerres contre l'Egwira, les affrontements au XVIIe siècle avec le Sanwi et les luttes contre la compagnie hollandaise entraient tout à fait dans ce cadre là.

Les guerres des *Belemgbunli kpole* qui ont précédé Kaku Aka ont été essentiellement défensives. Nyanzu Aka en attaquant Assini et en menant une campagne militaire contre les positions hollandaises d'Axim en 1825, voulait contenir la concurrence commerciale d'Assini, faire face à l'expansion anyi dans la zone aurifère du terminal du Tanoɛ, sauvegarder la position de Nzema comme intermédiaire privilégié du trafic de l'or avec l'intérieur dans le sud-ouest de la Gold Coast, et contrecarrer les velléités impérialistes de la compagnie hollandaise[3]. La preuve de cette politique défensive est qu'en dépit du succès total de son expédition de 1825 contre les Hollandais d'Axim et de l'occupation de Princess Town (Kpulisi), Nyanzu Aka ordonne le retrait de ses armées. La politique extérieure des *Belemgbunli kpole* qui ont précédé Kaku Aka a uniquement consisté à

---

[1] Amihere Essuah, *Mekakye bie II*, p. 27.

[2] Idem, Mekakye bie III, p. 148.
Diabaté (H.*), op. cit.*, p. 629.

[3] Ackah (Y. J.), *op. cit.*, p. 88-89.
Note : La volonté de Yanzu Aka de maintenir la position du royaume nzema comme intermédiaire privilégié du trafic de l'or avec l'intérieur, pourrait être l'une des raisons qui expliquent la détérioration des rapports entre nzema et wassa pendant les dernières années de son règne. Ackah (Y. J.), *op. cit.*, p. 88-89.
Pierluigi Valsecchi, *op. cit.*, p. 523.

maintenir l'indépendance du royaume Nzema[1]. Toutes les guerres qui ont eu lieu avant le règne de Kaku Aka répondaient à cet objectif.

c- Guerre contre l'Egwira

La guerre contre l'Egwira est la première que les Nzema ont livrée contre un royaume voisin. Elle date du règne d'Amihyia Kppanyinli I.

Le casus-belli est parti d'un fait très banal d'après les traditions orales. Au temps du Gouverneur portugais Dom Francisco de Soto Major, les documents écrits mentionnent une guerre entre Jumore (Adjɔmɔlɔ) et Abuma[2]. Les populations d'Axim et les soldats portugais ont assisté Jumore pendant cette guerre.

L'interprète de Valkenburg du nom de Francisco Nao, qui a assisté à l'élaboration de la dédication de Jumore en 1650, aurait été témoin de ladite guerre qui n'est autre que celle qui a opposé Nzema à l'Egwira. En effet, l'emplacement de Bumas (Abuma) se situe sur le territoire Egwira. Sur la carte de Guinée datant de 1626 extraite de l'Atlas ''Gerardi Mercatoris'' la cité de Bumas est juste au Nord de la région d'Axim zone qui correspond au pays Egwira. La guerre entre Jumore et Abuma, aurait interrompu le commerce autour du fort San Atonio au moment de la présence portugaise à Axim[3]. Des sources hollandaises datant de janvier 1731 relatent que plusieurs années avant cette date, les populations de Cabo Apolonia (Cap Apollonia ; Benyinli) et celles de l'Egwira ont eu une série de différends qui a entraîné des effets négatifs sur le commerce[4].

Au sujet des raisons qui ont motivé cette guerre, les traditions orales racontent qu'un chef egwira du village d'amankolaso a épousé une semanli (singulier de nzema) originaire de Kekame. Cette dernière s'appelait Nguma Adjo. Elle a eu un enfant avec Mea le chef d'Amankolaso. Quelque temps après son accouchement, elle revient à Kekame pour soigner son enfant qui était atteint de la varicelle. Malheureusement, son séjour s'achève par des querelles avec un habitant du village[5]. Informé de cela, Mea dépêche son *kpɔmavolɛ* auprès de Kɛma Bɛtu b*ellemgbunli* de *kekame.* Dans son message, il exige que celui qui a osé chercher noise à son épouse Nguma Adjo soit décapité. Le singulier colis devant être expédié à Amankolaso.

---

[1] *Note* : En guise d'illustration, yanzu Aka s'est opposé à l'initiative de Cape Coast Castle de réinstaller dans le fort Apollonia l'ex-sergent du Royal African Corps du nom d'Ennis que Maclean a mandaté pour réoccuper le poste vacant à Benyinli. CO 267/131 Maclean to committe 28 th March 1835.
Vaslsecchi (P.), *op. cit.*, p. 523-524.

[2] Van Dantzig (A.), ''Juridiction du fort Saint Antoine d'Axim'', *Revue Française d'Outre Mer*, tom LXVI n° 242-3 1979, p. 230.

[3] Van Datzig (A.), ''Juridiction du fort Saint Antooine d'Axim'', *Revue française d'histoire d'Outre Mer*, tome LXVI, n° 242-3, p. 229.

[4] 309 Wic 126 minutes of El Mina Council 24 – janvier 1731.

[5] Ackah (Y. J.), *op. cit.*, p. 85, appendix 13.

Kɛma Bɛtu répond que Mea lui demande l'impossible, mais qu'il est en revanche disposé à réparer le tort fait à Nguma Adjo avec de l'or. À nouveau, Mea charge son *kpɔmavolɛ* de signifier à Kɛma Bɛtu qu'il refuse de revenir sur sa décision. Le *Belemgbunli Kpole* informé de l'affaire, ordonne à Kɛma Bɛtu de ne pas satisfaire les exigences de Mea, mais ajoute que si ce dernier demande de l'or en guise de réparation, Kɛma Bɛtu ne devrait pas y faire opposition.

Voilà le casus-belli qui a fait éclater la guerre entre l'Egwira et le royaume Nzema. Au moment où ces événements ci-dessus relatés se déroulaient, Mea tenait informé son souverain à Bameangɔ.

La raison profonde de ce conflit pourrait être la volonté du roi egwira de briser la position de Nzema comme intermédiaire privilégié du trafic de l'or entre l'intérieur et la côte, mais aussi de récupérer d'anciens sujets qu'il a perdus au profit de l'État nzema. Les populations de Kekame étaient justement des migrants venus du royaume egwira. Les affrontements entre l'armée nzema et l'armée egwira ont eu lieu près d'Aziema. Il y a eu beaucoup de pertes humaines de part et d'autre. Les corps se décomposaient à même le sol parce que l'intensité des combats ne permettait pas de les ensevelir. Le champ de bataille fut appelé Mowulenu[1]. Mowulenu signifie ossuaire.

Awulae Amihyia Kpanyinli I pour soutenir l'effort de guerre a demandé aux femmes d'aller combattre au front[2]. Il a sollicité également le concours des Betibe[3] et des Ɛvaloɛ d'Axim. Au prix de combats acharnés, les Nzema sont parvenus à repousser l'invasion egwira[4].

d- Les premiers affrontements avec le Sanwi et la lutte contre l'impérialisme hollandais

Les premiers conflits entre nzema et sanwi datent du XVIIIe siècle. Des escarmouches se produisent déjà du temps des règnes d'Aka Esoin du Sanwi et d'Anɔ Bile Aka[5]. Les traditions orales nzema expliquent ces premiers conflits par l'apparition des négriers sur la côte[6]. Le commerce des esclaves

---

[1] Ackah (Y. J.), *op. cit.*, appendix 13, p. 5.

[2] Amihere Essuah, *Mekakye bie III*, p. 40.

[3] Enquête auprès d'Egya Bila Kaku.

Note : Ces betibe habitent les villages actuels d'Amgbɛnu, Aweanzinli, Akonu, Kamgbunli et Azulelloanu.

[4] *Note* : Les Nzema appellent les Egwira du nom d'Egila. Les raisons profondes de la guerre entre Nzema et le royaume egwira nous l'avons dit pourrait être la volonté des chefs egwira de mettre fin à la position de l'État nzema comme intermédiaire du trafic de l'or entre l'intérieur et la côte. C'est probablement dans ce dessein que les Egwira ont accepté que les Portugais construisent en 1623 le fort Duma qui était situé à environ 20 km au Nord d'Axim. Les Egwira ont aussi permis que les Hollandais construisent le fort Ruychaver en 1654. N.B.K.G., 81 Valkenbourg 1659.

[5] Furley Collection Journal, n° 48-16 avril, p. 63.

[6] Amihere Essuah, *Mekakye bie II*, p. 16.

s'est développé en effet, au XVIIIe siècle[1]. Van Dantzig montre qu'après la construction du fort Apollonia, Nzema est devenu un centre important du commerce des esclaves et de l'or[2].

Les guerriers nzema qui patrouillaient le long de la lagune Dwenye et vers les plages d'Assini-Mafia, faisaient prisonniers les sujets du royaume sanwi qu'ils rencontraient. Les Anyi de leur côté, agissaient de la même façon. Ce problème sera à l'origine du différend entre Amihyia Angɔla et le roi du Sanwi Amon Ndufu Kpanyi[3]. Les Nzema vont réagir en créant les villages stratégiques d'Atweabanso, d'Awiane et d'Ekpu.

Vers 1762, le conflit prend une proportion plus grande lorsqu'Amon Ndufu Kpanyi menace de déclencher une guerre ouverte si Amihyia Angɔla refuse de lui livrer les réfugiés Betibe. Le départ des Betibe de la lagune Dwenye facilitait les incursions des guerriers nzema en territoire sanwi.

L'insécurité dans laquelle ses sujets vivaient, explique aisément la détermination du roi sanwi. Amon Ndufu Kpanyi pour mettre son projet à exécution, s'allie à tous ceux qui ont à se plaindre du *Belemgbunli Kpole* Nzema. Il s'agissait principalement des hollandais, des egwira et des wassa. Amihyia Angɔla avait en effet, occupé la grande forêt qui marquait la limite avec le Wassa[4].

Les rapports hostiles entre Nzema et Wassa étaient anciens parce que les populations de Jumore avaient pris la mauvaise habitude de dépouiller les marchands du Wassa[5]. Les Egwira eux n'avaient pas oublié l'échec de leur expédition contre nzema. Quant aux hollandais, ils espéraient mettre fin à la concurrence commerciale anglaise grâce à la défaite des Nzema[6].

Le 27 avril 1762, Amon Ndufu Kpanyi signe un traité avec Pieter Erasmi le Directeur Général de la Compagnie des Indes Occidentales[7]. En voici les clauses :

1- Une fois Amihyia Kpanyinli vaincu, Amon Ndufu Kpanyi placera Cap Apollonia sous tutelle hollandaise.

2- Les Hollandais pourront à leur guise bâtir des forts sur la nouvelle dépendance du roi sanwi.

3- Amon Ndufu Kpanyi recevra des redevances sur chaque fort qui sera bâti.

---

[1] Van Datzig (A.), *Dutch documents relatin to the Gold Coast and the slave coast. Coast of Guinéa 1680-1740, part II*, El Mina march 1726.

[2] Van Datzig (A.), ''The Gold Coast'' in *The Cambridge history of Africa vo 4 from C 1600 to 1790*, p. 321.

[3] Wic 928, 5 decembre 761.

[4] Ackah (Y. J.), *op. cit.*, p. 5.

[5] Wic (OC) 12, 25 novembre 1656.

[6] Van Dantzig (A.), ''The demarcation of the soutern section of the border between the Gold Coast and Ivory Coast'' in *Colloque inter-universitaire Ghana-Côte d'Ivoire*, 1974, p. 635.

[7] Wic 928, 29 avril 1762.

Amihyia Angɔla ne reste pas inactif. Il parvient à rallier à sa cause les Wassa et les Egwira en les assurant qu'il réviserait les droits qu'il perçoit sur leurs achats à Cap Apollonia. Le danger qui pèse sur le royaume n'est pas pour autant écarté parce que les Sanwi et les Hollandais ouvrent simultanément les hostilités pour contraindre les Nzema à se battre sur deux fronts. Tandis que les premiers attaquent le pays par l'ouest, les seconds l'attaquent par l'est.

Henriette Diabaté qui se fonde sur les informateurs d'Ekpu écrit qu''*'ils mentionnent une bataille au temps d'Amihyia Kpanyinli où les Nzema seront exterminés. Beaucoup parmi eux seront tués dans la lagune et tous les rescapés se noyèrent dans la rivière Alehiale*''[1]. Nous pensons qu'il s'agit là d'une erreur puisque les informations d'Ekpu précisent que les rescapés nzema revenaient de la guerre de Bianu. Or, la guerre de Bianu ne date pas du règne d'Amihyia Kpanyinli mais bien du temps de Kaku Aka. La guerre pendant laquelle les Sanwi ont tué Boa Renya opposait Atɔkpɔla roi du Sanwi à Nyanzu Aka, *Belemgbunli Kpole* du royaume Nzema. Boa Renya qui le premier s'est installé à Awiane, informait Awulae Nyanzu Aka sur les mouvements des armées Sanwi[2]

En février 1830, Van Ingen rapporte que l'hostilité entre Nyanzu Aka et Atɔkpɔla a dégénéré en guerre. Le *Belemgbunli Kpole* Nzema a alors obtenu 400 mousquets contre de l'Or[3]. La tradition orale nzema appelle cette guerre Kyena-Hɔba Konle (la guerre de Kyena-Hɔba). Les *safohyenle* kyena et Hɔba chargés par Nyanzu Aka de patrouiller le long du Tanoɛ et de la lagune Dwenye, vont s'allier à Atɔkpɔla contre les intérêts de leur pays. L'armée sanwi guidée par ces deux ''traitres'' attaque Awiane. Mais les Nzema parviennent à la repousser à Fete Kolɔ. Cette bataille sera appelée par les Nzema, Ndumunli Kɛwie (que finisse la poudre à canon). Pendant leur retraite, les guerriers anyi assassinent Boa Renya qui se trouvait dans son campement à l'ouest d'Awiane. Le lieu du crime fut appelé Aboa.

Le *safohyenle* d'Awiane obtient du *Belemgbunli Kpole* l'accroissement des effectifs de son armée afin de porter la guerre en territoire sanwi. Lorsque l'armée nzema arrive en vue d'Assini-Mafia, les guerriers anyi et leurs alliés essuma se réfugient sur la rive nord de la petite lagune du village. Le *safohyenle* Nzema partage son armée en trois unités. La première unité creuse une tranchée dans laquelle elle se dissimule. La deuxième unité fait mine de repartir pour Nzema. La troisième unité fait semblant saisir du bétail dans le village.

Les Anyi et leurs alliés essuma reviennent vers Mafia, assurés de vaincre la troisième unité de l'armée nzema grâce à leur supériorité numérique. Le

---

[1] Diabaté (H.), *op. cit.*, p. 701.
[2] Ackah (Y. J.), *op. cit.*, appendix 15, p. 1.
[3] Furley collection journal 1830-1831, Entry for 14 february 1830, p. 24.

reste de l'armée nzema les prend en tenailles. La défaite des Essuma et des Anyi est à l'origine du serment de Mafia ''Me ka Mafia asue nzi''[1].

Avant même la création du royaume sanwi au XVIIIe siècle, les Nzema étaient souvent en guerre contre leurs voisins Essuma[2]. Durant le conflit entre Amihyia Angɔla et Amon Ndufu Kpanyi en 1765, l'armée hollandaise tente avec l'appui de son artillerie de passer l'Ankobra, mais les guerriers nzema lui opposent une si farouche résistance qu'elle rebrousse chemin. Meredith décrit de très belle manière cette bataille[3].

Cette attaque hollandaise de 1765 a définitivement motivé les Nzema à solliciter auprès des Anglais la construction du Fort Apollonia[4]. Les diverses tentatives des marchands hollandais pour mettre fin aux activités des interlopes en Apollonie[5] a été depuis le XVIIe siècle source de conflit entre la compagnie hollandaise et les Nzema. Les Nzema ont provoqué la fermeture du comptoir hollandais de Jumore à cause du mauvais comportement des représentants de la Compagnie Ernsthuys et Memel Corea vis-à-vis de la population[6].

La compagnie hollandaise considérait que la côte entre El Mina et Cap Apollonia lui appartenait. En août 1687, Joost Van Colster rapportait que les représentants de la Compagnie hollandaise se saisissaient des interlopes et emprisonnaient au besoin les hommes des navires étrangers. Un certain Jan Palliot a subi ce traitement sous le directeur hollandais d'Axim Valkenburg[7]. Valkenburg[7]. Pour donner des bases juridiques à leur prétention de propriétaires du littoral entre El Mina et Cap Apollona, les marchands hollandais ont élaboré la juridiction du fort Saint Antoine d'Axim. Ils ont exagéré à cet effet l'extension géographique de cette juridiction alors que leur influence était contrebalancée à Jumore par la Compagnie suédoise[8].

Au début du XIXe siècle, Ɛzoa Ekyi mène des raids successifs contre les villages sanwi d'Aby, d'Adjuan, de Beanu ainsi que contre Assini-Mafia[9] ; malgré le traité de paix que le roi sanwi Assemia Deheɛ a conclu avec Amihyia Angɔla[10]. Ɛzoa Ekyi, dit-on, voulait récupérer des sujets nzema qui s'étaient réfugiés à Assini avec le consentement d'Atɔkpɔla[11].

---

[1] Amihere Essuah, *Mekakye bie II*, p. 21.

[2] Doc 6, Otto Friedrich Groeben, 1694, Groeben's account of thi voyage to Guinea. Barbot 1688 Letter 3 in Jones (Adam). *Brandeburg sources for west african history 1680-1700*, p. 39.

[3] Meredith (H.), *op. cit.*, p. 64.

[4] Valsecchi (P.), *op. cit.*, p. 523.

[5] Wic 831, 54, Wic août 1684.

[6] 88 Municipal archives Rotterdam 1262, attestation C.

[7] Jones (A.), *op. cit.*, p. 4 ; Zueich 263-4.

[8] Van Dantzig (A.), ''juridiction du fort Saint Antoine d'Axim'', in Revue française d'Histoire d'Outre Mer, tome LXVI, n° 242-3, 1979, pp. 223-235.

[9] Firminger – Assinee boundary commission, Enclosure n° 3, Textes renotés 2, avril 1884.

[10] Wic 981, 26, octobre 1776.

[11] Mouezy (H.), *op. cit.*, p. 57.

e- Accrochages avec les Mbassia

Dans la grande forêt qui servait de limite naturelle entre l'Aowin, le Wassa, l'Egwira et le Nzema, les escarmouches étaient fréquentes entre chasseurs de ces États mais n'aboutissaient pas en guerre ouverte. Les Aowin et les Nzema, dit-on, en vertu d'un *amonle* étaient des alliés de longue date[1]. Cependant, avec le Wassa, il ne fallut de peu que ces escarmouches dégénèrent en conflit grave vers la fin du règne d'Awulae Nyanzu Aka. L'assassinat d'un wassa par des guerriers nzema provoqua des prises d'otages de part et d'autre. Ces rapports tendus entre nzema et wassa vont se maintenir jusqu'au moment où Awulae Kaku Aka accède au trône[2].

Nzema s'était depuis le XVIIe siècle opposé à la chefferie adom qui voulait asseoir son hégémonie sur les royaumes côtiers. Les invasions fréquentes de l'armée adom contre la côte ahanta attestent de cet objectif politique et économique[3]. En effet, sa position de royaume à l'intérieur des terres ne lui permettait pas d'avoir de meilleures conditions d'accès au commerce côtier.

La réputation de royaume belliqueux que l'Adom s'était acquise du fait de ses ambitions politiques et commerciales lui coûtait l'hostilité des populations de la côte. Les Nzema molestaient et dépouillaient souvent les marchands Adom qui se rendaient à Cap Appollonia[4]. Les traditions orales d'Etikɛbo II disent qu'un de leurs ancêtres Avo Nyɔnra a créé un campement dans la forêt. Un jour, s'étant rendu à la chasse, il a rencontré des chasseurs Mbasia qui aussitôt lui ont tiré dessus. Avo Nyɔnra en souvenir de cet incident a appelé son campement Angɛlako qui signifie, je n'ai pas cherché la bagarre, mais je l'ai trouvé[5]. Nuba par exemple sera pendant longtemps appelé le carrefour qui fait peur (nwɔnda mɔɔ yɛ ezulolɛ) justement à cause de sa proximité géographique avec les zones peuplées par les Mbasian[6]. Les *Belemgbunli Kpole* malgré tout, prenaient des mesures afin de préserver la population des menaces extérieures. Ces mesures de sécurité furent-elles si défaillantes au point que le royaume nzema devint tributaire au cours de son histoire de l'Aowin, du Denkyira et de l'Asante comme le dit l'historiographie ?

---

[1] Diabaté (H.), *op. cit.*, p. 489.

[2] Furley collection 20 th july, 1829, 31 st december 1829. Entry for 20 th july 1829, p. 44-46. Ackah (Y. J.), *op. cit.*, p. 89.

[3] Rapport de Valkenburg, Dédication du Haut Ahanta, p. 49-50.

[4] Wic (OC.), 12, 25 novembre 1656. Wic (OC.), 13, dédication de Jumore, 10 janvier 1657. Rapport de Valkenburg.

[5] Amihere Essuah, *Mekakye bie III*, p. 110.

[6] *Note* : Les Mbasia vivent dans la zone forestière sur la rive droite du fleuve Tanoɛ. Le pays Mbasia correspond à la région de parler pepesa qui est une mixture d'Aowin et de Wassa. Politiquement, le pays Pepesa fait partie du Wassa Feyase. Adum Banso et Dompim Pepesa sont des villages Pepsa. Voir Daaku (K. Y.), *Unesco research project on oral tradition n° 3, Wassa Fiase*, p. 1 ; p. 16.

f- Le royaume nzema fut-il dépendant d'un autre ?

Des auteurs soutiennent que le royaume nzema a été soumis à l'hégémonie d'États plus puissants comme l'Aowin, le Denkyira et l'Asante[1]. Etudions cas par cas, la prétendue domination de ces puissances sur le royaume nzema.

1- Nzema a-t-il été soumis à l'Aowin ?

Kwame Yeboa Daaku soutient que l'Aowin contrôlait les sources de l'or, la voie commerciale du Nord vers Begbo et sur la côte en Apollonie[2].Osei Tutu Kwabena *Asantehene* qui a régné de 1785 à 1799 parlant de ses dépendances à John Hope Smith alors gouverneur en chef des établissements Britanniques en Golf Coast, prétend que lorsque les Anglais ont construit le fort Apollonia, il a fait la guerre aux Aowin qui dit-il sont les maîtres de cette région[3]. Cette déclaration prouve que l'Asante ne contrôlait pas Nzema.

L'Asante qui a soumis l'Aowin à sa domination croyait du coup contrôler Apollonie se disant que ce pays est une dépendance de l'État d'Angye[4], alors alors qu'il n'en était rien. Les Aowin contrôlaient effectivement la voie commerciale du Nord, passant par le Sefwi et la voie commerciale vers l'Apollonie mais uniquement en tant qu'intermédiaires. Ils acheminaient les produits européens, fusils, tabac du Brésil, fer, poudre à canon, cotonnade, mousquets achetés au fort Apollonia ainsi que du sel local vers le nord.

Le rôle d'intermédiaire que jouait l'Aowin était facilité par sa position géographique charnière entre la côte et l'intérieur. Les Aowin en échange des produits obtenus sur la côte apportaient l'or, l'ivoire et les marchandises des marchés de l'intérieur à Axim et à Cap Apollonia[5]. Ce rôle d'intermédiaire joué par l'État d'Angye est l'une des raisons qui expliquent la guerre Asante – Aowin de 1715. L'Aowin n'a jamais contrôlé le commerce en Apollonie proprement dite. Les rois Nzema laissaient en réalité un libre accès à Cap Apollonia aux marchands étrangers. S'il est prouvé et reconnu par les traditions orales d'Angye que l'Aowin a annexé le Sefwi, ce n'est point le cas concernant nzema[6]. Les rois de l'Aowin auraient

---

[1] Robertson (G. A.), *Notes on Africa*, London 1819, p. 77 ; p. 104 ; 125.
Wilks (I.), *Asante in the mineteenth century. Tje structure and evolution of a political orde*r, p. 65
Bowdich (E.), *op. cit.*, p. 169.

[2] Daaku (K. Y.), *Unesco research project on oral tradition n° 4 part I, Sefwi Anhwiaso and Bekwai*, p. VI.

[3] Bowdich (E.), *op. cit.*, p. 71.

[4] Note : Angye (Enchi) était la capitale de l'État Aowin.

[5] *Note* : Au sujet des produits échangés en Apollonie, voir Metcalfe (G.E.), *Maclean of the Gold Coast and Bretain and Great Ghana, Document of Ghana History 1807-1957*, p. 31.

[6] Diabaté (H.), *op. cit.*, p. 429.
Mbra Ekanza (S. P.), *op. cit.*, p. 73.
Daaku (K. Y.), ''A history of Sefwi : a survey of oral evidence'', in research review, vol 7, n° 3, 1971, p. 40-43.

certainement perçu un tribut annuel et eu des redevances sur les activités marchandes à Cap Apollonia si Nzema était tributaire de l'État d'Angye.

Or, Henry Meredith apporte la preuve irréfutable que les droits sur le commerce en Apollonie étaient versés au roi Nzema[1].

De tous les royaumes du sud-ouest de la Côte de l'or, l'Aowin était l'un des plus puissants, mais il n'a jamais cherché à étendre sa domination sur Nzema, bien au contraire, il en a fait un allié[2], de sorte que ses marchands commerçaient librement à Benyinli. C'est en vertu de cette alliance que les Nzema ont apporté leur concours aux Aowin quand ces derniers en 1715 défendaient leur pays des agressions asante[3]. Les rois Nzema n'ignoraient pas que si un danger menaçait l'Aowin, leur propre territoire risquait d'être touché. Cependant, en 1823, le royaume Nzema s'est désolidarisé de l'Aowin qui a participé à une coalition orchestrée par le gouverneur Mc Carthy contre l'Asante. À cet effet, une délégation aowin forte de cent personnes, qui se rendait à Cape Coast Castle s'est vu interdire le passage sur le territoire nzema par le roi Nyanzu Aka[4]. La stricte surveillance des limites nord par les villages-frontières est également à nos yeux un signe évident de l'indépendance du royaume nzema vis-à-vis de l'État Aowin.

2- Nzema a-t-il été soumis à l'État Denkyira ?

Les traditions orales du Denkyira racontent que les *Denkyirahene* ont soumis l'Aowin, l'Assin, le Twifo, l'Adanse, le Wassa, le Sefwi et les États pré-Asante, mais n'ont jamais inclus nzema dans la sphère de domination de leur État[5]. Comment le *Denkyirahene* Boa Amposem (1662-1692) peut-il avoir dominé le commerce de Half-Assini à Anomabo, s'il n'a jamais été prouvé que le Denkyira est devenu une puissance sur la côte comme l'écrit Daaku lui-même[6] ? Le Denkyira a cherché surtout à étendre sa domination sur des royaumes producteurs d'or. Il manifestait son hégémonie par la perception d'amendes de guerre, de tributs annuels en or et le recours en effectifs militaires auxiliaires[7].

Tous les royaumes que le Denkyira a soumis avaient la réputation d'être de grands pourvoyeurs d'or[8]. Les traditions orales nzema n'ont pas

---

[1] Meredith (H.), *op. cit.*, p. 69/Lawrence (Aw.), *op. cit.*, p. 229.
[2] Diabaté (H.), *op. cit.*, p. 429
[3] 235 NBKG 84 El Mina Journal.
Wic 124 – 15 avril 1712.
218 NBKG 82, 17 octobre 1715. El Mina Journal.
[4] Co 2/11 Robertson to Bathurst november 27 th 1820.
Dupuis (J.), *Journal of a residence in Ashantee*, p. 131.
[5] Daaku (K. Y.), *Unesco research project on oral tradition Denkyira*, n° 2.
[6] Idem., *Trade and politics on the Gold Coast (1600-1720)*, p. 68.
[7] Mbra Ekanza (S.P.), *op. cit.*, p. 65.
[8] *Note* : voir la carte hollandaise de Moure 1629. Wassa, Aowin, Egwira, Adanse, Sefwi, Twifo, Assin et Kwaman étaient tous des États producteurs d'or.

souvenance d'une guerre contre le Denkyira ou encore moins de l'exercice de l'hégémonie de cet État sur Nzema à travers la perception d'un tribut annuel ou la levée de troupes auxiliaires à la demande d'un quelconque roi Denkyira[1].

Nzema il faut le dire, n'a jamais été un grand producteur d'or[2], même s'il s'il y avait dans le pays quelques mines. Nzema dans ces conditions, n'a probablement pas attiré la convoitise du Denkyira. Une enquête de J. K. Kumah a montré que le *Denkyirahene* Boadu Akafu Brempong a soumis les Aowin pendant le règne de leur roi Oti Akenteng parce qu'ils étaient devenus riches et possédaient beaucoup d'or[3]. L'hégémonie Denkyira s'est exercée au moment où existait l'Aowin ancien, c'est-à-dire sur le territoire de l'actuel Wassa Amenfi. Ce serait entre 1629 et 1630 suggère Mbra Ekanza (S. P.) que les hommes du roi Anɔ Assema se sont installés dans l'Aowin Ebrosa au moment où le Denkyira s'affirme comme une puissance dominante.

L'installation des Aowin dans l'Ebrossa leur a permis pour un temps d'échapper à l'hégémonie Denkyira, de sorte que les États tributaires de ce royaume auront recours à la protection Aowin. À son tour, l'Aowin-Ebrossa sera vaincu par le Denkyira suite à une guerre que l'on situe au milieu ou vers la fin du XVIIe siècle. L'hégémonie Denkyira sur l'Aowin-Ebrossa se serait manifestée de 1677 à 1701[4]. La carte d'Anville fait état clairement de l'hégémonie Denkyira sur l'Aowin. Le territoire Nzema est à tort divisé sur ladite carte en trois entités politiques distinctes qui sont Kingdom of Ghiomer, Old Assini et Ankobra. Old Assini seul est dit avoir été ruiné par les Denkyira. Quelles réflexions peuvent inspirer ces informations ?

Il peut s'agir d'une simple incursion militaire sur une partie du territoire nzema pendant la période de l'hégémonie Denkyira, c'est-à-dire avant 1701. L'action militaire des conquérants Denkyira n'aurait donc pas eu une ampleur et une efficacité réelle puisque Ghiomer et Ankobra y ont échappé. Notons qu'en 1701, le Denkyira sera évincé par l'Asante, la nouvelle puissance naissante. Comment le Denkyira qui a été vaincu par la coalition militaire conduite par Osei Tutu aurait-il pu poursuivre une quelconque politique hégémonique ?

Or, l'Asante est présenté comme un royaume très puissant. Ellis (A. B.) qui énumère les royaumes qui furent tributaires du Denkyira ne cite pas

---

[1] Amihere Essuah, *Mekakkye bie III*, p. 5-6.

[2] Voir la carte de Van Dantzig sur le cadre physique des côtes de l'or et des esclaves. Van Dantzig : les Hollandais sur la côte de Guinée à l'époque que de l'essor de l'Ashante et du Dahomey, 1680-1740, p. 90.

[3] *Note* : Information mentionne par Mbra Ekanza (S. P.), op. cit., p. 52, voir Kumah (J. K.), Denkyira 1600-1730 A. D. Master thesis, Institute of Afican studies, University of Ghana, African Studies Legon 1965.

[4] Mbra Ekanza (S. P.), *op. cit.*, p. 45, p. 50-54.

Nzema[1]. Cependant, certains migrants qui ont peuplé le pays nzema étaient d'anciens Denkyira ou des populations d'États soumis à cette puissance. C'est ce que semble dire Nana Alu Mea qui raconte "*qu'au temps de l'hégémonie Denkyira, les Nzema ont été vaincus et soumis. Ils partirent parce qu'on leur demanda de faire la guerre et qu'ils refusèrent. Ils dirent au Denkyirahene. ''Nous ne sommes pas tes captifs, nous n'irons pas à la guerre, nous irons là où nous voulons''*[2].

Les rapports de la compagnie hollandaise montrent que si les Sanwi et les Wassa en plus des échanges qu'ils effectuaient à Axim venaient commercer à Cap Apollonia, les Denkyira en revanche préféraient effectuer leurs opérations commerciales à Axim et surtout à El Mina (Ɛdena) parce que le *Denkyirahene* y percevait des droits sur les échanges. Ces droits seront transférés plus tard à l'*Asantehene*.

3- Nzema a-t-il été tributaire de l'Asante ?

Les Asante pendant la conquête de l'Aowin, ont trouvé prétexte pour attaquer les Nzema en 1715 et en 1721. Suite à cette agression des armées Asante, les Nzema ont introduit une requête auprès du gouverneur hollandais d'Axim lui demandant de construire un fort dans leur pays. Ils désiraient être protégés de leurs persécuteurs car disaient-ils, ils n'avaient pas vécu plus de deux mois en paix les six dernières années qui ont précédé 1716[3]. En dépit de l'attaque asante, les Nzema sont demeurés indépendants car ils recherchaient une voie pouvant mettre définitivement fin aux agressions extérieures[4]. Une telle marge de manœuvre montre que les armées asante conduites par Amankwa Tia n'ont pas occupé le pays nzema. Claridge qui en 1820 énumérait les zones d'influences asante ne mentionne nullement l'Apollonie.

L'empire Asante écrit-il, comprend Nkoranza, Banda, Gyaman, Wassa, Fante, Sefwi, Denkyira, Twifo, Aowin, Techiman, Akyem, Assin, Akwapem, Akwamu et Kwahu[5]. Les zones de dominations asante énumérées par Brodie Cruickshank ne mentionnent pas non plus l'Apollonie comme un territoire vassal[6].

---

[1] Ellis (A. B.), *A hisstory of the Gold Coast of West Africa*, p. 87.

[2] Perrot (C.H.), *Les Agni Ndenye et le pouvoir politique aux XVIIIe et XIXe siècles*, p. 616.

[3] Wic 215 – 12 février 1716, Lettre de Butler.

[4] *Note* : Alors que l'attaque asante de 1715 a provoqué une émigration massive d'Aowin vers l'Ouest, il n'en fut pas de même pour nzema, sauf une Ɛhyema (la reine de Goiomere) aurait mené ses sujets à Assini. Voir Perrot (C. H.), *op. cit.*, p. 618.

[5] Claridge (W. W.), *A history of the Gold Coast and Ashanti*, p. 228.

[6] Cruickshank (B.), *Eighteen years on the Gold Coast of Africa*, p. 60.

Note : Il faut entendre par Assinee, le fleuve Ankobra, Assinee est ici une transcription de Siane nom que les Nzema, les Ɛvoluɛ d'Axim et les Egwira donnent au fleuve Ankobra, voir à ce sujet, Bowdich (T. E.), *op. cit.*, p. 70.

Cruickshank à la lumière de ces informations, nous permet d'affirmer avec certitude que l'Asante non plus n'a pas été une puissance sur la côte. L'expédition de 1715 et de 1721 a fait sentir sur la côte ouest l'influence asante mais elle n'est pas une présence réelle car les guerriers d'Amankwa Tia se retirent après l'attaque, satisfaits d'avoir accompli leur mission principale qui était de soumettre l'Aowin.Le seul débouché maritime contrôlé par l'Asante était Edena (El Mina). Cette réalité est à l'origine de la Sagrenti War qui a opposé l'Asante aux armées anglaises du général Sir Garnet Joseph Wolseley. Les réclamations de l'*Asantehene* Kofi Karikari (1867-1874) au sujet du transfert d'El Mina qu'ils revendiquent comme le seul fort qui leur permet d'éviter les intermédiaires.

Van Dantzig soutient que ce serait au début du XIXe siècle pendant le règne de l'*Asantehene* ɔsɛi Asibe Bonsu (1800-1824) que Nzema serait devenu vassal de l'Asante[1]. Mais suite à quelle guerre de conquête ? Il ne le dit pas. Van Dantzig fait aussi du Sanwi un État tributaire de l'Asante, ce qui est absolument inexact[2]. L'histoire a tendance a exagéré la sphère de domination asante. Il conviendrait de ramener les choses à leurs justes proportions.

À quel moment peut-on dire que nzema devient tributaire de l'Asante ? Les attaques asante de 1715 et de 1721 nous l'avons dit n'ont pas eu un impact réel. Les Nzema ont sollicité la protection de la Compagnie hollandaise se disant prêts à lui octroyer le monopole commercial à Cap Apollonia. Cependant, le siège de la Compagnie a demandé à Oppercommies de rejeter poliment la requête des populations Nzema[3]. Les sources hollandaises qui mentionnent uniquement la menace qu'a fait peser les agressions asante ne confirment pas un contrôle ou une assujettisation effective de Nzema à l'Asante. En l'an 1718, les Aowin en guerre contre les Asante pouvaient encore s'approvisionner en armes sans inquiétude à Benyinli[4]. Des sources datant de 1817[5] et de 1819[6] disent que l'Amanahea (Nzema) aurait été extorqué en or par le roi Asante. Or, cela n'est pas suffisant pour témoigner de la dépendance de Nzema vis-à-vis de Kumase.

Valescchi (P.) prétend que l'attaque asante de 1715 consécutive à la campagne militaire contre l'Aowin, a entraîné une occupation établie de Nzema par le pouvoir asante. L'indice qui le montrerait serait la présence du résident de l'Asante (*Amradofo*) à Nzema dont les documents pendant les

[1] Van Dantzig (A.), ''The demarcation of the southern section of the border between the Gold Coast and Ivory Coast'', in *Colloque inter-universitaire Ghana-Côte d'Ivoire 1974*, p. 635.

[2] *Note* : Voir Perrot (C. H.), ''Les Anyi Ndenye et les Ashanti'', in Colloque inter-universitaire Ghana-Côte d'Ivoire 1974, p. 319.

[3] Wic 215 ; 12 février 1716.

[4] NBKG 82 – 20 avril 1718 – Van Munnikhoven.

[5] Bowdich (T. E.), *op. cit.*, p. 168.

[6] Robertson (G. A.), *op. cit.*, p. 77.

périodes 1779-1780 et 1785-1786 attestent[1]. Si la présence asante à Nzema était si bien établie, comment s'explique alors l'attaque de 1721[2]. L'audacieux coup de main d'Ebiri Moro contre Kumase en 1718[3] montre bien que les Asante n'occupaient pas de façon stable les royaumes du sud-ouest pendant cette période. Les arguments avancés par P. Valsecchi pour montrer la prétendue stabilité de la domination asante sont bien minces.

En effet, la présence d'un chef asante (Shantee Cabbocer) à Benyinli pendant les cérémonies funéraires en l'honneur du roi Amonhia (Amihyia Angɔla)[4] n'est pas une preuve suffisante de la domination asante sur Nzema. Nzema. La présence de ce chef asante n'est plus ni moins qu'une marque de solidarité vis-à-vis d'un peuple éprouvé par le décès de son roi. Les traditions orales disent que les Nzema furent si frappés par le décès du roi Amihyia Angɔla qu'ils en firent un Ndane (Me ka Amihyia Angɔla)[5].

La domination asante on le sait, se manifestait par la perception d'un tribut annuel, la présence d'un représentant de Kumase appelé Adamfo[6] ou Amradofo[7] (ami de la cour) dans le royaume tributaire et l'utilisation des forces militaires du pays dominé comme armée auxiliaire en cas de besoin[8].

Les Nzema ont-ils participé à une guerre pour le compte de Kumase ? Aucune source ne permet de répondre à cette question. Les sources écrites de 1779 ne parlent pas de la présence d'un représentant de Kumase à Benyinli. Il est simplement signalé qu'en novembre 1779, des messagers asante se sont rendus à Benyinli pour régler un problème avec les populations de ladite ville[9]. En mars 1780, un ''Shante pyinin'' (Asante Panyin/ notable asante), dit-on, aurait rendu visite au commandant britannique du fort Apollonia[10]. Ivor Wilks reconnaît que l'administration des provinces asante sur la côte à l'ouest d'El Mina est mal connue. Quant à Arhin (K.), il parle d'une subordination aléatoire dans la première moitié du XIXe siècle de Benyinli au centre impérial asante, sans pour autant être un territoire tributaire[11].

---

[1] Valsecchi (P.), *op. cit.*, p. 510.

[2] Tenkorang (S.), ''The importance of fire arms in the struggle between Ashanti and the Coastal states 1708-1807'', in *Transactions of the historical society of Ghana*, vol IX, 1968, p. 4.

[3] NBKG 82 El Mina Journal, 21 mars 1718, Van Munnikhoven.

[4] T 70/1000 Apollonia fort's day book, july-september 1779.

[5] Ackah Y. J.), *op. cit.*, p. 30.

[6] Jack Goody, Kwame Arhim, *Ashanti and the northwest*, p. 8.

[7] Ivor Wilks – *Asante in thenjneteenthe century. The structure and evolution of a political order*, p. 228-229.

[8] Terray (E.), ''Kwaku Kosonu dit pape ou la fin du royaume Abron'', Les Africains, tome XII, Editions J. A., p. 260-262.

[9] T70/1000 Apollonia fort's doy book july-september 1779.

[10] T70/1001 Apollonia fort's day book january-march 1785.

[11] Arhin (K.), ''The structure of greater Ashanti 1700-1824'', in *Journal of african history*, vol. VIII, 1967, p. 77.

L'historiographie a trop tendance à voir les relations entre l'Asante et les États de la Côte comme des rapports de force. Or, il n'en a pas été toujours ainsi. Les relations amicales entre Nzema et Kumase ont été établies très tôt du temps du règne du *Belemgbunli Kpole* Anɔ Bile Aka. Ce dernier, disent les traditions a conclu une alliance (*Amonle*) avec l'Asante[1]. Ces relations, dit-on, seraient demeurées bonnes jusqu'au règne de Kaku Aka[2] qui a envoyé son beau frère Nwia Miezan à Kumase avec pour mission d'offrir des présents à l'*Asantehene* en guise d'amitié. Cet *Asantehene* pourrait être Ɔsɛi Yaw Akoto (1824-1838) ou Ɔsɛi Kwaku Dua I (1838-1867). Au retour de la délégation, Kaku Aka a demandé à Nwia Miezan si l'*Asantehene* était aussi puissant que lui Kaku Aka[3]. Nwia Miezan répondit en public que la puissance du monarque nzema était égale à celle du roi asante mais confia en cachette à son épouse que l'*Asantehene* était bien plus puissant que Kaku Aka.

L'épouse de Nwia Miezan rapporta les confidences de son mari au roi qui failli faire exécuter son beau-frère, n'eut été l'intervention des *Mgbanyima* (anciens). Remarquons que si Kaku Aka n'avait aucune idée de la puissance de l'*Asantehene,* c'est dire que son royaume n'était nullement tributaire de l'Asante. L'*amonle* entre Asante et Nzema est demeuré si solide qu'il est à la base des relations encore fraternelles entre ces deux peuples. Un asante peut impunément abuser d'un roi nzema sans être inquiété. De même un Semanli peut insulter l'*Asantehene* sans qu'il lui soit fait quoi que ce soit. Les Nzema traitent amicalement les Asante d'être leurs esclaves et vice versa[4].

Ivor Wilks a mal interprété les rapports amicaux qui ont lié Benyinli à Kumase après 1874[5]. Nzema était devenu depuis la chute de Kaku Aka un protectorat britannique. Les relations entre la nouvelle dynastie Ahwea de Benyinli et Kumase étaient une marque de reconnaissance envers l'*Asantehene* pour le soutien militaire qu'il a apporté à Koasi Ama Ekyi pendant la guerre civile. Kumase a alors envoyé en 1872 Ahuru Kwame[6] puis en 1874 Kete Kwabena comme ambassadeurs ou *Adamfo* de l'Asante à la cour de Koasi Ama Ekyi. En réalité, la présence de ces *adamfo* à Benyinli ne s'inscrit pas dans le cadre du rôle traditionnel dévolu à cette fonction. Notons également que si les Ahwea de Benyinli entretenaient alors d'excellentes relations avec Kumase, les rapports par contre entre Adoanbo et l'Asante étaient conflictuels.

---

[1] Ackah (Y.J), *op. cit.*, p. 2-3.

[2] Sanderson (R. W.), ''The history of nzima up to 1874'', in *Gold Coast Reviex*, vol. I, n° 1925, p. 101.

[3] Aackah (Y. J.), *op. cit.*, appendix 2.

[4] Ibid, p. 135.

[5] Ivor Wilks, *Asante on the nineteenth century the structure and evolution of a political order, order*, p. 228-229.

[6] 1873-C 266, part I – Enclosure n° 1, in Kofi Karikari to acting administrator Kumase 2nd noovember 1871.

L'an 1874 marque non seulement la proclamation du protectorat britannique sur la Gold Coast[1] mais est une période trouble pendant laquelle l'existence même de l'État Asante sera menacée. En effet, après l'occupation de Kumase le 4 février 1874 par les troupes britanniques, les répercussions de la défaite asante seront immenses. L'État confédéré du Juaben dirigé par Nana Asafo Agyei fera sécession. Le Gonja, le Dagomba, le Gyaman et le Sefwi vont se libérer de la suzeraineté du roi asante. Des crises politiques se produiront au sein même du noyau royal asante. Kofi Karikari sera déposé et remplacé par Mensa Bonsu qui sera à son tour déposé le 8 mars 1883[2].

L'Asante dans une telle période de désordre qui a dégénéré en guerre civile ne pouvait certainement pas avoir une emprise quelconque sur Nzema. Dès 1869, l'administration britannique avait pris des dispositions pour contrer une éventuelle influence de l'Asante à Nzema. Un ''district commissionner'' pour l'Amanahia fut nommé avec résidence à Benyinli. Un corps d'artillerie sous le commandement du capitaine Hay fut placé à fort Apollonia[3]. Depuis le 27 avril 1831, un traité signé entre les Britanniques et l'Asante, stipulait théoriquement la renonciation de la part de Kumase de sa souveraineté sur les États de la côte[4]. Cet accord marque la régression de la présence militaire et politique de l'Asante sur la côte. La défaite asante de Katamanso aurait profondément marqué le règne de l'Asantehene Kwaku Dua Panyin (1834-1867). La présence asante sur la côte se limitera alors essentiellement au commerce[5].

La domination de l'Asante sur les États qui lui étaient tributaires se manifestait dans le domaine économique par un contrôle sur leurs échanges[6]. échanges[6]. Peut-on dire que le commerce à Nzema à connu un contrôle de la part de Kumase ? La réponse à cette question est négative parce que les transactions commerciales à Cap Apollonia subissaient le monopole des *Belemgbunli Kpole*. Amihyia Angɔla, Nyanzu Aka et Kaku Aka étaient très riches parce qu'ils monopolisaient le trafic à leurs profits[7]. Si Kumase contrôlait réellement nzema, il n'aurait certainement pas toléré cette politique commerciale des rois nzema.

---

[1] Agbodeka (F.), *African politics and Britsh policy in the Gold Coast 1868-1900. A study in the forms and force protest*, p. 55.

[2] Terray (E.), ''Kwaku Kosonu dit pape ou la fin du royaume abron'', Les Africains tome XII, Editions J. A., pp. 260-262.

[3] Agbodeka (K.), *op. cit.*, p. 72.
To the right hon Earl Granville K. V. DCL Secretary of state for the colonies – Cape Coast Castle 12 th december 1869.

[4] Claridge (W. W.), op. cit., pp. 409-411.

[5] Valsecchi (P.), *op. cit.*, p. 515.

[6] Terray (E.), *op. cit.*, p. 261-262.

[7] Valsecchi (P.), *op. cit.*, p. 513.

Cependant, il est incontestable que l'Asante exerçait un contrôle sur les échanges de ses États tributaires[1]. Dès 1873, le Gyaman dégagé de l'emprise asante pourra alors commercer dans le Bas-Bandaman (Cap Lahu/Kpanda) et dans le Sanwi[2]. Le Sanwi de même que Nzema, n'a pas connu la domination asante. En effet, les transactions étaient aux mains des rois de Klendjabo qui se trouvaient à la source du trafic dans le royaume sanwi. Le commandant du fort Joinville, Thévenard signalait en 1847 l'arrivée à Klendjabo de marchands asante, mais se plaignait du refus d'Amon Ndufu à permettre à ces *Batafo*[3] asante de se rendre directement à Assini. Coquet qui remplace en en 1851 Thévenard dans ses fonctions de commandant du fort Joinville espérait mettre fin aux retissances d'Amon Ndufu à permettre le libre passage des marchands asante pour Assini en refusant de lui verser les droits (''coutumes'') sur le trafic[4]. Ces faits historiques montrent que le Sanwi non plus n'a jamais été tributaire de l'Asante.

L'État nzema depuis sa création est resté indépendant vis-à-vis des autres États akan. Il a même cherché à une période de son histoire à étendre son influence sur des territoires voisins. Comment s'explique ce besoin pour l'État nzema d'étendre son espace politique pendant le règne du Kaku Aka alors que les *Belemgbunli Kpole* qui ont précédé ce dernier s'étaient bornés à protéger les frontières politiques et géographiques du royaume ?

---

[1] CO 879/37 n° 435 Lang Report, 11 november 1897, p. 50.

[2] Ibid, Valsecchi (P.), *op. cit.*, p. 535.

[3] 5G5 pièce 27, rapport de Thévenard, Assinie, 1847.
Note : *Bata* signifie commerce à longue distance.
Le Batafo est le marchand qui fait du commerce sur une longue distance

[4] 5G9 Coquet au commandant Part de Gorée, Assinine, 28 juillet 1851 – Coquet à Penaud – Assiniee, 7 août 1851.

CHAPITRE V

LES VISÉES EXPANSIONNISTES DU ROYAUME NZEMA DANS LA PREMIÈRE MOITIÉ DU XIXe SIÈCLE ET LES RÉPERCUSSIONS DE LA POLITIQUE INTÉRIEURE ET EXTÉRIEURE DU ROI KAKU AKA

A-LES CAUSES DE CETTE POLITIQUE HEGEMONIQUE

Les tentatives d'expansion du royaume nzema pendant le deuxième quart du XIXe siècle sous le règne d'Awulae Kaku Aka se caractérisent par une intense activité militaire, économique et politique[1]. Les manifestations de cet impérialisme s'illustrent par les guerres de Kaku Aka contre le Sanwi à l'ouest, contre la côte hollandaise d'Axim à l'est et contre le Wassa au nord. Les nzema et les Anyi expliquent différemment ces guerres qui les ont opposés. Les traditions orales nzema disent qu'elles sont dues aux ambitions personnelles du *Belemgbunli Kpole* Kaku Aka qui se voulait le souverain le plus puissant de la région[2]. Il ne fait pas de doute que Kaku Aka voulait soumettre le Sanwi à son autorité. Bien que ne disposant pas de données démographiques, nous pensons que les guerres de Kaku Aka contre le Sanwi s'expliquent par la pression démographique dans le royaume nzema. En effet, l'espace géographique de l'État nzema de Sanwoma à Avoleɛnu (New Town) était habité. Les Nzema avaient atteint l'extrême ouest de leur territoire politique. Désormais, la recherche d'espaces nouveaux se posait à eux. La pression démographique se définie par le rapport entre la dimension de la population et celle du territoire. La pression démographique se produit lorsque la population est trop importante par rapport au territoire. Aristote et Platon pensaient que l'accroissement excessif de la population provoquait des troubles sociaux et des antagonismes politiques.

De nouvelles conquêtes territoriales permettaient alors de se procurer l'espace vital nécessaire à la ''relaxation démographique''[3]. En ce qui concerne nzema, le pourtour de la lagune Ehy toute proche à l'ouest restait inhabité[4]. La tentation de l'occuper était très forte surtout que les Nzema tiraient d'importants revenus de la pêche lagunaire.

Les Nzema remontaient le cours du Tanoɛ pour aller vendre du poisson séché. Les sujets nzema qui se hasardaient à pêcher dans la lagune Dwenye,

---

[1] Valescchi (P.), *op. cit.*, p. 508.

[2] Amihere Essuah, *Mekakye bie I*, p. 23

[3] Duverger (M.), *Sociologie politique*, p. 62-63.

[4] ANCI 1EE 23 – Procès-verbaux des séances de la commission mixte de délimitation des frontières d'Assinie – 1884, 22 décembre 1883, Séance à Afoleɛnu.
Note : Des populations vivaient dans la région, seulement il n'y avait pas de village autour de la lagune Ehy.

couraient le risque d'être fait prisonniers par les guerriers sanwi qui ainsi privaient le pays nzema de revenus substantiels. Les ambitions du *Belemgbunli Kpole* Kaku Aka surviennent donc à un moment où il se pose chez ses sujets un besoin réel d'expansion territoriale qui résoudrait la question démographique et offrirait de nouvelles perspectives économiques à la population.

Kaku Aka avait le désir de créer un monopole exclusif du trafic de l'or et des produits européens au bénéfice de l'État nzema dans le sud-ouest de la Côte de l'or[1]. Il ressentait l'expansion du Sanwi vers l'océan comme une menace pour ses objectifs économiques. On se rappelle qu'en 1823, Assemia Deheɛ *Belemgbi* (roi) du Sanwi s'est emparé du centre côtier d'Assini[2] alors que les Nzema en lutte contre les Essuma convoitaient ladite côte. L'action du *Belemgbi* Assemia Deheɛ a modifié l'équilibre territorial et politique dans le sud-ouest car la Sanwi par le renforcement de se position à Assini devenait un concurrent politique et commercial de Nzema[3]. Kaku Aka qui voulait avoir le contrôle de la Côte du Sanwi a transformé Angesso en poste militaire afin de rendre plus efficaces ses attaques contre Assini qu'il revendiquait comme dépendant de sa juridiction[4]. Le conflit entre Nzema et Sanwi avait aussi pour toile de fond le contrôle du territoire aurifère du bas Tanoɛ.

À cause de cet enjeu, Kaku Aka occupe le centre d'Alakwabo après avoir effectué des actions militaires au nord-ouest en 1846[5]. Les actions militaires du roi nzema avaient pour objectif de briser le développement des échanges entre l'intérieur du Sanwi et la côte. Les attaques constantes de ses armées y ont réduit le trafic de façon considérable[6]. L'armée nzema a repoussé les Anyi du village d'Inkaken sur l'autre rive du Tanoɛ faisant de ce fleuve la frontière définitive entre l'Aowin et les dépendances de Kaku Aka[7].

Les forces nzema qui ont attaqué et incendié Inkaken se composaient de 200 hommes sous la conduite de deux *safohyenle* Adobia et Niakulu[8]. L'alliance entre les Sohié du bas Tanoɛ et le royaume nzema fut une conséquence des activités militaires de Kaku Aka dans cette région[9]. À l'est,

[1] Ackah (Y. J), *op. cit.*, pp. 97-105.
[2] Mouezy (H.), *op. cit.*, pp. 51-55.
[3] Valsecchi (P.), *op. cit.*, p. 518, p. 521.
[4] ANCI - 1EE23, *op. cit.*, séance de Nuamou, 30 décembre 1883, Séance de Nougoua, 9 janvier 1884.
Note : Angesso est à mi-distance entre Assini et Avoleɛnu (Afolienu).
[5] Ackah (Y. J.), *op. cit.*, p. 84.
Valsecchi (P.), *op. cit.*, p. 527.
Co 879/19 report on Assinee boundary, Palaver at Nugua 7 th january 1884.
ANCI-1EE 23, *op. cit.*, séance de Nougoua, 9 janvier 1884.
[6] 5G5, Thevenard au commandant de Gorée, Fort Joinville, 4 août 1847.
[7] Diabaté (H.), *op. cit.*, p. 496.
[8] ANCI – 1EE23, *op. cit.*, séance de Nougoua, 9 janvier 1884.
[9] Mouezy (H.), *op. cit.*, p. 59.

l'est, les armées nzema menaient des incursions contre le Wassa[1] et la côte hollandaise d'Axim et d'Ahanta. Kaku Aka voulait par ces actions militaires briser la concurrence commerciale de cette côte vis-à-vis de Benyinli et faire de cette dernière le pôle central des activités marchandes dans le sud-ouest.

Les Sanwi, pour expliquer les guerres contre Kaku Aka évoquent l'affaire Anvo Ngɛta[2]. Ce dernier était l'héritier direct au *Bia* d'Ehyian, mais il désirait monter sur le *Bia Kpili*[3] (trône du Sanwi). Il justifiait ses ambitions politiques par son appartenance au matrilignage royal[4]. Le conseil du trône a a rejeté les prétentions d'Anvo Ngɛta. Exaspéré, ce dernier décide de conquérir le pouvoir par la force. Anvo Ngɛta qui n'ignore pas les projets de Kaku Aka sur le Sanwi, fait alliance avec lui. Il propose de lui céder une partie du territoire sanwi si leur plan aboutit.

La conjugaison des ambitions des deux hommes est l'une des causes à l'origine de la guerre qui, dans la première moitié du XIXe siècle, oppose nzema et sanwi. Au-delà des raisons qui expliquent cette guerre, Kaku Aka a hérité d'une situation conflictuelle qui a opposé son prédécesseur Yanzu Aka au Belemgbi Atɔkpɔla du Sanwi[5]. Kaku Aka voulait incontestablement conquérir le royaume de Klendjabo. Il en trouvera le prétexte lorsque surviendra le cacus-belli.

En effet, des marchands nzema qui se livraient au commerce du sel dans le Sanwi seront retenus prisonniers par Atɔkpɔla. Kaku Aka a envoyé une délégation dirigée par Kwame Amɛndɛ à Klendjabo afin d'obtenir la libération des prisonniers. Atɔkpɔla a opposé un refus catégorique à la requête du roi nzema. Ces événements se situent peu après l'accession de Kaku Aka au trône c'est-à-dire en 1833. Le premier affrontement militaire entre les deux royaumes s'assimile à la bataille d'Anzeasawu qui d'après les traditions orales nzema marque le début de la guerre de Kaku Aka contre le Sanwi[6]. Quatre batailles successives ont émaillé cette guerre : la bataille d'Anzeasawu, la bataille d'Abongo, la bataille de Bea Anloa Nu ou Beanu et la bataille d'Adawu.

[1] CO 98/1 (A), Minutes of council, Cape Coast Castle 13 th october 1834, CO 267/131-Maclean to committee, 28 th march 1885.

[2] Diabaté (H.), op. cit., p. 534 ; p. 536.

[3] *Note* : Le trône du Sanwi est appelé Amanlaman Anɔ Bia (le trône d'Amanlaman Anɔ).

[4] *Note* : Le matrilignage royal du Sanwi appartient à l'*Afilié* ɔyɔkɔ

[5] Ackah (Y. J.), *op. cit.*, p. 80 ; p. 81.
CO 879/19, n° 142, Report of the British commissioners.
Assinee boundary (pullen and Firminger), palaver at chpum, december 28 th, 1883, Palaver at Nuam – december 1883.

[6] Amihere Essuah, *Mekakye bie III*, p. 96.

B- LES GUERRES DE KAKU AKA CONTRE LE SANWI

a- La bataille d'Anzeasawu ou l'affrontement entre Aleɛkulo et Mgbeme 1833

Cette bataille n'est évoquée que par les traditions orales nzema[1]. Les anciens de Mgbeme racontent que le chef d'Aleɛkulo a lancé un défi à Awulae Kaku Aka. Il désirait confronter son armée à celle du monarque nzema. Kaku Aka relava le défi en chargeant le *safohyenle* de Mgbeme d'accomplir cette mission. Le chef d'Aleɛkulo qui, dit-on, s'appelait Banyinli Atibu voulait prouver à ses compatriotes sanwi qu'ils n'avaient pas à redouter les armées de kaku Aka. Ces événements doivent se situer juste après la découverte par les Sanwi du complot orchestré par Anvo Ngɛta.

Les deux armées, celle d'Aleɛkulo et celle de Mgbeme se sont affrontées sur les plages d'Assini, précisément à un endroit appelé Anzeasawu Enwea Zo par les nzema. Les combats tourneront à l'avantage de Mgbeme, donc des Nzema. Il en sera autrement quant à la bataille d'Abongo.

b- La bataille d'Abongo 1834

La bataille d'Abongo était d'une grande envergure. L'armée nzema était dirigée par le *safohenle* akose. Elle comprenait un effectif de sept grandes pirogues (fanelɛne)[2], pouvant chacune contenir cent guerriers.

Les armées nzema et sanwi se sont croisées sur la lagune Dwenye. Henri Mouezy a qualifié cet affrontement de véritable combat naval[3]. L'issue de la bataille est demeurée longtemps incertaine. Finalement, les Sanwi l'ont emporté et fait prisonnier Akose. La bataille d'Abongo a dû avoir lieu en l'an 1834 comme cela a été noté par Maclean[4].

D'importantes pertes humaines de part et d'autre étaient à déplorer. La lagune était devenue si rouge de sang que les Sanwi ont appelé cette bataille abongo qui signifie : ''Nous[5] avons brisé un canari d'huile de palme''. Kaku Kaku Aka, nullement découragé par la défaite de son armée, se préparait à un nouvel affrontement avec les armées sanwi…

c-La bataille de Bea Anloa Nu et le problème du Ndane (serment) de Benyinli

De nouveau, les grandes pirogues de guerre nzema pénétrèrent la lagune Dwenye. Les guerriers de Kaku Aka ne voient personne jusqu'au moment où ils arrivent dans l'embouchure de la Bea. Les Anyi, certainement informés

---

1 Amihere Essuah, *Mekakye bie III,* p. 96
2 *Note : Fanelɛne* est le nom que les Nzema donnent à ce type de pirogue.
3 Mouezy (H.), *op. cit.*, p. 57-58.
4 Furley collection journal 1830-1835, Entry for october 18 th 1834, p. 293.
5 Amihere Essuah, *Mekakye bie I*, p. 26.
Diabaté (H.), *op. cit.*, p. 709.

de l'attaque, mettent à profit leur connaissance du terrain. Les guerriers sanwi qui comptaient une grande proportion de Betibe[1] se postent de chaque côté des rives de l'embouchure du fleuve. Là a lieu la fameuse bataille de *Bea* Anloa Nu ou Beanu[2]. L'embouchure de la Bea est appelée Beanu par les Anyi tandis que les Nzema l'appellent Bea anloa nu. Les Sanwi avantagés par leur position stratégique, infligent une défaite cuisante à l'armée nzema qui a eu de lourdes pertes humaines. Le *safohyenle* qui se trouvait à la tête de l'armée nzema était Koasi Ama Ekyi[3]. Les guerriers nzema qui échappent au massacre de Beanu prennent la fuite. Malheureusement, leurs pirogues chavirent dans l'embouchure de la rivière Alehialɛ[4]. Cet incident aggrave le nombre des victimes.

Certaines traditions orales associent à tort la bataille de Beanu au *Ndane* de Benyinli. Le *Ndane* de Benyinli ''Meka Bea Anloa nu nee Kɛnlanwiako'' nous le verrons est né plutôt à la suite de la guerre civile qui a déchiré nzema après le règne de Kaku Aka. Le *Ndane* actuel de Benyinli n'a pas de lien avec la bataille de Beanu. Trois indices principaux justifient notre thèse.

1- Les traditions orales de Benyinli même ne lient pas ce *Ndane* à la bataille de Beanu, mais à la guerre qui a opposé Koasi Ama Ekyi à Avo[5].

2- Si ce Ndane est né pendant le règne d'Awulae Kaku Aka, pourquoi est-il ignoré par Adoanbo puisqu'alors le royaume nzema était dirigé par un unique grand roi ?

3- Le *Ndane* du royaume naît d'un événement douloureux qui touche le peuple dans son ensemble. Il est très souvent officiellement prononcé par le *Belemgbunli Kpole*. Kaku Aka connu pour son orgueil et son autorité arbitraire n'aurait certainement pas créé un *Ndane* qui rappellerait la débâcle de son armée face aux forces militaires du Sanwi. Quiconque se serait hasardé à évoquer l'échec de Kaku Aka par un serment aurait sans doute couru le risque d'être condamné à mort. James Ackah soutient que le *Ndane* ''Me ka Bea Anloa nu'' n'est plus utilisé à cause de la scission politique qui a suivi la guerre civile[6].

---

[1] *Note* : Amon Ndufu Kutua avait chargé les Betibe de veiller à Beanu, voir enquête auprès de Nana Kofi Alexandre.

[2] Koffi Kofi lazare, *La vie quotidienne au royaume de Krindjabo sous amon Ndoufou II (1844-1886)*, p. 163.

[3] Ackah (Y. J.), *op. cit.*, appendix 6, p. 5.

[4] Diabaté (H.), *op. cit.*, p. 536 ; p. 701.

[5] Annan (J. C), *Avo nee Koasi Ama Ekyi*, 106
Amihere Essuah, *Mekakye bie I*, p. 50.
Note : D'après Nana Kofi Alexandre, le *Ndaa* (serment) lié à la bataille de Beanu a été créé par les Betibe qui avaient été chargés par le roi Amon Ndufu de veiller sur la gune du côté de Beanu.
Ce *Ndaa* est ''Me ka Beanu''.

[6] Ackah (Y. J.), *op. cit.*, p. 82.

Cet argument ne tient pas parce que bien d'autres *Ndane* qui ont précédé la guerre civile sont encore utilisés. En réalité, le *Ndane* lié à la bataille de Beanu a été créé par les Sanwi précisément par les Betibe qui avaient été chargés par Amon Ndufu Kutua ou Amon Ndufu II d'assurer la sécurité du territoire du côté de la lagune parce qu'ils étaient les seuls à savoir combattre sur l'eau. Les Betibe ont donc repoussé l'attaque des Nzema à Beanu et ont créé un serment lié à cette bataille qui est ''Me ka Beanu''[1]. Il est possible que ce *Ndane* ait été par la suite adopté par les Nzema. Quoi qu'il en soit, la défaite de Beanu n'a pas empêché Kaku Aka d'entreprendre une nouvelle expédition contre le Sanwi.

d- La bataille d'Adawu 1845

Les guerriers nzema cette fois-ci changent de tactique, car la voie de pénétration du territoire sanwi par la lagune était risquée et dangereuse. Les expériences précédentes leur avaient servi de leçon. Aidés par les guides Sohié, ils passent le Tanoɛ. Dans leur progression, ils attaquent Tolieso, Afienu et Mafɛle. Ils arrivent à Klendjabo, mais trouvent un village désert. Le *Belemgbi* Amon Ndufu Kutua informé du retour des envahisseurs nzema s'est réfugié avec sa suite à Adawu[2]. L'attaque-surprise des Nzema contre Klendjabo a échoué parce que les Français connaissant les plans de Kaku Aka ont prévenu Amon Ndufu à temps du danger qui le guettait[3]. L'armée nzema campe là à Klendjabo, comptant bénéficier de l'effet de surprise qu'offre la nuit pour attaquer Adawu. Les Anyi ne restent pas inactifs, ils postent des guerriers sur les principales voies qui mènent à Adawu. Dans le village même, ils organisent un semblant de danse afin de faire croire aux guerriers nzema qu'ils ignorent leur présence. L'armée nzema tombe dans le piège tendu par les Sanwi et toute une division est précipitée dans un grand ravin (Bɔnza) près d'Ayebo.

Le reste de l'armée nzema en déroute passe la Bea à la hauteur de Klendjabo où les guides Sohié les attendent. La bataille d'Adawu est la dernière grande bataille qui a opposé les Sanwi et les Nzema. Les Sanwi, qui ont suspecté les Sohié d'avoir servi de guides à l'armée nzema, les ont attaqués. Les Sohié ont alors conclu une alliance avec l'État Nzema[4]. Kaku Aka désormais semait l'insécurité dans le Sanwi grâce aux incursions sur la lagune de petits détachements armés avec pour appui la mise en place de fortes garnisons à Angesso, Adu et Awiane. C'est pendant l'une de ces

---

[1] Enquête auprès de Nana Kofi Alexandre.

[2] Diabaté (H.), *op. cit.*, p. 534 ; p. 569.
Amihere Essuah, Mekakye bie I, p. 29.

[3] 5G3 – Boyer au commandant de Gorée, 31 août 1845.
Note : Ce document est celui qui nous a permis de situer la date de la bataille d'Adawu.

[4] Mouezy (H.), *op. cit.*, p. 59-60.
ANCI – 1EE23, *op. cit.*, Séance de Nougoua, 9 janvier 1884.

incursions que le commandant du fort Joinville Thévenard sera tué alors qu'à la tête de ses soldats il tentait de l'intercepter le 26 novembre de l'an 1847[1].

Le meurtre de Tévenard pourrait être en réalité une réaction de Kaku Aka contre l'alliance du Sanwi avec la France[2]. Le roi nzema savait que les Français n'étaient pas étrangers au fait que les Sanwi étaient informés de ses plans d'attaque. L'agressivité de Kaku Aka contre le Sanwi, a poussé Amon Ndufu Kutua à signer un traité en 1843 avec la France dont les clauses stipulent qu'en échange de la protection que cette puissance apporte au Sanwi, elle a le monopole du commerce à Assini[3]. La tension entre Kaku Aka et les Français d'Assini pendant cette période a pris de l'ampleur. Les Français tentent d'atténuer les incursions militaires nzema en entreprenant une expédition sur la lagune Tendo[4]. Malgré l'hostilité de Kaku Aka face à la présence française à Assini, celle-ci dans un premier temps, chargée d'intentions pacifiques, a pris contact avec lui[5].

Un récit rapporte la visite que le capitaine Edward Bouet a rendue à Kaku Aka lors d'une mission d'exploration sur la côte ouest-africaine de 1838 à 1839 à bord de la canonnière ''Malouine''[6]. Les Français désiraient être intégrés au trafic contrôlé par Kaku Aka en dépit des relations conflictuelles entre nzema et sanwi[7]. La volonté des Français de commercer avec Apollonie était compréhensible car Kaku Aka contrôlait le bas Tanoɛ. Sans ce dernier, la sécurité préalable au développement du commerce était impossible. Les Français voulaient s'efforcer de maintenir une certaine neutralité pour rendre possibles les relations commerciales. Ils n'ignoraient pas non plus que les marchands nzema étaient les plus actifs de la région[8]. Dans un rapport, Fleuriot De Langle exprime le vœu de voir s'accroître le nombre de marchands nzema qui viennent commercer à Assini.

---

[1] Sénégal IV, Dossier 35 (C.) ; 5G6 (pièce, 5 ; 7 ; 11).
5G (pièce 15) ; 4B33 (pièce 13 ; 29).
ANCI – 1EE 1 Meurtre du Lieutenant De Tevérard.
[2] Valssecchi (P.), *op. cit.*, p. 529.
[3] Sénégal IV, 29 (a), Directeur des colonies au Ministre, Paris, le 28 décembre 1842.
Mouezy (H.), *op. cit.*, p. 67-69.
Ackah (Y. H.), *op. cit.*, p. 83.
[4] Sénégal IV, 35 (a) commandant du brg de guerre l'''Églantine '' Jance au Ministre de la marine et des Colonies,
''Églantine '' à la mer, 21 octobre 1843.
Valsecchi (P.), *op. cit.*, p. 529.
[5] CO 879/19 n° 142, Report on the Asinee boundary pullen and Firminger/Palaver at Nuanm – december 11 th 1883.
[6] Valsecchi (P.), *op. cit.*, p. 528, Archives nationales, F 12, 2588, rapport de mission Bouet et Broquant, Gorée, 6 mai
1839.
[7] Valsecchi (P.), *op. cit.*, p. 528.
[8] ANCI 1EE1 (2) compte rendu de Bouet-Villaumez, capitaine de vaisseau au sujet de la responsabilité du roi d'Apollonie Kaku Accah au sujet du meurtre du lieutenant De Thevénard.

''Chez les Noirs, bien que deux populations soient en hostilités, les personnes isolées peuvent généralement visiter les lieux habités par la population rivale sans danger. Si le comptoir d'Assinee prend l'importance que nous devons espérer, les gens d'Apollonie s'habitueront peu à peu à le fréquenter et néanmoins le roi d'Assinee pourra continuer à les bloquer du côté de la terre''[1].

Pourquoi Kaku Aka a-t-il eu une position si tranchée malgré l'attitude apparemment sincère des Français ? Nous pensons que le souverain nzema n'avait aucunement confiance en ces derniers qui depuis le XVIIe siècle livraient des armes aux Essuma que les nzema combattaient afin d'avoir le contrôle de la côte d'Assini.

Dans le but de neutraliser la collaboration entre le Sanwi et la garnison française du fort Joinville, Kaku Aka a conclu en 1845 une alliance avec le chef Peter de Grand-Bassam[2] qui était connu pour ses penchants anglophile et son attitude anti-française[3]. Cet objectif visé par Kaku Aka sera vite atteint atteint grâce au meurtre de Thévenard qui pour un temps a compromis les bons rapports entre le Fort Joinville et Amon Ndufu II. Bien que ce dernier dégageait la responsabilité de ses sujets dans cette affaire, les navires français ont bombardé le village d'Aby[4]. Par ces intrigues, Kaku Aka espérait voir les Français abandonner le For Joinville afin que le Sanwi soit exposé à ses attaques[5]. C'est ainsi qu'en janvier 1848, il a fait tuer trois français et sept sanwi par ses hommes[6]. Les Français ont porté plainte auprès auprès du gouvernement anglais devant les agissements du roi d' Apollonie. Le gouverneur anglais a rétorqué que le nzema est un territoire britannique et qu'en dépit de la conduite de Kaku Aka, les Français ne devraient pas prendre l'initiative d'une attaque contre celui-ci[7]. En 1848, les Britanniques à la suite d'une expédition arrêtent Kaku Aka. Bouet Villaumez écrira alors :

« En somme une fois la paix générale conclue, je n'entrevois que des avantages à la destruction de l'autorité de Kakkoaka ; grâce à la chute de ce petit tyran africain, nos embarcations pourront actuellement remontrer et

---

[1] Sénégal IV, 35 (a), n° 6, Fleuriot De Langle à Bouet, 1843 (rapport sans date précise).

[2] Valsecchi (P.), *op. cit.*, p. 531.

[3] ANCI 1EE1 (2) (VIII/1/2/31), Rapport sur la situation politique et commerciale du comptoir comptoir de Grand-Bassam,
1850.

[4] ANCI 1EE1 (11) 1-2-33. Lettre de Mantaguis de la Roque adressée au Ministre de la Marine Marine et des
Colonies au sujet de la responsabilité des populations d'Aby dans le meurtre du lieutenant Thévenard.

[5] Furley collection Journal (1847-1852) entry for 29 january 1848, p. 80.

[6] Ibid.

[7] Ibid., (1840-1847) 17 th september 1843, p. 133.

étudier le Tendo, ce qu'elles n'ont jamais osé entreprendre jusqu'à ce jour »[1]

Désormais libérés de la menace des armées nzema, les navires français dont le Guet-N'dar ont remonté le Tanoɛ jusqu'à Alakwabo. La première reconnaissance du Tendo a été faite en 1849 par le commandant Dubourquois. Avec l'arrestation du Kaku Aka, les Nzema chercheront à établir des rapports amicaux avec le Sanwi.

e- La recherche de la paix avec le Sanwi

Ebayenle à qui la direction du pays nzema a été confiée après la capture de Kaku Aka est l'instigateur de cette volonté de paix.

Une ambassade nzema vient voir Amon ndufu II pour manifester le désir des nzema de vivre en bonne intelligence avec le Sanwi. Les messagers d'Ɛbayenle expliquent au *Belemgbi* du Sanwi que les guerres ont été entreprises par Awulae Kaku Aka sans le consentement des *Mgbanyima* (notables). Une réunion se tient à cet effet à Assini et les deux royaumes conviennent :

1. De ne plus se livrer la guerre ;
2. L'on décide d'échanger les captifs et les butins de guerre de part et d'autre ;
3. Tous les conflits devront désormais être résolus par des négociations[2].

La volonté de paix d'Ɛbayenle et d'Amon Ndufu II a effectivement permis l'exécution de ces conventions. L'époque des guerres entre nzema et sanwi était définitivement révolue. Cependant, suite à un malentendu survenu entre Ama Ekyi qu'Ɛbayenle avait placé à la tête de Benyinli et le roi Amon Ndufu II, une nouvelle convention sera signée le 27 juillet 1858 entre les administrateurs britanniques et les administrateurs français dans le but de garantir une fois pour toutes la paix entre nzema et sanwi[3].

Pour mieux comprendre les tenants et les aboutissants de la période trouble dans laquelle a plongé le royaume nzema après le règne de Kaku Aka, il est nécessaire de procéder à une analyse des conséquences de la politique intérieure et extérieure de ce roi.

---

[1] ANCI 1EE1 (2) VIII-1-2-/24. Lettre du capitaine de vaisseau Bouet Villaumez, 8 octobre 1848.

[2] Mouezy (H.), *op. cit.*, p. 60.

ANCI 1EE1 (n° 22) 2 juillet 1848. Traité d'Amatifou avec le nouveau gouvernement anglais d'Apollonie.

Note : Amon Ndufu a envoyé 20 onces d'or au gouvernement anglais pour le remercier d'avoir débarrassé son pays de la menace de Kaku Aka. Voir CO 96/17, 28 th september 1849. Letter by F. Swanzy and Henry Smith to the honorable Earl Grey (with a copy to winniet

[3] Koffi Kofi Lazare, *op. cit.*, p. 168.

C-CONSÉQUENCES DÉSASTREUSES DU RÈGNE DE KAKU AKA

a-Les effets de la politique de Kaku Aka sur le plan démographique

Les guerres entreprises par Kaku Aka ont provoqué une diminution de la population. Beaucoup de jeunes hommes sont morts ou ont trouvé refuge dans les territoires voisins. De nombreux nzema qui fuyaient la politique arbitraire de Kaku Aka se sont établis à Nvuma (Dixcove)[1]. Il n'existe pas de chiffres qui pourraient montrer cette baisse démographique, mais la tradition orale se rappelle fort bien de cette catastrophe[2]. À défaut de n'avoir pu conquérir l'espace nécessaire à la ''relaxation démographique''[3], les guerres entreprises par Kaku Aka ont résolu le problème de la pression démographique. Les traditions orales disent que pour permettre à nouveau l'accroissement de la population, Ɛbayenle et Koasi Ama Ekyi ont sollicité les services d'un homme nanti de pouvoirs mystiques appelé Dawuda. Ce dernier a fait des sacrifices rituels à Benyinli afin de faire croître la natalité dans l'ensemble du pays nzema. Cependant, il a ajouté que ces sacrifices avaient des interdits qui sont les suivants :

1. Le refus du dixième enfant (*bulu*).
2. Le refus de l'*amu*, c'est-à-dire d'un enfant né d'une jeune fille qui après avoir connu sa première menstruation n'a pas attendu d'en avoir deux autres de suite et qui donne naissance d'un bébé. De même, l'enfant né d'une femme qui n'a pas eu trois menstruations successives est dit *amu*[4]. Le refus du *bulu* et de l'*amu* se rencontre chez certains anyi sanwi et certains fante. Les Anyi sanwi expliquent le refus du *bulu* et de l'*amu* par le culte du génie Tanoɛ. En fait, des groupes akan comme les Brong pratiquent le culte du Tanoɛ sans pour autant refuser le dixième enfant. La pratique du refus du *bulu* et de l'*amu* a bien pu se répandre à partir du pays nzema à d'autres régions akan.

b- Les conséquences politiques du règne de Kaku Aka

1- À l'intérieur du royaume : la naissance de deux nouvelles dynasties royales ; celles des Ndweafoɔ de Benyinli et d'Adoanbo

La tradition orale a gardé d'Awulae Kaku Aka l'image d'un roi sanguinaire et tyrannique[5]. Kaku Aka a brisé les contre-pouvoirs qui, au sein du conseil du trône, avaient présidé aux règnes de ses prédécesseurs. Il a

---

[1] Ackah (Y.J), *op. cit.*, p.177.
[2] Anza (E.), Bɛnlea maamɛla, p. 16.
[3] Duverger (M.), *op. cit.*, p. 62-63.
[4] Enza (E.), *op. cit.*, p. 16.
[5] Enqûte auprès d'Agya Wendja, de papa Alagye Diallo et de Maame Adjoba Ekyi. Amihere Essuah, *Mekakye bie III*, p. 5.

rompu l'équilibre structurel qui existait entre le pouvoir royal et celui des *Mgbanyima*. De ce fait, ce *Belemgbunli Kpole* a opéré une rupture avec les traditions politiques du royaume en instaurant un pouvoir royal absolu et sans limites. Les *Mgbanyima* qui ont essayé de s'opposer au pouvoir sans partage de Kaku Aka ont été éliminés. Kaku Aka a fait d'Ayekpa Arɛnebo[1] (lieu des exécutions capitales) un instrument de sa politique de terreur. Il régnait en autocrate entouré de gens prêts à lui obéir aveuglément. Kaku Aka a aussi foulé aux pieds les devoirs politiques du grand trône vis-à-vis des sièges secondaires sur lesquels reposaient l'unité ainsi que l'existence de l'État nzema.

Kaku Aka s'était rendu coupable d'assassinats des membres influents du lignage royal ainsi que des enfants de son oncle Nyanzu Aka[2]. Il possédait un réseau dense d'espionnage qui l'informait de tout à travers le pays. Il se servait de la puissance économique comme instrument de son autorité absolue. Par ses largesses auprès d'une frange de la population[3], il divisait pour régner. Il dépouillait les riches de leurs biens pour demeurer la personne la plus fortunée du royaume. Il a confisqué l'or de Hwona ainsi que les biens d'Ɛbayenle Nwi et de Bedu du village d'Elonye[4].

Kaku Aka a renvoyé les notables de son prédécesseur pour s'entourer de nouveaux conseillers dont il était assuré de l'obéissance sans borne. En transférant la capitale du royaume à Adoanbo, il se débarrassait du coup des notables de Benyinli. Le règne de Kaku Aka fut celui de la terreur. Ses bourreaux dont le chef était Kwame Amɛnde[5], supprimaient tous ceux qui s'opposaient à son autorité arbitraire.

Kaku Aka a tant marqué la mémoire du peuple nzema qu'il existe de nombreuses anecdotes qui rappellent sa cruauté. L'on raconte que qui dormait trop, courait le risque d'avoir une paupière coupée sur l'ordre de Kaku Aka. Qui parlait trop pouvait se voir arracher la lèvre supérieure ou inférieure, ou couper une oreille. Le roi Kaku Aka, dit-on, pensait que ceux qui dormaient exagérément n'étaient pas utiles pour la défense du royaume, car ils seraient incapables de prévenir leurs concitoyens en cas d'agression étrangère. Celui qui était bavard selon le roi pouvait semer la discorde parmi les gens[6].

La tradition orale va jusqu'à entourer d'un récit mythique la naissance du roi Kaku Aka. Un *ɛwanzane* (génie/Bozonle, dit-on, aurait substitué son

---

[1] Ackah (Y. J), *op. cit.,* p. 115.
Amihere Essuah, *Mekakye bie I*, p. 21-22.
[2] Minutes of evidence 1848 – select committee on west coast of Africa, Francis Swanzy 905.
Ackah Y.J), *op. cit.*, pp. 95-97.
[3] Ibid, p. 97, Appendices 13 ; 22.
[4] Ibid, p. 98-99, appendix 22.
[5] Ibid, p. 113.
[6] Anecdote rapportée par Egya Wendja, annexe è, p. 366.

bébé (Kaku Aka) à celui d'une princesse du lignage royale[1]. L'on raconte qu'un jour Kaku Aka, mécontent du chef de Bomuakpole, a envoyé des messagers pour remettre à ce dernier du tabac. Cela signifiait qu'il le condamnait à mort. Assaba le neveu du chef de Bomuakpole s'est opposé à ce que son oncle soit conduit à Adoanbo.

Les messagers font le compte rendu de leur mission à Kaku Aka qui aussitôt demande à voir l'homme qui a osé contrarier sa volonté. Assaba avec courage, se présente devant le roi et reconnaît les faits. Kaku Aka admire la témérité du jeune homme et décide de le charger d'une mission, celle de rapporter la tête d'un chef Wassa. Assaba grâce à sa ruse parvient à satisfaire les désirs de son roi[2].

La mission d'Assaba entre dans le cadre des relations conflictuelles entre nzema et wassa pendant le règne de Kaku Aka. Ce dernier aurait envoyé en secret des messagers qui ont assassiné Ofosu le chef Wassa du village d'ɛmase. Les deux messagers en question seraient d'après James Ackah, Ngeda Ayinase et un homme de Nwulofolɔ[3], qui pourrait bien être Assaba puisque le village de Bomuakpole dépend de la juridiction du *Safoyenle* de Nwulofolɔ.

Awulae Kaku Aka a eu une telle influence sur la mémoire du peuple nzema, que tous les événements tragiques sont automatiquement rattachés à son règne. La tradition orale rapporte que ce serait Kaku Aka qui a exigé que le chef de Bawia, Ɛwɔlɔ Ndende lui rapporte vivante la panthère qui décimait son élevage de moutons et de bœufs[4]. Ce récit est extraordinairement rapporté par Henry Meredith dans son ouvrage dont la première édition date de 1812[5]. Cela prouve que le roi dont il est question ne ne peut être Kaku Aka car le règne de ce dernier commence en 1833. Les Nzema étaient exaspérés par la cruauté de Kaku Aka. L'on comprend dès lors, pourquoi non seulement les soldats anglais sont accueillis en libérateurs, mais que leur complice Ɛbayenle est reçu en héros parce que son geste fut considéré comme patriotique.

Pendant la deuxième expédition anglaise contre nzema, Kaku Aka isolé par sa cruauté, n'a pas bénéficié de l'aide de ses chefs comme le commande les règles politiques qui régissent les relations entre le grand trône et les sièges secondaires. Les chefs ne voyaient pas l'utilité de défendre un roi qui au lieu d'assurer la paix et la protection de ses sujets, était devenu leur pire

[1] Ackah (Y.J), op. cit., p. 74, appendix 6.
Perrot (C. H.), *Les Agni Ndenye et le pouvoir politique aux XVIIIe et XIXe siècles*, p. 190.

[2] Anecdote rapportée par Ndɛfo Ekyi.

[3] Ackah (Y.J), *op. cit.*, appendix 2, p. 4.
Note : Des sources écrites font aussi état du comportement violent et arbitraire du roi Kaku Aka. CO 96/13 n° 85 Winniett to Grey Cape Coast Castle, 20 th december 1848.

[4] Amihere Essuah, *Mekakye bie III*, p. 103.

[5] Meredith (H.), *op. cit.*, p. 65.

persécuteur. Les chefs ont eu des connivences avec les envahisseurs. Il n'y a donc pas eu une réelle volonté de résistance de la part des Nzema[1].

L'expédition anglaise offrait aux chefs nzema, une occasion unique pour se débarrasser du roi. Les chefs nzema auraient ceinturé Kaku Aka pour le remettre aux mains des Anglais. Kaku Aka s'était retrouvé dans la situation d'une coalition dense contre lui[2]. Seuls quelques fidèles serviteurs comme sa sœur Ɛbasokwa l'ont soutenu pendant cette période difficile. Miegyila a été l'une des cachettes de Kaku Aka. Ɛbayenle qui était l'un des notables a joué un rôle décisif dans sa capture[3].

Kaku Aka a condamné à mort par contumace Ɛbayenle qui s'est réfugié pendant dix ans à Nvuma (Dixcove). Ce dernier est tombé en disgrâce auprès de celui-ci vers 1838[4].

De son exil, Ɛbayenle prend une part active à l'expédition du Gouverneur Maclean. Mettant à profit sa connaissance du pays et des populations, il facilite l'expédition anglaise qui ne rencontre aucune résistance. Ɛbayenle a été le principal artisan de la coalition intérieure contre Kaku Aka, compromettant ainsi toute volonté des nzema de faire face aux forces d'invasion. Un tribunal composé des chefs nzema et du gouverneur Maclean juge Kaku Aka. Les chefs d'accusation portés contre lui sont les suivants :

1- Son insolence vis-à-vis des messagers qui furent envoyés en toute amitié ;

2- La profanation du drapeau britannique.

3- Les mauvais traitements qu'il a infligés aux maîtres et aux vassaux britanniques.

4- Le meurtre du commandant français d'Assini.

5- L'arrêt des échanges et le meurtre de Wassa.

6- Les attaques contre la côte hollandaise à Axim et la capture de douze hollandais[5].

Le capitaine de vaisseau français Bouet Villaumez a fait remarquer que l'attaque des troupes anglaises contre le roi d'Apollonie avait pour but de récupérer le fort Apollonia dont elles n'avaient plus le contrôle et se venger de leurs propres griefs[6]. L'expédition britannique de 1848 avait effectivement pour objectif principal d'intégrer le royaume nzema dans la sphère de domination de Cape Coast Castle et briser du coup le centre de

---

[1] CO 96/13 n° 85 Winniett to Grey. Cape Coast Castle, december 20 th 1848.

[2] Valsecchi (P.), *op. cit.*, p. 539.

[3] Cruickshank (B.), *Eighteen years on the Gold Coast of Africa*, p. 201.

[4] Ackah (Y. J), *op. cit.*, appendix 4, p. 3.
Valsecchi (P.), *op. cit.*, p. 540.

[5] Newbury (C.W), *British policy toward west Africa. Select documents 1786-1874*, p. 300.
CO 96/13 n° 85 Winniett to Grey Cape Coast Castle, december 20 th 1848.

[6] ANCI 1EE1 (VIII-1-2/24), Lettre du capitaine de vaisseau Bouet Villaumez.

puissance régionale indépendant que la monarchie de cet État a élaboré[1]. Kaku Aka affichait une réelle indépendance que Cape Coast Castle ressentait comme une insulte. Kaku Aka non seulement exerçait un monopole sur le commerce avec les Européens, mais détenait les marchands blancs pour les contraindre à réduire les prix de leurs marchandises[2]. Il avait à ce sujet saisi les marchandises d'Ennis qui opérait pour le bénéfice des marchands de Cape Coast. Ennis avait commis l'erreur de vouloir faire obstacle à la volonté royale de continuer à monopoliser le commerce.

Les Anglais ont alors entrepris l'expédition de 1835 pour contraindre Kaku Aka à dédommager Ennis[3]. James Ackah montre que la politique anti-impérialiste de Kaku Aka est tout à fait conforme à celle de ses prédécesseurs comme Amihyia Angɔla qui a combattu les Hollandais pour les empêcher de contrôler le royaume nzema[4]. Amihyia Angɔla a accepté une certaine protection anglaise sans pour autant placer son pays sous la juridiction de Cape Coast Castle. L'État nzema de sa création jusqu'à l'arrestation du roi Kaku Aka en 1848 est resté indépendant vis-à-vis des Européens[5].

Le tribunal qui a jugé Kaku Aka prononce sa disgrâce et requiert contre lui la peine capitale. La sentence sera plus tard muée en détention à perpétuité. Le roi Kaku Aka est décédé en 1851 à Cape Coast Castle. L'éviction de la dynastie royale nvavile[6] et la naissance des deux nouvelles dynasties Ndweafoɔ posent deux problèmes fondamentaux. L'on peut comprendre le désir des chefs d'écarter Kaku Aka, mais pourquoi n'a-t-on pas intronisé pour lui succéder un membre du lignage royal de l'*abusuan* nvavile ? Pourquoi a-t-on laissé Ɛbayenle se donner les attributs d'un roi alors que les notables lui ont demandé d'assurer une simple régence ? Ɛbayenle comme nous l'avons vu, n'était qu'un simple notable du roi Kaku Aku. Il n'appartenait pas au lignage royal et donc au regard des institutions politiques, il ne pouvait être roi[7].

D'après Annor Adjaye, Ɛbayenle a été fait chef d'Adoanbo par les Anglais parce qu'il avait joué un rôle capital dans la capture de Kaku Aka[8].

---

[1] Valsecchi (P.), *op. cit.*, p. 540.
[2] Metcalfe (W.), *Maclean of the Gold Coast. Great Britain and Ghana, Documents of Ghana history 1807-1957*,
p. 109.
[3] K.V.G 361, may 1835, The Apollonian expedition, Report by Lans.
[4] Ackah (Y. J), *op. cit.*, p. 149.
[5] Ibid.
[6] *Note* : Au sujet de l'évincement de l'ancienne dynastie royale. Voir : *Memorandum of Yamike Kwaku*, p. 2.
''The ancient stools were taken and probably destroyed. Hence the old line of Appollonian chiefs became extinct''.
[7] Ackah (Y.J), *op. cit.*, appendix 4, p. 3.
[8] Nana Annor Adjaye, *Nzima Land*, p. 13.

Indéniablement, Ɛbayenle a été chargé de tenir les rênes du pouvoir en l'absence du roi déchu Kaku Aka grâce aux Anglais qui désormais étaient les maîtres réels du pays et entendaient le demeurer. En effet, Cruickshank alors ''Judicial assessor'', a été chargé par le Gouverneur Hill d'établir un successeur au roi déchu Kaku Aka[1]. Cape Coast Castle afin de maintenir sa domination, voulait choisir quelqu'un dont il serait assuré de la fidélité à l'égard des intérêts britanniques. Ɛbayenle qui a aidé les Anglais à mener à bien l'expédition qui a abouti à la capture de Kaku Aka était la personne toute indiquée. Quand bien même Ɛbayenle, comme le soutiennent certains traditionnalistes, aurait été choisi par les Nzema eux-mêmes pour prendre en main la direction du royaume parce qu'il les a libérés de la tyrannie de Kaku Aka. Il ne faut pas perdre de vue le contexte qui alors prévaut, puisque Cape Coast Castle voulait mettre définitivement nzema dans sa sphère de domination.

La présence des forces britanniques a été un facteur de pression morale qui a déterminé le choix des Nzema. Pour certains traditionnalistes, Ɛbayenle devait exercer les fonctions de régent[2], tandis que pour d'autres, il devait être roi[3]. Au regard du mode d'élection traditionnel du roi, Ɛbayenle ne pouvait qu'être régent. En effet, le roi devait appartenir au matrilignage royal, or les traditions orales sont unanimes pour dire qu'Ɛbayenle n'était nullement parenté à Kaku Aka.

Le roi était désigné par la reine-mère et le chef du matrilignage royal. Personne à part ces deux personnages ne pouvait choisir le roi. Or, l'élection d'Ɛbayenle s'est passée dans des conditions particulières et différentes du mode traditionnel. C'est en présence de Cruickshank chargé de restaurer l'ordre qu'a eu lieu l'élection d'Ɛbayenle. Selon la tradition politique du royaume nzema, l'élection du *Belemgbunli* ne se fait pas publiquement, encore moins en présence d'un étranger de surcroit un Européen. L'élection d'Ɛbayenle le moins que l'on puisse dire s'est déroulée dans un contexte spécial. Ɛbayenle était bien le candidat des autorités britanniques et Cruickshank ne le cache pas[4].

La réponse à la première question précédemment posée se trouve dans les informations données par plusieurs traditionalistes. Après la capture de Kaku Aka, toutes les victimes de ce tyran cherchaient à se venger de lui à travers le lignage royal qui s'est retranché à Awiaso[5]. Les chefs nzema en dépit des crimes de Kaku Aka avaient une lourde responsabilité. En effet, le sang du

[1] Cruickshank (B.), *Letters from the Gold Coast and slave coast*, 1849, Atuabo Apollonia 28 avril 1848, p. 198.
[2] Ackah (Y.J.), *op. cit.*, appendix 1, 6, 13.
[3] Ibid – appendix 2, 4, 22, 9, 15, 21.
[4] Cruickshank (B.), *Letters from the Gold Coast an Slave Coast*, 1849 Atuabo Appolonia 28 avril 1848, p. 198.
[5] Enquête auprès d'Egya Wenda, Annexe 7, p. 366.

roi chez les Akan est sacré[1]. La faute des notables était d'autant plus grave que Kaku Aka est décédé de la main des étrangers. Ils craignaient que l'accession au trône d'un héritier légitime ne soit l'occasion pour ce dernier, de venger la mort de son prédécesseur. L'éviction de la monarchie du matrilignage nvavile servait les intérêts britanniques qui ne voulaient plus d'un pouvoir royal fort à Nzema[2].

Ɛbayenle dans le but d'écarter définitivement le lignage royal nvavile, a fait massacrer certains de ses membres[3]. Ɛbasokwa, la sœur de Kaku Aka fut assassinée à Adoanbo sur l'ordre d'Ɛbayenle parce qu'elle réclamait les biens de son frère[4]. Ɛbayenle a cherché dans un premier temps à se faire introniser comme roi mais les notables ont refusé parce que Kaku Aka était encore vivant. Ɛbayenle fut par la suite fait *ɔmanhyenle* (chef du royaume)[5]. Il a alors confié la moitié du pays qui va d'ɛkebaku à Avoleɛnu à Koasi Ama Ekyi qui, devait exercer la fonction de régent sur cette portion du territoire.

En 1850, Ɛbayenle d'Adoanbo et Koasi Ama Ekyi de Benyinli sont mentionnés par les sources écrites comme 'les deux chefs'' de l'Apollonie[6]. Les Western nzema auraient dit à Crowther que la partition du pays en deux moitiés s'est faite sur les instructions de Brodie Cruickshank[7].

Ama Ekyi devait diriger le western nzema avec pour chef-lieu Benyinli mais en s'en référant à Ebayenle pour les problèmes très importants. D'après certains traditionnalistes, Ebayenle aurait au départ choisi Bile Aiyanku pour diriger la moitié occidentale du pays, mais ce dernier a refusé parce qu'il n'avait pas beaucoup de membres dans son lignage. Il a proposé à Ebayenle de choisir à sa place Koasi Ama Ekyi[8]. Lorsqu' Ɛbayenle fut arrêté en 1849, Koasi Ama Ekyi fit l'effort de maintenir le calme et éviter la révolte que Fitzpatrick s'apprêtait à mater[9]. Koasi Ama Ekyi profita de l'absence d'Ɛbayenle pour consolider son autorité sur l'ensemble du pays. Ɛbayenle fut libéré en 1852 et revint diriger la moitié orientale du pays jusqu'à sa mort en 1855[10].

Ɛnɔ lui succéda en 1856 mais fut bientôt déposé au bénéfice de son neveu Avo[11]. Des traditions orales disent qu'Avo était le fils d'Ɛbayenle, tandis

[1] Terray (E.), ''Kwaku Kosonu dit pape ou la fin du royaume abron'', *Les Africains*, tome XII, Edition J. A., p. 272.
[2] Valsecchi (P.*), op. cit.*, p. 540.
[3] Ackah (Y.J.), *op. cit.,* appendix 2, p. 5.
[4] Ibid.
[5] *Note* : *ɔmanhene* est un terme twi qui se compose *de ɔman* (pays, peuple) et *hene* (chef, roi). Ce terme a été adopté par les Nzema qui le prononcent *ɔmanhyenle.* Ce terme est entré dans le langage nzema avec la naissance des deux nouvelles dynasties ndweafoɔ.
[6] CO 96/19 n) 82, miniett to Grey. Cape Coast Castle, october 5 th 1850.
[7] Crowther (F.), Munites of evidence Applonian 1914 ADM 11/1784, p. 4.
[8] Ackah (Y.J), *op. cit.*, appendix 15, appendix 18.
[9] Furley collection journal (1847-1852). Entry for november 19 th 1849, p. 18.
[10] Crowther (F.), *op. cit.*, pp. 4-6.
[11] Ackah (Y.J), *op. cit.*, appendix 2.

que d'autres disent qu'il était son neveu. Les Nzema auraient rencontré Ɛbayenle pour lui demander qui le succéderait après sa mort. Ɛbayenle n'a pas voulu d'Avo son fils comme successeur parce que ce dernier aurait eu des relations coupables avec ses épouses en son absence.

Avo à notre avis était le neveu et non le fils d'Ɛbayenle. Pourquoi Ɛbayenle chercherait-il à pénaliser son lignage pour une faute comise par son fils ? Si Avo était le fils d' Ɛbayenle, cela reviendrait à dire qu'il n'était pas du lignage de ce dernier en vertu du principe de la matrilinéarité. Ɛbayenle a décidé de punir les membres de son lignage parce que justement Avo était son neveu. La tradition nzema admet que si le neveu hérite de son oncle, il puisse faire sienne les épouses de celui-ci avec le consentement de ces dernières. Le fils par contre ne peut en aucune façon avoir des rapports intimes avec les épouses de son père ; cela étant formellement interdit par la coutume.

Les traditions orales se contredisent quant à l'*Abusuan* auquel appartenait Ɛbayenle. Tantôt elles disent qu'il était de l'*Abusuan* Adahonle[1], ou tantôt elles affirment qu'il était de l'*Abusuan* Ndweafoɔ[2]. Nous pensons qu'Ɛbayenle appartenait au clan Ndweafoɔ parce que les actuels *ɔmanhyenle* d'Adoanbo qui sont incontestablement de la lignée de celui-ci sont Ndweafoɔ. La tradition orale à ce sujet soutient qu'Avo a voulu réunifier nzema sous son autorité parce qu'il était de la lignée directe d'Ɛbayenle[3].

Ɛbayenle et ses successeurs ont fait jouer la solidarité clanique entre les Ndweafoɔ afin de maintenir le pouvoir politique au sein de leur matrilignage..

L'attitude passive des notables devant les prétentions d'Ebayenle à la succession de Kaku Aka peut être mise sur le compte de la peur. En effet, Ebayenle était vu comme un agent du pouvoir britannique[4]. Le loyalisme d'Ɛbayenle vis-à-vis de Cape Coast Castle n'a pas duré longtemps, car il sera arrêté en 1849 et condamné à un an de détention pour avoir refusé de verser le reste de l'indemnité de l'expédition[5]. Progressivement, les Ndweafoɔ ont consolidé leur pouvoir en écartant les légitimistes du conseil du trône pour s'entourer d'alliés notamment en attribuant à des lignages Ndweafoɔ des sièges dirigeants qui à l'origine appartenaient à d'autres matrilignages. De la sorte, les nouvelles dynasties Ndweafoɔ de Benyili et

---

[1] Ackah (Y.J), *op. cit.*, appendices 2, p. 5, 22 ; p. 3.

[2] Ibid, appendices 13, p. 6, 21 ; p. 3.

[3] Ibid, p. 157.

Note : Si ɛbayenle était de l'*Abusuan* Adahonle les membres de son lignage auraient probablement réclamé le *Bia* d'Adoanbo. Ce qui n'est pas le cas.

[4] CO 96/27 n° 6 Hill to Pakongton Burt, Cape Coast Castle, january 24 th 1853.

[5] Sanderson ''the history of Nzima up to 1874'', in *Gold Coast Review*, vol. 1 n°1 june-december 1929, p. 103.

Note : Les Anglais ont réclamé 326 onces d'or comme coût de l'expédition. Les Nzema avaient versé seulement 34 once d'or. Ebayenle refusait de verser les 292 onces d'or restantes.

d'Adoanbo étaient assurées du soutien des sièges secondaires appartenant aux membres du matriclan Ndweafoɔ. Les dynasties Ndweafoɔ avaient si bien consolidé les assises de leur pouvoir que dans la deuxième moitié du XIXe siècle, le pays nzema fut appelé Ahwea[1].

2-Les conséquences de la politique de Kaku Aka vis-à-vis de l'extérieur

La politique agressive du roi Kaku Aka contre les Anglais, les Hollandais et les populations voisines faisait vivre les Nzema dans une crainte permanente d'une riposte de ses victimes.

Kaku Aka a coupé la voie d'Axim aux Wassa en plaçant de fortes garnisons à Sanwoma et Basakɛ. Les guerriers nzema qui patrouillaient le long de l'Ankobra arrêtaient, tuaient et dépouillaient les marchands wassa. En 1834, 49 wassa ont été amenés en captivité à Adoanbo[2]. À l'Est Kaku Aka est parvenu à avoir un contrôle total de l'Ankobra. De grandes pirogues (*fanelɛne*) permettaient à l'armée nzema de surveiller en permanence le fleuve. Kaku Aka a donné des instructions fermes au *Belemgbunli Ekyi* d'Asɛnda, lui ordonnant de tuer les messagers du commandant hollandais d'Axim et d'empêcher les ɛvaloɛ de cette localité de pêcher dans l'Ankobra[3]. Kaku Aka s'était en quelque sorte approprié le fleuve. L'action du roi nzema était légitime parce que la frontière entre nzema et les ɛvaloɛ d'Axim était la rivière Avenle un affluent de l'Ankobra à l'Est de ce fleuve[4].

De 1838 à 1839, Kaku Aka mène diverses actions militaires contre Axim et l'Ahanta pour les punir d'avoir assisté Maclean pendant l'expédition de 1835[5]. La tradition orale d'Awiebo se souvient que Nwia Mɛnla un habitant du village fut grièvement blessé pendant l'affrontement entre Nzema et Axim. Cet événement est rappelé par le *Ndane* ''Nwia Mɛnla Siane Nzi''[6].

James Ackah fait état d'une campagne militaire de Kaku Aka contre l'Aowin. Le roi aowin aurait envoyé des messagers auprès du commandant hollandais d'Axim pour lui demander de l'informer s'il envisage une action militaire contre Kaku Aka. Ainsi, il empêchera Kaku Aka de se réfugier dans la forêt comme ce dernier l'a fait pendant l'expédition de 1835[7]. En fait,

---

[1] Binger (L. B), *op. cit.*, p. 315.
Ackah (Y.J), *op. cit.*, appendix 4, p. 3.
[2] Furley collection (1831-1834). Entry for 3rd march 1834, p. 290-291.
[3] Ackah (Y.J), *op. cit.*, p. 94.
Furley collection (1840-1847), Entry for 9th september 1841, p. 60.
[4] Amihere Essuah, *Mekakye bie III*, p. 7.
Note : Adwina un village à l'est de l'Ankobra appartient aux nzema. Ackah (Y.J), *op. cit.*, appendix 6, p. 9.
[5] Cruickshank (B.), *Eighteen years on the Gold Coast of Africa*, p. 179-180.
[6] Ackah (Y. J), *op. cit.*, appendix 21, p. 5.
Note : Siane est le nom que les nzema donnent à l'Ankobra.
[7] Ackah (Y. J), *op. cit.*, p. 84.

l'action militaire de Kaku Aka fut dirigée contre le seul village d'Inkaken qui était peuplé de réfugiés sanwi originaires de Deso[1].

Dans le contexte de la guerre qui opposait alors Nzema au Sanwi, l'action de Kaku Aka était compréhensible. L'Aowin n'a pas réagi à l'attaque de Kaku Aka contre Inkaken parce que les habitants de ce village bien que vivant en territoire aowin étaient des réfugiés sanwi. Il est possible que ce soit le chef d'Inkaken Nana Nanum qui a proposé son assistance au commandant hollandais d'Axim dans le cas où ce dernier envisagerait une expédition contre Kaku Aka. Contrairement à ce que dit James Ackah, l'aowin à lui tout seul pouvait prendre l'initiative d'une attaque contre nzema[2]. En effet, cet État était très puissant et a tenu tête au XVIIIe siècle à la confédération asante. Par contre, le seul village d'Inkaken ne pouvait prendre l'initiative d'une guerre contre kaku Aka.

La politique anglophobe de Kaku Aka a fourni à Cape Coast Castle le prétexte dont il avait besoin pour mettre fin à l'indépendance du royaume nzema. Une expédition sera organisée par les Hollandais avec l'accord des Anglais. Des forces expéditionnaires commandées par les officiers Swanzy et Bartels échoueront devant 2000 guerriers nzema[3]. Les envahisseurs avaient traversé l'Ankobra et avancés sur près de 3,704 km le 20 janvier 1835, mais ils furent mis en déroute par l'armée nzema[4]. En février, les forces expéditionnaires obtiennent du renfort de la part de Lans, gouverneur hollandais d'Axim. Nzema est à nouveau envahi, mais Kaku Aka se réfugie dans la forêt avec ses chefs[5]. Le 26 février 1835, le roi nzema manifeste des dispositions pour négocier. Maclean pose comme condition le paiement de 50 à 100 onces d'or en guise de remboursement du coût de l'expédition. En outre, Kaku Aka est contraint à verser 300 à 550 onces d'or comme garantie de sa bonne conduite future. Maclean promulgue ce qui sera appelé le ''Rule for the government of Apollonia of 1835''[6].

Le contenu de ce ''Rules'' est le suivant :

1-Interdiction de tuer sous aucun prétexte. Interdiction des sacrifices humains.

2- Interdiction de faire subir des sévices corporels aux personnes libres comme aux esclaves.

3- Interdiction d'exporter des esclaves.

---

[1] Diabaté (H.), *op. cit.*, p. 496.
ANCI 1EE23, *op. cit.*, séance de Nougoua, 9 janvier 1884.
[2] Ackah (Y.J), *op. cit.*, p. 84.
[3] Cruickshank (B.), *Eighteen years on the Gold Coast of Africa*, p. 199-200.
[4] Furley collection journal (1834-1840), Tourneboeyer to Lans 18th january 19835, p. 45.
[5] Furley collection journal (1834-1840), Maclean to Tourneboeyer 3rd february 1835.
[6] CO 267/131 Rules for the government of Apollonia, february 1835.

4- La liberté de commerce. Aucun individu ne doit être gêné dans ses activités marchandes.

5- Toute dette doit être recouvrée sans violence. En cas de refus, le gouverneur se fera fort d'obliger le débiteur à payer ses dettes.

6- Les lois et ordonnances doivent être respectées par les Nzema aussi bien à l'égard des sujets hollandais que des sujets britanniques.

7- Les petites affaires seront réglées par les Nzema eux-mêmes mais les affaires importantes devront être soumises à Cape Coast Castle.

8- Tout citoyen qui serait oppressé par les chefs ou même par Kaku Aka pourrait porter plainte auprès de Cape Coast Castle.

Dans ce ''rules'', Maclean de son propre chef a inclus nzema dans le traité de 1831 avec l'Asante au sujet de la liberté de commerce. En réalité, nzema ne fut pas concerné par le traité de 1831[1]. Kaku Aka fut sommé de restituer les marchandises d'Ennis qu'il avait confisqué[2]. Il fut demandé à Kaku Aka de ne pas entreprendre de guerre ou d'expédition militaire sans en informer au préalable Cape Coast Castle[3].

Kaku Aka était conscient qu'obéir au ''Rules'' reviendrait à perdre l'essence même de son pouvoir royal. Aussi, a-t-il dénoncé le ''Rule'' et déclaré qu'il résisterait à toute tentative pour le soumettre[4]. Cape Coast Castle décide alors d'entreprendre une nouvelle expédition contre Kaku Aka.

Le 7 avril 1848 ; des forces expéditionnaires occupent Adoanbo. L'expédition comprenait 6000 auxiliaires composés de contingents venus de Cape Coast, Anomabo, Komenda, Sekondi, Dixove et Wassa Feyase. L'expédition comprenait également un corps irrégulier de mulâtres sous le commandement de Francis Swanzy, un petit contingent hollandais et un détachement de la West indian regiment[5]. Les forces expéditionnaires britanniques étaient donc assez considérables.

Kaku Aka qui s'était réfugié à Gyamɔzo, sera fait prisonnier et exilé à Cape Coast Castle où il mourra le 21 décembre 1851. L'or et les biens du roi nzema ont été livrés à sa Majesté la reine Victoria[6]. Après l'arrestation du roi roi Kaku Aka, Brodie Cruickshank a reçu des instructions du gouverneur Hill pour désigner un successeur au roi déchu et pour rétablir les rapports amicaux entre les Nzema et les peuples voisins. Cruickshank ne dit pas quels sont les termes de l'alliance entre nzema et les peuples voisins mais souligne

---

[1] Ackah (Y.J), *op. cit.*, p. 130.

[2] CO 267/131 Maclean to committe 28 th march 1835.

[3] 551 report of the select committee, part I, Minutes of evidence, F. Swanzy 29 th april 1842 (918-921).

[4] Cruickshank (B.), *Eighteen years on the Gold Coast of Africa*, p. 199.

[5] Idem, *Letters from the Gold Coast and slave Coast,, Attuabo* Apollonia, 28 th april 1848. Valsecchi (P.), *op. cit.*, p. 538.

[6] Crooks (J. J), *Records relating to the Gold Coast settlements (1750-1874)*, Gold ornements from Apollonia, Extract of a dispath from lieutenant. Governor Winmiett to Earl Grey, Quotation from Gordon, p. 132-133.

que dans tout le royaume les gens laissèrent entendre que seul Kaku Aka avait été l'obstacle à l'amitié[1].

Les traditions orales disent que les Nzema ont fait alliance avec les Aowin, Sanwi, Sefwi, Wassa, Egwira, Ɛvaloɛ et Asante. Les Nzema, qui étaient d'habiles marchands, ont conclu des alliances avec les peuples voisins pour assurer la sécurité des leurs à l'extérieur[2]. D'après les termes de ces alliances, aucun contractant ne devait maltraiter un citoyen de l'autre qui se trouverait sur son territoire. En cas de faute, le coupable était puni par son propre roi qui se chargeait de dédommager la victime. Les termes de l'alliance en ce qui concerne l'adultère disent que si l'un des citoyens du royaume contractant commet l'adultère chez l'autre, la victime mange une banane plantain et boit de l'eau en jurant d'oublier le dommage qu'il a subi.

Kaku Aka en entretenant des rapports belliqueux avec les peuples voisins avait en somme rompu les alliances. Il est donc possible qu'après son arrestation, il fut question de réconciliation et de réaffirmation de l'*amonle.*

Ebayenle qui avait été choisi pour prendre les rênes du pouvoir en lieu et place du roi déchu Kaku Aka, sera nommé *ɔmanhyenle* et aura pour successeur son neveu Avo. Koasi Ama Ekyi continuait d'administrer la moitié du pays nzema qui va d'ɛkɛbaku à Avoleɛnu. Ainsi, deux pouvoirs politiques de forces égales exerçaient séparément l'autorité dans le royaume, mais très vite, des problèmes vont surgir. Le peuple nzema conscient de son unité, va réclamer le retour à un pouvoir politique unique comme cela était du temps des Belemgbunli Kpole. Une lutte d'influence va alors naître entre Koasi Ama Ekyi et Avo, chacun cherchant à acquérir l'autorité suprême sur l'ensemble du pays. La guerre civile dans laquelle le royaume nzema va sombrer est née de cette course pour l'acquisition du pouvoir politique suprême.

---

[1] Furley collection journal (1847-1852), Entry for april 29, 1848, p. 8.

[2] Ackah (Y.J), op. cit., appendix 1, p. 26.

Note : Les nzema ont conclu une alliance avec les Ndenye de Yakase. Perrot (C.H), *Les Agni ndenye et le pouvoir politique aux XVIIIe et XIXe siècles*, p. 529-533.

TROISIÈME PARTIE

DE LA GUERRE CIVILE (1868-15 MARS 1874)

CHAPITRE VI

LA LUTTE POUR LE POUVOIR POLITIQUE SUPRÊME ENTRE LES DEUX NOUVELLES DYNASTIES NDWEAFOƆ ET SES CONSÉQUENCES

A- LA GUERRE CIVILE

a- Les origines du conflit

La capture de Kaku Aka, a provoqué l'éviction de la dynastie des *Belemgbunli Kpole* de *l'abusuan* N'vavile et l'érection de deux nouvelles dynasties tenues par des lignages de l'abusuan Ahwea ou Ndweafoɔ. Ebayenle en a été l'instigateur. Il a créé un pouvoir bicéphale en décidant de diriger la moitié du royaume qui va d'Adoanbo à Sanwoma à l'est, et en confiant à koasi Ama Ekyi l'autre moitié qui va d'ɛkɛbaku à Avoleɛnu à l'ouest. Le partage du royaume nzema en deux zones politiques est concomitant à l'invasion britannique et à l'accroissement de l'autorité de Cape Coast Castle dans le pays. Cette situation faisait l'affaire des Anglais qui, ne voulaient plus d'une monarchie forte à Nzema. Ils pouvaient au besoin jouer sur les rivalités éventuelles entre les deux pôles politiques Adoanbo et Benyinli pour assurer le maintien de leurs intérêts.

Ebayenle a obtenu des notables que deux *ɔmmanhyenle* à une autorité égale exercent le pouvoir dans le royaume. Chacun des *ɔmanhyenle* devait servir de contre-pouvoir susceptible de s'opposer à celui des deux qui tenterait d'abuser de son autorité. Ebayenle justifiait cette réforme par le fait que Kaku Aka a été un autocrate parce qu'il n'y avait pas dans les institutions politiques un pouvoir égal au sien capable de le contrôler[1]. Les deux *ɔmanhyenle* devaient mutuellement se surveiller afin d'annihiler tout risque de pouvoir absolu. C'est ainsi qu'Ebayenle et Ama Ekyi ont administré le royaume jusqu'à ce qu'Avo devienne en 1856 *ɔmanhyenle* d'Adoanbo. Avo pensait que la situation créée par Ebayenle son prédécesseur pouvait compromettre l'unité des nzema. Il a proposé la destruction du pouvoir bicéphale et le retour aux anciennes institutions politiques.

Les notables ont accueilli avec enthousiasme le principe de la proposition d'Avo[2]. Mais, alors, qui devait être choisi pour être l'*ɔmanhyenle* unique des Nzema ? Les désaccords sur la réponse à cette question vont plonger le royaume dans une véritable guerre civile. Certains nzema pensaient qu'Avo

---

[1] Amihere Essuah, *Mekakye bie I*, p. 32.

[2] *Note* : la volonté de détruire le pouvoir bicéphale pour instaurer un pouvoir central unique montre que les Nzema avaient conscience de leur unité en tant que peuple.

en tant qu'héritier d'Ebayenle était celui qui légitimement avait droit à être l'unique ɔmanhyenle. D'autres nzema ont rétorqué que le rôle de centre principal joué par Benyinli faisait de Koasi Ama Ekyi le seul candidat digne des prérogatives d'*ɔmanhyenle*.

La prééminence de Benyinli est inconstable. Sa fonction de capitale du royaume explique pourquoi le fort Apollonia y a été bâti. Il était le centre principal du royaume[1]. Aussi bien les traditions orales que les sources écrites montrent qu'Adoanbo ne fut le siège du *Belemgbunli Kpole* et de l'État que pendant le règne de Kaku Aka. Kaku Aka a été intronisé à Benyinli avant de transférer la cour royale à Adoanbo[2]. Incontestablement, Benyinli a précédé Adoanbo comme capitale et centre principal de l'État nzema. Les détenteurs du bia de Kekame l'un des plus vieux villages historiques affirment que leurs ancêtres ont trouvé le *Belemgbunli Kpole* Amihyia Kpanyinli I à Benyinli[3]. Les détenteurs des *bia* de Nuba et Alowule disent aussi avoir trouvé le *belemgbunli kpole* à Benyinli[4]. Les Betibe de Nzulezo disent qu'ils ont d'abord rencontré Awulae Anɔ Bile Aka à Ahumazo qui de là s'est installé à Anyenlebo dans la savane proche de Benyinli[5]. Les populations de Bawia disent également avoir trouvé Anɔ Bilé Aka à Ahumazo[6].

Ceux de Kɛnrɛne disent que leurs ancêtres ont rencontré Anɔ Bile Aka à Benyinli[7]. Des informateurs de James Ackah racontent que le *belemgbunli kpole* Kɛma Kpanyinli s'est au départ installé à Ahumazo avant de créer Anyenlebo[8]. Les anciens d'Eikwe racontent que les populations qui ont créé Benyinli et Adoanbo étaient d'abord installées à Anyenlebo[9]. Kɛma Kpanyinli et ses sujets après avoir traversé l'Amanzule avec des radeaux[10] ont occupés des sites un peu à l'intérieur avant de s'installer sur la côte. Ahumazo puis Anyenlebo ont été des sièges de la royauté avant que Benyinli ne leur ravisse ce privilège grâce à sa position sur le littoral. Les belemgbunli kpole en s'installant à Benyinli voulaient profiter du commerce avec les Européens. Les informations ci-dessus mentionnées montrent que les belemgbunli kpole qui ont précédé Anɔ Bile Aka étaient à Ahumazo.

---

[1] Diabaté (H.), *op. cit.*, p. 396 ; p. 622 ; p. 703. Amihere Essuah, mekakye bie I, p. 33. Annan (Crosby), *Avo nee Koasi Ama Ekyi*, p. 23. Enquête auprès d'Egya Wendja.
[2] Connais-tu mon beau pays ? Enquête de Jules Kofi Yeboa à Alɔnguanu, Annexe 5, p. 360.
[3] Ackah (Y. J), *op. cit.*, p. II. Amihere Essuah, *Mekakye bie III*, p. 19.
[4] Amihere Essuah, *Mekakye bie III*, p. 128 ; p. 143.
[5] Ibid, p. 115.
[6] Ibid, p. 100.
[7] Ibid, p. 191.
[8] Ackah (Y.J), *op. cit.*, appendix 1, p. 1.
[9] Ibid, appendix 4, appendix 3.
[10] Ibid, appendix 2, p. 1.

C'est Anɔ Bile Aka qui d'Ahumazo s'est installé à Anyenlebo puis à Benyinli[1].

À partir de son règne jusqu'à celui de Nyanzu Aka, Benyinli est devenu le siège de l'État et des *belemgbunli kpole*. Adoanbo qui est à faible distance de Benyinli était la deuxième résidence des *belemgbunli kpole* de l'*abusuan* Nvavile. Awulae Kaku Aka est celui qui a fait d'Adoanbo le second centre du royaume. Avant même d'être intronisé, il s'y était établi, mais vivait la majeure partie du temps à Gyamɔzo son campement. Lorsqu'il est appelé pour succéder à son oncle Nyanzu Aka sur le trône, il décide de demeurer à Adoanbo au lieu de s'installer à Benyinli comme l'ont fait ses prédécesseurs. Toute la cour s'est donc transportée à Adoanbo. La présence des Anglais au Fort Apollonia à Benyinli n'est peut-être pas étrangère à la décision de Kaku Aka d'établir sa cour à Adoanbo, puisqu'il avait pour objectif politique de faire du royaume un pôle de puissance régionale dans le sud-ouest de la Gold Coast. Les Nzema ne parviennent pas à tomber d'accord quant à celui qui devait être désigné comme *ɔmanhyenle* unique.

Avo se proclame unique ɔmanhyenle. Il menace d'exercer des représailles contre les chefs qui se rendraient à la cour de Koasi Ama Ekyi. L'initiative d'Avo est le casus-belli qui va déclencher les hostilités. Koasi Ama Ekyi qui, ayant convoqué ses chefs à Benyinli constate que plusieurs d'entre eux n'ont pas répondu à son appel, charge son armée de faire Avo et ses notables prisonniers. Les discordes entre les deux hommes seront portées en 1857 à Cape Coast Castle, mais aucune décision n'a filtré de leur rencontre avec le gouverneur Sir C. C. Pine[2]. La tension entre Koasi Ama Ekyi et Avo prend de l'ampleur si bien qu'en 1867, ils décident à nouveau de porter l'affaire à Cape Coast Castle. Koasi Ama Ekyi a été contraint de faire ce voyage par mer parce qu'Avo lui refusait l'accès à son territoire[3]. Les deux hommes sont retournés désappointés, car ils ont appris à Discove la nouvelle concernant la convention de mars 1867 qui a procédé à l'échange des forts entre Britanniques et Hollandais. Selon les clauses de cette convention, l'Angleterre a cédé Apollonia, Dixcove et Kommenda à la Hollande en échange de Mourri, Kormantin, Apam, Barracoe et Accra[4].

Cela montre que les discordes entre Avo et Koasi Ama Ekyi ont éclaté bien avant l'échange des forts. Quand les Hollandais ont pris possession du fort Apollonia qu'ils ont baptisé fort Willem III, Weytingh le commandant assistant a fait savoir au Gouverneur Boers qu'il allait prendre connaissance

---

[1] *Note* : Anɔ Bile Aka serait le fondateur de Benyinli, voir Furley collection journal (1870-1872), p. 45.

[2] Crow ther (P.), *Report on the Appolonian constitution 1914. ADM 11/1782*, p. 4.

[3] Ibid, p. 2.

[4] Crooks (J.J), *Records relating to the Gold Coast settlements (1750-1874)*, p. 382-384.

des plaintes des deux parties[1]. Koasi Ama Ekyi clamait qu'il avait été reconnu unique chef de Nzema avec l'approbation des Britanniques. Il demandait au gouverneur hollandais de décider qui d'Avo ou de lui devait être le vrai chef de Nzema[2].

Les premiers affrontements entre Avo et Koasi Ama Ekyi ont éclaté en 1868. Il est signalé à cette date une attaque d'Avo contre le fort Apollonia[3] : les Nzema ont appelé cette guerre civile, ''Koasi Ama Ekyi nee Avo Konle''[4]. (La guerre de koasi Ama Ekyi et d'Avo).

Contrairement à ce qu'affirment certains écrits, l'échange des forts entre anglais et Hollandais n'a jamais été la cause du conflit entre Koasi Ama Ekyi et Avo. En réalité les intérêts britanniques et hollandais n'ont fait que se greffer sur la raison profonde de cette guerre qui n'est autre que la lutte d'influence entre Avo et Koasi Ama Ekyi. P. Valsecchi partage cet avis. C'est dit-il le partage du pouvoir qui va conduire à la controverse chronique entre Adoanbo et Beyinli de 1867 à 1873[5]. La dégénérescence de cette controverse va conduire à la guerre civile dans laquelle les intérêts conflictuels de la Grande-Bretagne et de la Hollande ainsi que de l'Asante vont se confondre[6].

Les écrits qui expliquent la guerre civile par l'échange des forts se contredisent. Tantôt ils disent que ce seraient les Nzema d'Adoanbo qui ont rejeté la présence hollandaise[7]. Tantôt disent-ils ce seraient les Nzema de Benyinli qui n'ont pas voulu du drapeau hollandais[8]. Avo l'*ɔmanhyenle* d'Adoanbo a bien accepté le drapeau hollandais car il a salué l'arrivée de Weytingh le commandant assistant en faisant tirer des coups de fusil en l'honneur de ce dernier[9]. De même, Koasi Ama Ekyi l'*ɔmanhyenle* de Benyinli a accueilli avec joie le drapeau hollandais le 26 mars 1869[10].

---

[1] Furley collection journal (1868-1869). Entry for january 25, 1868. Letters from governor Boers to assistant commandant Weytingh, Apollonia, p. 6.
[2] Ibid, entry for january 18, 1868, p. 8.
[3] Claridge (W.W), *A history of the Gold Coast and Ashanti*, p. 595.
NBKG 727, Rport Reintjes Van Veerseen to Naytglas 31 march 1859.
ANCI 1EE23, *op. cit.*, séance 26 décembre 1883 à Ndiami (Ngyeme).
[4] Annan (Crosby), *op. cit.*, p. 6. Amihere Essuah, *Mekakye bie I*, p. 34.
[5] Valsecchi (P.), *op. cit.*, p. 540.
[6] Ibid.
[7] Van Dantzig (A.), ''The demarcation of the souther section of the border between the Gold Coast and Ivory Coast'', in *Colloque inter-universitaire Ghana-Côte d'Ivoire*, Bondoukou, janvier 1974, pp. 629-651.
[8] Horton B. Africanus, *Letters on the political condition of the,* Gold Coast. Letter n° I to the right hon-Edward Cardwell her majesty's secretary to state for war Cape Coast Castle 12 th august 1869. Letter n° IX to the right hon earl Cranville K.G DCL secretary of state for the colonie Cape Coast Castle 2 may 1870, p. 22-23, p. 132.
[9] Furley collection journal (1868-1869) Entry for january 18, 1869. Letter from Weytingh, n° 1, p. 5.
[10] Ibid, march 26, 1869, p. 127.

L'échange des forts n'est donc pas la cause du conflit mais bien la lutte d'influence entre l'*ɔmanhyenle* de Benyinli et celui d'Adoanbo. L'avantage que Koasi Ama Ekyi tirait de la présence hollandaise à Benyinli explique l'attitude hostile qu'Avo a adoptée par la suite vis-à-vis des Hollandais. Les droits sur le fort étaient versés à Koasi Ama Ekyi et cela n'était pas du goût d'Avo qui va alors rechercher des appuis auprès des Fante et des Wassa qui étaient anglophiles. Une ambassade Fante sera reçue à Adoanbo où, elle demandera à Avo d'interdire aux marchands asante qui se rendent à El Mina de passer par son territoire. Il fut suggéré à Avo de lutter contre les Hollandais et leurs alliés asante.

Les Britanniques ont encouragé l'initiative fante[1]. Avo, mettant à exécution le plan conçu avec ses alliés, a rejeté le pavillon hollandais et proclamé que Nzema est territoire britannique. Il a donné 24 heures à Van Veerssen marchand hollandais pour quitter le pays avec ses marchandises[2]. Avo se disait prêt à apporter son concours à Ennimil roi du Wassa si celui-ci entreprenait une expédition contre la présence hollandaise à Benyinli. Le 27 juin 1868, les intrigues d'Avo seront rapportées par koasi Ama Ekyi au commandant hollandais[3].

Les Hollandais furent convaincus de la justesse des plaintes de koasi Ama Ekyi, lorsque les chefs d'Axim les informèrent qu'Ennimil avait reçu de la poudre envoyée par Avo[4]. Il était établi qu'Avo agissait de concert avec avec les Wassa et les Fante dont il a accueilli cinq messagers venus lui faire part de quelques instructions[5]. Quand Avo a menacé d'attaquer Benyinli si dans les 24 heures, les Hollandais ne quittaient pas le fort Willem III[6], ceux-ci ont réagi en avril 1869 en envoyant un contingent aidé de forces auxiliaires venues d'Axim qui ont détruit Adoanbo ainsi que Baku dont ; nombre de ses habitants furent massacrés[7]. Cet événement douloureux est rappelé par le *ndane* ''Baku folɛ''[8](le samedi de Baku). Le conflit entre koasi Ama Ekyi *ɔmanhyenle* de Benyinli et Avo *ɔmanhyenle* d'Adoanbo prenait une tournure dramatique.

---

[1] Agbodeka (F.), *African politics and british policy in the Gold Coast 1869-1900, Astudy in the forms and force of protest*, p. 37.
[2] KVG 727 assistant. St Apollonia district. Reintjes Van Veersssen, fort Willen III, Behien, to to governor Boers 23 march 1869.
[3] Furley collection journal (1868-1869), Entry for june 27 1868, p. 85.
[4] Ibid., Entry for july 25, 1868, p. 86.
[5] Ibid., Entre for march 21 1869, p. 123.
[6] Ibid., (1868-1869), Entry for march 27 an 28 1869, p. 127-129.
[7] Ibid., Entre for may 14 ; 1869, p. 138-139.
[8] Ackah (Y.J), *op. cit.*, p. 163.
Note : ''Baku folɛ'' signifie le samedi de Baku. Cet événement s'est produit un samedi.

b- Les différentes phases de la guerre

1–Les forces en présence

Deux parties s'affrontaient dans la guerre civile. D'un côté, l'*ɔmanhyenle* d'Adoanbo et ses alliés et de l'autre l'*ɔmanhyenle* de Benyinli et ses alliés. Les partisans d'Adoanbo comprenaient tous les villages à l'Est à partir d'Adoanbo même jusqu'à Sanwoma, ainsi que les localités du Sud au Nord en suivant une ligne approximativement verticale à partir d'Adoanbo.

Les partisans de Benyinli se composaient de l'ensemble des villages à l'Ouest à partir d'ɛkɛbaku jusqu'à Avoleɛnu, ainsi que les villages du Sud au nord en suivant une ligne presque verticale à partir d'ɛkɛbaku. Les forces qui s'affrontaient correspondaient en général au découpage territorial fait par Ebayenle. Malgré les *ndane* de fidélité, il se produira des défections de part et d'autre des deux parties. Asɛnda, Nwulofolɔ et Sanzule qui dépendaient de la juridiction d'Avo, vont prendre partie pour Koasi Ama Ekyi. Bɔnyelɛ qui dépendait par contre de l'autorité de Koasi Ama Ekyi va soutenir Avo.

2 – Les premiers affrontements

Pendant les premiers affrontements sur le chemin entre ɛkɛbaku et Adoanbo les armées de Benyinli ont pris le dessus à la faveur de la destruction d'Adoanbo par les forces hollandaises. Les armées d'Adoanbo se sont repliées vers l'est du pays tandis que l'*ɔmanhyenle* Avo s'est rendu au Wassa pour obtenir une aide militaire. La situation était d'autant plus difficile pour Avo que deux villages qui théoriquement dépendaient de son autorité Asɛnda et Kekame s'affrontaient. Krisan, Eikwe, Baku, Ngalɛkyi, Aloakpɔkɛ, Awiebo, Ayinaseɛ et Basakɛ ont failli trahir le *ndane* de fidélité qui les liait à Avo[1], mais les rumeurs sur le retour de ce dernier les en dissuada.

Le chef de Basakɛ, Kolonzu les aurait aidé à demeurer fidèles à leur serment parce qu'il jura de ne pas abandonner Avo. La réaffirmation du serment de fidélité de Kolonzu est devenue le *ndane* de Basakɛ. Il se dit ''Kolonzu Anwo mgbane''(la nudité de Kulonzu). Kolonzu au cours d'une réunion des chefs dépendant de la juridiction d'Adoanbo a déclaré : « Je jure sur ma nudité (Anwo mgbane) que je n'abandonnerai jamais Avo »[2]. Le *belemgbunli ekyi* d'Asɛnda a proposé au *belemgbunli ekyi* de kekame de se joindre à lui afin qu'ils proposent leurs bons offices pour régler pacifiquement le conflit entre Koasi Ama Ekyi et Avo.

Lorsque le *belemgbunli ekyi* d'Asɛnda arrive avec ses hommes le jour du rendez-vous, il s'aperçoit que les habitants de Kekame ne se sont point préparés au projet. Lui et sa suite décident d'attendre ceux de Kekame sur la

---

[1] Note : Ces villages ont repris le pavillon hollandais alors qu'Avo leur ɔmanhyenle l'a rejeté, Furley collection journal (1868-1869), Entry for october 6 1869, p. 155.

[2] Amihere Essuah, *Mekakye bie III*, p. 74.

route d'Aweanzinli. Ils attendront là trois jours en vain. Le *belemgbunli ekyi* d'Asɛnda se sentant vexé va exiger des excuses. Ce à quoi le *belemgbunli ekyi* de Kekame va rétorquer que l'on ne va pas pour proposer des bons offices au règlement pacifique d'un conflit avec des fusils. La guerre entre Asɛnda et Kekame venait ainsi d'être déclenchée. Asɛnda a obtenu l'appui des armées de Bolɔfo (Axim), de Nsanye, de Bɔbenleama, d'Agyemala, d'Apatem (Akpatammu) et d'Ahyenlezo. Kekame de son côté a obtenu l'appui d'Aziema et d'Asɛmko. Asɛnda et ses alliés ont pris le dessus dès le début des affrontements mais après des combats acharnés, leur poudre est venue à manquer. Kekame et ses partisans en ont profité pour infliger une cuisante défaite à leurs adversaires. Pendant le repli, les armées d'Asɛnda ont perdu beaucoup d'hommes. Deux frères du *Belemgbunli ekyi* d'Asɛnda ɛkpo Kpanyinli ont été abattus près de l'embouchure de la rivière Bealɛ un affluent de l'Ankobra. Asɛnda et ses alliés ont perdu de nombreux guerriers en essayant de passer l'Ankobra[1]

Asɛnda, Nwulofolɔ et Sanzule qui ont pris partie pour Koasi ama Ekyi ont reçu des munitions des Hollandais et harcelaient les partisans d'Avo. Les Hollandais qui ont réalisé devant la fuite d'Avo que tant que celui-ci serait vivant, il serait difficile de soumettre ses partisans, ont décidé d'offrir 800 florins anciens à quiconque le ramerait mort ou vif au fort willem III[2]. À la suite de l'affrontement entre Asɛnda et Kekame, Asɛnda a créé les *ndane* ''Anyanvolɛ kizile'' et ''Monle nee Bea anloa nu'' qui rappellent le chagrin que le *belemgbunli ekyi* ɛkpɔ Kpanyinli a éprouvé en apprenant le décès de ses frères[3]. Le ndane de Bolɔfo (Axim qui rappelle cette guerre est ''Bolɔfo nzi''[4]. Kekame, afin de se souvenir de cet événement douloureux a pris pour *ndane* ''Azanvolɛ kizile''[5].

3 – Le retour d'Avo et l'exil de Koasi ama Ekyi

Avo est parti au Wassa en avril 1869 et est revenu à Nzema en avril 1870[6]. Son exil a duré une année entière. Malgré son absence du pays, il restait en contact avec ses partisans car il recevait des informations de la part des hommes d'Awiebo[7]. Avo est resté six mois à Anyinam (village voisin de preastea (Asamanye) puis il s'est rendu à Ehyia où se trouvait son beau-frère Ete. Ete est un wassa de l'*abusuan* Alɔnwɔba qui s'est réfugié à Nzema précisément dans le village d'Ayinaseɛ à cause d'une guerre qui a éclaté dans son pays. Il a épousé la sœur d'Avo. Ete a donné de l'or à Avo pour

[1] Furley collection journal (1870-1872), Entry for june 30, 1870, p. 94-95.
[2] Ibid., Entry for july 22, 1869, p. 145.
[3] Amihere Essuah, *Mekakye bie III*, p. 27-32.
[4] Ackah (Y.J), *op. cit.*, p. 168.
[5] Amihere Essuah, *Mekakye bie III*, p. 27-32.
[6] Furley collection journal (1870-1872), Entry for 11 april 1870, p. 1870, p. 64. Ackah (Y.J), *op. cit.*, p. 164.
[7] Furley collection journal (1870-1872), Entry for february Ist 1870, p. 33.

recruter des hommes à Akronpong (Wassa Amenfi) et à Bɛnso (wassa feyase). Il fut convenu entre Avo et les mercenaires wassa que le butin de guerre devait être partagé à égalité[1]. La fuite d'Avo au Wassa est à l'origine du ndane ''Avo ebonu''.

De retour à nzema, Avo à ressemblé ses forces à Sendu (forêt près d'Ayinaseɛ) puis a décidé de marcher sur Benyinli. Sur son chemin, il incendie Sanzule en guise de représailles contre les habitants de ce village qui ont trahi le *ndane* de fidélité[2]. Des informations parviennent à koasi Ama Ekyi faisant état de mouvements de troupes ennemies qui se dirigent vers sa capitale par la voie forestière. L'*ɔmanhyenle* de Benyinli envoit à leur rencontre l'avant garde de son armée constituée des hommes d'Awiane et d'Adu tandis que le reste de l'armée est chargée de surveiller la voie côtière. Grâce à sa supériorité numérique du moment, l'armée d'Adoanbo qui en réalité avait emprunté la voie côtière met en déroute le petit détachement de Benyinli. C'est la deuxième phase importante de la guerre civile. Les Hollandais, à court de munitions et donc incapables de faire face à la situation, abandonnent le fort willem III à la fin du mois d'avril de l'année 1870 laissant les partisans de Benyinli à la merci d'Avo[3]. Deux grands safohyenle d'Ama Ekyi, ɛnɔ Bile et Homia sont tués tandis que les forces d'Avo traquent les armées de Benyinli. Koasi Ama Ekyi et ses proches trouvent refuge à Klendjabo[4] pendant que l'armée campe à Mafia. Adonle Kpanyinli *belemgbunli ekyi* de Nawule a rendu la fuite de Koasi Ama Ekyi possible en attaquant à la faveur de la nuit les hommes de Bɔnyelɛ qui voulaient y faire opposition[5].

Les Sanwi craignaient une invasion surtout que le souvenir des guerres contre Kaku Aka était encore vivace. Quand ils apprennent qu'à Mafia campe un nombre considérable de guerriers nzema, ils ouvrent le feu sur la suite de l'*ɔmanhyenle* Koasi Ama Ekyi[6]. Les Sanwi, dit-on, voulaient se venger des Nzema à cause des guerres entreprises contre eux par Kaku Aka[7]. Aka[7]. À Klendjabo, Koasi Ama Ekyi et ses sujets étaient maltraités parce que les Anyi doutaient de leur bonne foi quant aux raisons de leur présence dans le Sanwi. Ces événements sont à l'origine du grand *ndane* de Benyinli ''Bea an loa nu nee Kɛnlanwiabo''[8].

[1] Ackah (Y.J), *op. cit.*, appendix 2, p. 9, appendix 8, p. 2 ; p. 3.
[2] Furley collection journal (1870-1872), Entry for february 17, 1870, p. 39.
[3] Ibid., Entry for february 20, 1870, p. 40-41 ; Entry for april 28, 1870, p. 75.
[4] ANCI 1EE23, *op. cit.,* 26 décembre 1883, séance à Ndiami (Ngyeme).
[5] Ackah (Y.J), op. cit., appendix 19.
[6] *Note* : Cet incident se serait produit dans l'embouchure de la Bea.
[7] Enquête de Jules Kofi Yeboa à Ngyeme, Annexe 4, p. 352.
[8] Ammehere Essuah, *Mekakye bie I*, p. 50.
Annan (Crosby), *Avo nee Koasi Ama Ekyi*, p. 106.

Avo qui contrôlait l'ensemble du pays installe son quartier général à Adusuazo, et envoie une ambassade dirigée par Kofi Mokyian pour demander à Amon Ndufu Kutua l'extradition de Koasi Ama Ekyi[1].

4–Retournement de situation en faveur des armées de Benyinli

L'exil de Koasi Ama Ekyi à Klendjabo a permis une accalmie à la faveur de laquelle de nombreux nzema sont retournés dans leurs villages respectifs[2]. respectifs[2]. Paniena Aka *belemgbunli ekyi* de Nuba rassemble les forces de Benyinli restées dans le pays. Il conçoit avec les *belemgbunli nkyi kyi*. Ɛhoande Bulu d'Elonye, Ebule de Nzulezo et Nuama d'Agyeza le plan d'éliminer Avo, afin de briser le moral des armées d'Adoanbo. Paniena Aka envoie des messagers pour dire à l'*ɔmanhyenle* d'Adoanbo que lui et ses hommes sont disposés à lui faire allégeance. Il prend soin de poster des gardes à Domunliloanu[3] pour empêcher que son plan ne soit dévoilé et force Ebule du village de Nuba un ami d'Avo à accompagner les messagers afin que ce dernier accepte de les recevoir[4]. Nwoza et Kabenla Ekyi, chargés par les habitants de Bɔnyelɛ d'informer Avo de la conspiration de Paniena Aka, seront assassinés par les gardes postés à Domunliloanu[5]. Lors de la cérémonie pendant laquelle le serment d'allégeance devait être fait, Avo est abattu[6]. Il sera enterré à Sanzule mais son bras, dit-on, est conservé comme relique à Benyinli[7]. Les armées d'Adoanbo et les mercenaires Wassa déconcertés par la mort d'Avo fuient vers l'est tandis qu'ils sont harcelés par les troupes dirigées par Paniena Aka. Des combats ont lieu près de l'embouchure de la rivière Elonye. Ce retournement de situation s'est produit en mai 1870, date du décès d'Avo[8].

Depuis Klendjabo, Koasi Ama Ekyi charge Nyamekɛ Bɛfɛɛnza de solliciter l'aide militaire de l'*Asantehene* Kofi Karikari. Au nom de leurs peuples respectifs, Nyamekɛ Bɛfɛɛnza et Kofi Karikari ont conclu une alliance qui stipule qu'un *semanli* même s'il commet un crime grave en Asante ne sera jamais exécuté. De même, un *asanteni* ne devra jamais être

[1] Koffi (K. I), *La vie quotidienne au royaume de Krindjabo sous Amon Ndoufou II (1844-1886)*, p. 168.
[2] Ackah (Y.J), *op. cit*, p. 166.
[3] Ackah (Y.J), *op. cit.*, p. 166.
Annan (Crosby), *op. cit.*, p. 68.
Amihere Essuah, *Mekakye bie I*, p. 37-38.
Note : Domunliloanu est l'embouchure de la rivière Domunli qui se trouve entre Bɔnyelɛ et Kabenlasuazo.
[4] Ackah (Y.J), *op. cit.*, p. appendix 5, p. 9.
[5] Ibid, p. 166.
Amihere Essuah, *Mekakye bie I*, p. 37-38.
[6] ANCI 1EE23, oP cit., 26 décembre 1883, Audition du témoin Big Tonn notable de Bein (Benyinli).
[7] Ackah (Y.J), *op. cit.*, p. 167.
[8] Furley collection journal (1870-1872), Entry for may 23, 1870, p. 84.

tué à Nzema même s'il commet un acte passible de la peine capitale[1]. L'*Asantehene* envoie son messager Egyipong auprès d'Amon ndufu pour lui signifier qu'il lui déclarerait la guerre s'il extradait Koasi Ama Ekyi.

Comment s'explique l'intrusion de l'Asante dans la guerre civile nzema ? L'État asante pendant cette période éprouvait des difficultés pour s'approvisionner sur la côte en marchandises européennes parce que les voies commerciales qui aboutissaient à Anomabo, El Mina et Ogua (Cape Coast) étaient bloquées par les chefs wassa. Autour de l'année 1869, les Wassa vont s'opposer à la volonté asante de maintenir coûte que coûte une voie commerciale à travers le territoire wassa[2]. Les chefs wassa vont solliciter la protection des Anglais devant les tergiversations des Hollandais à les aider contre l'Asante[3]. Une alliance sera scellée entre les Wassa et les Fante qui, leur demanderont de torpiller l'influence asante dans la région[4].

Face à ces difficultés, l'Asante avait besoin dans l'immédiat de trouver un palliatif. Le fort Apollonia était la solution rêvée pour l'État asante qui recherchait la bouffée d'air qui le libèrerait de l'étranglement commercial auquel il était soumis. Le but recherché par l'Asante était de contourner l'obstacle posé par le Wassa en empruntant les côtes nzema et Ahanta pour aboutir à El Mina (Edena) son allié inconditionnel[5]. La présence asante à Nzema pendant cette période n'est pas à mettre en relation avec une quelconque politique hégémonique. La situation difficile face à laquelle se trouvait l'Asante lui commandait de ne pas se faire un ennemi de plus. La présence de l'*amradofo* Ahuru Kwame vers 1870[6] à Nzema n'entre pas dans dans le cadre habituel dévolu à cette fonction. C'est dans une franche relation d'alliance sur des bases d'égalité que les rapports entre l'Asante et Benyinli se renforcent vers 1870. En 1881, Kete Kwabena sera nommé comme *amradofo* de l'Asante à Benyinli[7].

---

[1] Annan (Crosby), *op. cit.*, p. 56.

Note : Au sujet de l'alliance entre nzema et asante, voir Arhin (K.), ''The structure of greater Ashanti 1700-1824'' in *Journal of African history VIII, 1967*, p. 71.

Note : Semanli (singulier de Nzema), Asantini (singulier d'Asante)

[2] P. Valsecchi, *op. cit.*, p. 512.

[3] KVG 727 Report Res Adj Lejeune to governor Boers mission to Wasa Amantsin, 19 february 1868.

[4] Agboodeka (F.), *op. cit.*, p. 37.

[5] Agboodeka (F.), *op. cit.*, p. 37.

[6] Ivor Wilks, *Asante in the nineteenth century. The structure and evolution of a political order*, p. 228.

Note : L'*amrado* ou *Adamfo* était le gouverneur asante qui résidait dans un royaume ou une province tributaire à l'Asante propre. L'*amrado* était mandaté par l'*Asantehene* pour notifier les ordres royaux aux chefs soumis et les espionner pour contrecarrer toute conspiration, Voir P. Valsecchi, Op. cit., p. 510.

[7] Ivor Wilks, *Asante in the nineteenth century. The structure and evolution of a political order*, p. 228.

Le besoin pour l'État asante de bénéficier d'une nouvelle ouverture vers l'océan survient au moment où des conflits politiques internes font jour à Nzema. La non-unicité politique de Nzema pendant cette période devait conduire l'Asante à opérer un choix. Celui de soutenir Avo *ɔmanhyenle* d'Adoanbo ou d'apporter son concours à Ama Ekyi *ɔmanhyenle* de Benyinli. Avo qui avait été contacté par des émissaires Fante qui l'ont persuadé d'empêcher les marchands asante d'emprunter son territoire ne pouvait faire l'affaire de l'Asante.

Pour Kumase, il était beaucoup plus avantageux de soutenir Koasi Ama Ekyi parce qu'il était l'*ɔmanhyenle* de Benyinli où se trouvait le fort qui depuis 1868 était géré par les Hollandais. Pour des raisons évidentes, l'Asante préférait la présence hollandaise à Nzema à une présence britannique à cause de ses rapports conflictuels avec cette dernière puissance. Par ailleurs, Koasi Ama Ekyi avait sollicité l'appui militaire de l'*Asantehene* Kofi Karikari et versé le quota d'or qu'exige la coutume dans ces circonstances là. En prenant partie pour Koasi Ama Ekyi, l'Asante était assuré de commercer librement à Benyinli. Les Asante ont contourné la difficulté posée par Avo en sollicitant les piroguiers d'El Mina qui vont assurer le transport par voie de mer entre Benyinli et El Mina[1]. L'assistance militaire de l'Asante aux côtés de Koasi Ama Ekyi contre Bile successeur d'Avo avait été aussi motivé par des avantages réels pour Kumase. En effet Koasi Ama Ekyi avait promis de remettre à l'*Asantehene* 50 % des droits qu'il percevait sur les échanges à Benyinli[2].

L*'Asantehene* Kofi Kari Kari a dépêché une armée conduite par Adu Bɔfɔ et Akyeampɔn à Nzema[3]. Cette armée asante comprenait 3000 auxiliaires[4] sefwi donnés par le le Wiɔsohene Nkoa Okodom. Les troupes sefwi étaient conduites par Koa Panyi chef d'Edwenase[5]. Les armées de Benyinli ont rencontré les forces alliées asante à Mgbeme où elles ont conçu leur plan d'attaque[6]. Paniena Aka assuré par la présence des forces asante a envoyé des messagers à Klendjabo pour demander à l'*ɔmanhyenle* Koasi ama Ekyi de rentrer au pays. Le retour de ce dernier à Benyinli date de mai 1871[7].

---

[1] Agbodeka (F.), *op. cit.*, p. 37-38.

[2] C 226, Port I n° 86 Governor Hennessy to the Earl of Kimberley, Cape Coast Castle, 18 august 1872.

Note : Les Asante ont reçu de l'or avant d'octroyer l'aide militaire à Koasi ama Ekyi. Voir à ce sujet,

PRO T70/32 governor Roberts to commitee, Cape Cast Castle, 31 october 1780.

[3] Claridge (W. W.), *op. cit.*, p. 63.

[4] Ellis (A.B), The tshi speaking people of the Gold Coast of West Africa, p. 291.

Furley correspondance respecting the Ashante invasion. Enclosure 1, in n° 22. Colonel Harley to Captain Stubls. Cape Coast Castle, 21/4/1373.

[5] Daaku (K.Y), ''A history of Sefwi, a'survey of oral evidence'', in *Research Review*, vol 7, n° 3, 1971.

[6] Ackah (Y.J), *op. cit*, appendix 2.

[7] Furley collection journal (1870-1872), Entry for may 11, 1871, p. 56.

5 – La ''guerre de positions ''

Le moral des troupes d'Adoanbo était très bas même si Bile avait été intronisé à Ngalɛkpole pour succéder à son frère Avo. Dans leur repli vers l'est, les armées d'Adoanbo ont incendié Asɛnda, Bɔbenleama et Sanwoma[1]. Bile a fait d'Aziema une place forte, d'où il comptait mener une grande offensive contre les forces ennemies mais il a appris que les hommes d'Axim s'apprêtaient à l'attaquer à l'est[2]. Les chefs d'Axim avaient reçu 16 onces d'or de la part de Koasi Ama Ekyi pour l'aider à détruire Aziema[3]. Les Les armées de Benyinli qui désormais bénéficiaient de l'assistance des forces asante, avaient l'initiative de l'attaque qu'elles vont mettre à profit pour raser Ayinaseɛ[4]. Face à cette situation, Bile et ses safohyenle ont conçu l'idée de construire une ''forteresse végétale'' (*ɛhane*) pour s'y retrancher. Des piquets d'un arbre appelé Egunli ont servi à bâtir l'*ɛhane*[5]. L'*ɛhane* s'étendait de Kpakpa (entre Aweanzinli et Akonu) et Azuleloanu[6]. Allen décrit fort bien *ɛhane*[7].

Gouldsbury a aussi fait une bonne description de l'*ɛhane.*[8]

La description qu'Allen donne de l'ɛhane est proche de celle de la tradition orale. Les piquets étaient percés de trous et séparés les uns des autres par des feuilles de bananiers. Les guerriers d'Adoanbo tiraient à travers les trous des piquets sur l'armée ennemie. La longueur de l'*ɛhane* qui s'étendait le long du fleuve Amanzule était de 5,556 km sur une largeur de 925 m[9]. Trois villages se sont retrouvés à l'intérieur de l'*ɛhane*. Aweanzinli à l'ouest, Amgbɛnu au centre où Bile a installé sa cour et Azuleloanu à l'est[10]. Les populations qui dépendaient de l'autorité d'Adoanbo s'y sont réfugiées sauf quelques-unes comme celles de Nwulofolɔ qui, ayant pris parti pour Ama Ekyi ont trouvé refuge à l'est de la rivière ɛkpoazo près

---

[1] Furley collection journal, Entry for june 15, 1870, p. 88.

[2] Claridge (W.W), *op. cit.*, p. 79.

[3] Furley collection journal (1870-1872), Entry for september 19, 1871, p. 163-164.

[4] Ackah (Y.J), op. cit., p. 169.

[5] Annan (Crosby), *op. cit.*, p. 79.
Amihere Essuah, *Mekakye bie I*, p. 44.
Note : L'un des chefs d'Axim qui a soutenu Koasi Ama Ekyi est Nana Kaku Kyena. Amihere Essuah, *Mekakye bie II*, p. 98-99.

[6] Gold Coast 1871-1873 (papers relating to the Ashantee invasion enclosure I, in n° 86, Axim, Axim, 13 th august 1872 despatched by governor Hennessy to the earl of Kimberlley.

[7] Marcus Allen, *The Gold Coast or a Cruise in West Africa waters*, p. 53.

[8] Furrther correspondance respecting the Ashantee invasion n° 3 (presented to both houses of parliament by command of her Majesty march 1874, Enclosure 6 in n° 97 skipton Gouldsbury to Honorable colonial secretary.

[9] Ackah (Y.J), *op. cit.*, p. 170.

[10] Enquête auprès d'Egya Kaku.
Amihere Essuah, *Mekakye bie I*, p. 44.

d'Apatem. Ce fut au moment du repli des forces de Bile[1]. '' ɛkpoazo azule nzi'' est un *ndane* de Nwulofolɔ qui rappelle cet événement[2].

Les forces asante postées dans la forêt entre les rivières Ebi et Fia ont tenté en vain de franchir l'Amanzule pour donner l'assaut à l'ɛhane. Les armées de Benyinli à l'ouest du côté de Sanzule n'y parvenaient pas non plus de sorte que l'on assistait à une véritable ''guerre de positions ''. Les guerriers asante ont tenté de forcer le passage près de Ngokoluba mais beaucoup y ont péri si bien que cet endroit est encore appelé Nzandelɛ kpokè (la forêt des Asante)[3]. La position qu'occupaient les Asante a sapé leur force. force.

Ils n'avaient pas de pirogues pour passer l'Amanzule. Traverser le fleuve à la nage était risqué surtout que Bile disposait de pirogues. Koasi Ama Ekyi n'avait pas suffisamment informé ses alliés asante des réalités du terrain, car si leurs forces réunies avaient conjugué leurs efforts du côté de Bakanta où l'*ɛhane* était le plus fragile, ils auraient réussi à le briser[4]. La situation était malgré tout défavorable aux armées d'Adoanbo. La promiscuité qui régnait à l'intérieur de l'*ɛhane* a déclenché une épidémie conjuguée de dysenterie, de choléra et de variole qui a fait de nombreuses victimes. La famine et le manque d'eau potable ont aussi occasionné beaucoup de décès. L'*ɔmanhyenle* Bile a envoyé son *kpɔmavolɛ* Aka à Cape Coast Castle pour demander le secours des Anglais[5].

L'intervention de Cape Coast Castle fut aisée parce qu'alors toute la Gold Coast était devenue britannique. Depuis le 6 avril 1872, le gouverneur anglais John Hope Henessy et le gouverneur hollandais Jan Helenus Ferguson s'étaient rencontrés à El Mina pour mettre en application les accords signés à La Haye le 25 février 1871 et qui donnaient à l'Angleterre la totalité des possessions hollandaises de Gold Coast[6].

Les Anglais ont apporté des vivres, des armes, des médicaments et des munitions à Bile. Trois de leurs vaisseaux, Barracouta, Merlin et Coquette ont bombardé les positions des forces asante blessant et tuant nombre de leurs guerriers dont le safohene *Akyeampɔn*[7]. Les Asante mécontents de leur *ɔkɔmfo* (prêtre des cultes traditionnels) qui avait prédi ce jour qu'ils détruiraient l'*ɛhane*, l'ont décapité. L'armée asante a reçu en 1874 un

---

[1] Furley collection journal (1870-1872), Entry for June 15, 1870, p. 88.
Ackah (Y.J), *op. cit.*, p. 167.
[2] Amihere Essuah, *Mekakye bie III*, p. 45.
[3] Ackah (Y.J), *op. cit.*, p. 171.
[4] Ackah (Y.J), *op. cit.*, p. 171.
[5] Marcus Allen, *op. cit.*, p. 48.
[6] Claridge (W.W), *op. cit.*, p. 596.
[7] Ackah (Y.J), *op. cit.*, p. 173.
Ivo Wilks, *Asante in the nineteenth century. The structure and evolution of a political order*, p. 517.
Note : Akyeampɔn sera replacé parle *safohene* Asase Asa.

message de l'*Asantehene* Kofi Karikari lui ordonnant de rentrer au plus vite à Kumase à cause de la guerre qui l'opposait aux troupes anglaises de Sir Garnet Joseph Wolseley. Les Asante allaient s'en aller quand ils ont appris que des vaisseaux britanniques bombardaient Awiane et Benyinli.

Le bombardement d'Awiane est encore rappelé par le *ndane* ''Awine Kenlenzile''[1]. Une partie seulement de l'armée asante est rentrée chez elle car en vertu du traité de Fomena, les Britanniques ont exigé de l'*Asantehene* ɔsɛi Mensa Bonsu qu'il rappelle la totalité des forces asante qui combattaient à Nzema[2]. Les autorités de Cape Coast Castle avaient désormais le désir de régler une fois pour tout le conflit qui déchirait les Nzema.

B–LES CONSÉQUENCES DE LA GUERRE CIVILE

a- La scission définitive du royaume en deux ''moitiés politiques''

Le 15 mars 1874, les deux antagonistes et la commission britannique avec à sa tête le Dr Gouldsbury se sont rencontrés à ɛkɛbatu afin de trouver une solution définitive au conflit[3]. La commission britannique a reconnu Bile Bile comme *ɔmanhyenle d'Eastern Apollonia* et Koasi Ama Ekyi comme *ɔmanhyenle de Western Apollonia.* Leurs différentes autorités devaient s'exercer dans les limites fixées jadis par Ebayenle. Nul ne devait réclamer des droits sur le territoire sur lequel l'autre exerce son autorité ; ɛkɛbaku devant servir de zone tampon entre les dépendances de Benyinli et les dépendances d'Adoanbo. Ɛkɛbaku par sa position centrale entre Benyinli et Adoanbo en a profité pour être indépendant vis-à-vis des deux *ɔmanhyenle.* Les différends entre les deux ''moitiés politiques'' du pays se réglaient à ɛkɛbaku qui a joui de son indépendance jusqu'au règne de son *belemgbunli* Nyamekɛ Mɛnla. Ce dernier a demandé à Aka Anyima alors ɔmanhyenle de Benyinli de lui procurer de la poudre à canon. Une circulaire de l'administration britannique à cette époque exigeait que tout chef qui désirait obtenir de la poudre à canon s'adresse à son chef hiérarchique. Aka Anyima a posé comme condition à la requête de Nyamkɛ Mɛnla qu'il le reconnaisse

---

[1] Ackah (Y.J), *op. cit.*, appendix 15.

Note : Le 13 octobre 1873 le navire anglais H. MS. Druid a bombardé Benyinli parce que Koasi Ama Ekyi était devenu en allié de l'Asante. Claridge (W.W), *op. cit.*, p. 79.

[2] Ivor Wilks, *Asante in the nineteenth century. The structure and evolution of a political order*, p. 94.

J.E. Condua Harley, Sagrenti war, An illustrated history of the Ashanti campaign 1873-1874, p. 33, London, 1974, 203 p.

[3] Claridge (W.W), *op. cit.*, p. 159.

Van Dantzig (A.), ''The demarcation of the southern section of the border between the Gold Coast and Ivory Coast'', in Colloque inter-universitaire Ghana Côte d'ivoire, Bondoukou, janvier 1974, p. 637.

ANCI 1EE23, *op. cit.*, séance de Chapoum (Kyiapun) 28 décembre 1883.

comme *ɔmanhyenle*. Les notables d'ɛkɛbaku ont protesté en apprenant la façon dont leur belemgbunli avait placé leur village sous la tutelle de l'*ɔmanhyenle* de Benyinli. Crowther devant qui l'affaire fut portée à décidé que Nyamekɛ Mɛnla devait honorer ses engagements, de sorte qu'ɛkɛbaku dépend encore aujourd'hui de l'autorité de Benyinli[1].

La commission britannique qui a réglé le différend entre Benyinli et Adoanbo le 15 mars 1874 a décidé de traiter Bile comme un *ɔmanhyenle* de rang inférieur par rapport à Koasi ama Ekyi[2].

D'après James Ackah, la commission britannique, mal informée a pris cette décision parce que les chefs d'Axim ont prétendu qu'Avo le prédécesseur de Bile était un *safohyenle* de Koasi Ama Ekyi qui s'est rebellé mais a été fait prisonnier avant d'être relaché à la faveur de l'échange des forts entre anglais et hollandais[3].

Koasi ama Ekyi interrogé sur tout ceci n'a en a pas fait cas, mais a seulement affirmé qu'il était le chef légitime du territoire entre Assini et l'Ankobra. Il a aussi prétendu que Bile son rival était fils d'une esclave et un rebelle alors que lui, descendait de l'ancienne dynastie des *belemgbunli kpole*[4]. Quoi qu'il en soit, les deux antagonistes ont accepté la proposition de Gouldsbury qui a mis fin à six années de guerre civile mais qui a provoqué la scission définitive du royaume nzema.

La moitié du royaume sous l'autorité de l'*ɔmanhyenle* de Benyinli est appelée Adjɔmɔlɔ maanle (pays Adjɔmɔlɔ)[5]. L'autre moitié qui dépend de l'*ɔmanhyenle* d'Adoanbo est dite *ɛlɛmgbelɛ nee Azane maanle* (pays ɛlɛmgbelɛ et Azane)[6].

---

[1] Ackah (Y.J), *op. cit.,* appendices 1, 2, 22.
Enquête auprès d'Egya Ehyimane.

[2] Ackah (Y.J), *op. cit.*, p. 175.
Note : Assama (Aziema) contrairement à ce que laisse supposer ce document n'est pas le chef-lieu *d'Eastern Apollonia.*

[3] Ackah (Y.J), *op. cit.*, p. 175.
Gold Coast 1871-1873, Enclosure 1 in n° 86.

[4] Ibid.
Note : Il est intéressant de noter que Koasi Ama Ekyi se dit légitime descendant des anciens *belemgbunli kpole* de la dynastie Nvavile alors que lui est Tweali. Koasi Ama Ekyi est de mauvaise foi quand il prétend que Bile est d'origine servile. Dire d'un roi qu'il est esclave revient à dire qu'il n'a pas droit au trône. L'attitude de Koasi Ama Ekyi est révélatrice et explique pourquoi certains informateurs de James Ackah ont prétendu que le *belemgbunli kpole* Kaku Aka était d'origine servile.

[5] Amihere Essuah, *Mekakye bie I*, p. 11, p. 17.

[6] Amihere Essuah, *Mekakye bie I*, p. 11 ; p. 17.

C'est seulement en juillet 1902 que l'administration britannique a décidé de ne plus traiter l'*ɔmanhyenle* d'Adoanbo comme étant d'un rang inférieur, lorsque Bile II a été intronisé[1].

La guerre civile est à l'origine des grands *ndane* actuels du pays nzema. Celui de Benyinli ''Bea anloa nu nee Kɛnlanwiabo'' rappelle l'incident survenu dans l'ambouchure de la Bea pendant l'exil a Klendjabo de l'*ɔmanhyenle* Koasi Ama Ekyi. Le *ndane* d'Adoanbo ''*ɛhane nu*'' rappelle les souffrances que les partisans de l'*ɔmanhyenle* Bile ont enduré dans l'*ɛhane*[2]. Il existe des formes annexes à ces *ndane*. Pour celui de Benyinli cela peut être ''Koasi Ama Ekyi Kɛnlanwiabo''. Pour celui d'Adoanbo, l'on peut dire ''Bile ɛhane nu'' ou encore ''Djɔkɛ ɛhane nu''. C'est un mardi (*djɔkɛ*), dit-on, que la vie à l'intérieur de l'*ɛhane* est devenue très pénible.

Les deux dynasties Ndweafɔ ont donné les *ɔmanhyenle* suivants :

Liste des *ɔmanhyenle* d'Adoanbo[3]

- Ebayenle
- Avo
- Bile I
- Ehyiman
- Kwasi Ngeda (détrôné)
- Bile II (alias Mɛnla)
- Bile III (alias ɛzoa Kwaw)
- Bile IV (alias Ezena, détrôné)
- Bile V (alias Kwaku Duroe, détrôné)
- Bile VI (alias Enokpole, détrôné)
- Bile VII.

Autre liste des *ɔmanhyenle* d'Adoanbo[4]

- Ebayenle
- Avo
- Bile
- Ehyiman
- Kwasi Ngeda
- Mɛnla II
- Ɛzoa Kwaw II
- Nwiah ɛbayenle
- Enena
- Enokpole

1 Ankobra ferry n° 19 SNA 38/1917, ADN 11/1481 National Archives, Accra.
2 Annan (Crosby), *op. cit.*, p. 106. Amihere Essuah, *Mekakye bie I*, p. 50.
3 Ackah (Y.J), *op. cit.*, appendix 1, p. 2.
4 Ibid, appendix 5, p. 4.

- Kelebu Duroe
- Bile VII.

Liste des *ɔmanhyenle* de Benyinli[1]
- Koasi ama Ekyi I (1851-1876)-
- Ɛzoa Kpanyinli (1876-1893)
- Nyanzu Ackah II (1878-1893)
- Ackah Anyimiah (1893-1917)
- Koasi Hɔba (1917-1920)
- Anɔ Adjei I (1920-1935, détrôné en 1935. Et réinstallé en 1938)
- Anɔ Adjei II (1938-1952)
- Koasi Ama Ekyi II (1952-1982)

Autre liste des *ɔmanhyenle* de Benyinli[2]
- Amichyia Kpayinli (est resté longtemps au pouvoir)
- Akɛ Nyima (neveu d'Amychia Kpayinli)
- Kwasi Amekyi I (frère d'Akɛ Nyima)
- Anɔ Ajei Kpayinli (son père est wassa. Il fut détrôné et remplacé par Cinan Asuan)
- Cinan Asuan (à sa mort, Anɔ Ajei Kpayinli est rappelé)
- Anɔ Ajei Kpayinli
- Ahui ou Anɔ Adjei Ekyi
- Kwasi Amekyi II

Notre liste des *ɔmanhyenle* d'Adoanbo est la suivante :
- Ebayenle (1851-1855)[3]
- Ɛn188) ɔ5-1856), détrôné
- Avo (1856-1870)[4]
- Bile I (1870-1889)[5]
- Ehyiman (1889-1891)[6]
- Koasi Ngeda (1891-1893)
- Bile II (1893, régnait encore en 1902)
- Bile III
- Bile IV (détrôné)
- Bile V (détrôné)
- Bile VI (détrôné)
- Bile VII (ɔmanhyenle régnant)

[1] Ackah (Y.J), appendix 6, p. 9-10.
[2] Diabaté (H.), *op. cit.*, p. 682.
[3] Crowther (F.), op. cit., p. 4-6.
[4] Furley collection journal (1870-1872). Entry for may 23 1870, p. 84.
[5] *Memorandum of Yamike Kwaku*, p. 6.
[6] Ibid.

Notre liste des ɔmanhyenle de Benyinli

- Koasi Akyi (1851-1876)
- Ɛzoa Kpanyinli (1876-1878)
- Nyanzu Aka II (1878-1893)
- Aka Anyima (1893-1917)
- Koasi Hɔba (1917-1920)
- Anɔ Adjei Kpanyinli (1920-1935, détrôné en 1935 et réinstallé en 1938)
- Cena Asuan (1935-1938)
- Anɔ Adjei Kpanyinli (1938-1939)
- Anɔ Adjei Ekyi (1939-1952)
- Koasi Ama Ekyi II (1952-1982)
- Anɔ Adjei II (1982, règne encore)

L'une des conséquences importantes de la guerre civile, fut l'installation des Nzema-Aduvolɛ sur le pourtour de la lagune Tendo-Ehy.

b- L'émigration des Aduvolɛ

1-Les départs de populations du pays nzema avant l'émigration Aduvolɛ

L'émigration des Aduvolɛ est une conséquence directe de la guerre civile qui a opposé les Nzema entre 1868 et 1874. Cependant, des Nzema se sont établis dans le Sanwi bien avant l'arrivée des Aduvolɛ. Il serait intéressant d'analyser les migrations antérieures de populations parties du pays nzema.

Les attaques des forces asante contre l'Apollonie en 1715 puis en 1721 ont provoqué le départ de certains nzema qui vont s'établir à Assini[1] où ils ont cohabité avec les Essuma. L'officier britannique John Atkins a rencontré en 1721 une princesse de Gooimere (*ɛhyema-adjɔmɔlɔ*) et ses sujets à Assini[2]. De même, un contingent de Nzema mécontent du belemgbunli kpole ɛzoa Ekyi, s'est installé à Assini au début du XIXe siècle.

Les premiers nzema qui ont trouvé refuge dans le Sanwi se sont principalement installés à Assini et à Adjuan[3]. D'autres sont partis un peu plus à l'ouest à Grand-Bassam[4]. Les premiers nzema à s'être installés à

---

[1] Daaku (K.Y), *Trade and politics on the Gold Coast (1600-1720). A study of the african reaction to european trade*, p. 178.
Note : Les Nzema, qui sont installés à Assini, habitent principalement le quartier dénommé quartier France. ANCI 1EE24, Cercle d'Assini rapport mensuel, avril à octobre 1901. Les Essuma sont surtout groupés dans le quartier Sagbadu.

[2] Voir Horovitz (R.), ''Trade between Sanwi and her neighbors'', in *Colloque inter-universitaire Ghana- Côte d'Ivoire*, Bondoukou 1974, p. 344.

[3] Diabaté (H.), *op. cit.*, p. 396-397.
Enquête auprès de Nana Kofi Alexandre.

[4] *Note* : Au sujet des colonies nzema d'Assini et de Grand-Bassam. Voir CO 879/29 n° 49, Griffith to Knuts, Accra, 4th june 1889.

Azuleti (région de Bassam) avec la permission des ɛhɛ de Moossu sont Bognan Asuan et Nyamekɛ Ehwi[1].

Les Nzema qui ont créé le village d'Adjuan dans le Sanwi étaient du groupe Assomolo[2]. Leurs leaders étaient Agyili Kpanyi, Ngban Aku et Belewue kan. Bien que les traditions orales d'Adjuan situent l'arrivée de leurs ancêtres Assomolo dans le Sanwi sous le règne de kaku Aka[3], il est plutôt possible qu'elle date du règne d'Amihyia Angɔla. Ehwi Komfo qui a conduit la migration Assomolo à Nzema était le frère d'Agyili Kpanyi[4]. Or, il est arrivé dans le royaume nzema pendant le règne d'Amihyia Angɔla[5]. Abini Nobia un autre leader des Assomolo qui s'est rendu coupable de l'assassinat d'Ehwi Komfo s'est installé avec ses sujets à Assini pour fuir les représailles du *belemgbunli kpole* de Benyinli[6]. Agyili kpanyi avant de s'installer à Adjuan a séjourné aussi à Assini précisément à Bangajɔ[7].

Claude Hélène Perrot nous apprend à partir d'informations recueillies auprès de Nana Djapoma que certains Ahua d'Anianssue sont partis du village de Nuba dans le pays nzema avec pour leader Nana Anɔ Koa Kpanyi de l'*abusuan* Ahwea[8]. Le départ d'une fraction des nzema de Nuba pour Aniassue dans le Ndenye s'explique probablement par la guerre qui a opposé l'Aowin à l'Asante en 1715. Nzema on se le rappelle a été directement impliqué dans ce conflit.

Qu'en est-il du cas spécifique de l'émigration Aduvolɛ ?

2- L'installation des Aduvolɛ dans le Sanwi

La tradition orale en pays aduvolɛ précisément à Ngyeme raconte que les premiers migrants nzema qui ont peuplé le pourtour de la lagune Tendo-Ehy sont partis d'Adu (Adusuazo). Le groupe qui a fondé Ngyeme avait pour leader Amon Aka[9]. Les sources écrites confirment parfaitement ces informations. Voici à ce sujet des comptes-rendus de séances de la commission mixte de délimitation des frontières d'Assini. Lors de la séance du 26 décembre 1883 à Ndianmin (Ngyeme), Beh quao et Tano Miezan ont affirmé que ce village a été créé par Amoaka qui est venu d'Adookro

[1] Enquête menée à Azuleti en 1978 par les élèves de la seconde A du Lycée de Grand-Bassam dans le cadre d'une étude du milieu.
[2] Enquête auprès de Nana kofi Alexandre.
[3] Ibid.
[4] Mouezy (H.), *op. cit.*, p. 65.
[5] *Memorandun of Yamike Kwaku*, p. 8.
[6] Ibid.
[7] Mouezy (H.), *op. cit.*, p. 65.
[8] Perrot (C.H), *op. cit.*, p. 483.
[9] Enquête de Jules Kofi Yeboa à Ngyeme.
Enquête de Jules Kofi Yeboa à Alnguanu, p. 360.
Diabaté (H.), *op. cit.*, p. 248 ; p. 732.
Enquête auprès de Nana Kofi Alexandre.

(Adusuazo)[1]. Pendant la séance du 30 décembre 1883, des informateurs ont rapporté que Nouamou a été fondé par Attaka (Nda Aka) qui est originaire d'Adikrom (Adusuazo)[2].

L'explication que Denise Paulme donne au sens du mot aduvolɛ est inexacte parce qu'il n'existe pas un chef nommé Adu qui aurait conduit des migrants nzema en territoire sanwi[3]. Aucun chef de migration de ce nom n'est connu de la tradition orale. Adu (Adusuazo) est plutôt le village d'origine des Aduvolɛ qui se situe au nord d'Half-Assini (Awiane) à faible distance du Tanoɛ.

La guerre civile qui a opposé Avo à Koasi Ama Ekyi est la cause principale de l'installation des Aduvolɛ sur la rive nord de la lagune Tendo-Ehy. Les notables de Ngyeme précisent que des événements liés à la cause première ont précipité le départ de leurs ancêtres. Les habitants d'Adusuazo disent-ils ne voulaient pas d'Avo comme *ɔmanhyenle.* Ils lui préféraient Koasi Ama Ekyi[4]. Quand ils ont appris qu'Avo à la tête de ses armées se dirigeait vers Adusuazo, ils ont fui vers l'Ouest en empruntant le Tanoɛ.

L'arrivée de la première vague Aduvolɛ autour de la lagune Dwenye se situe en 1868, c'est-à-dire au début de la guerre civile. Cette date est vraisemblable parce qu'en 1868, Amon Aka a remercié personnellement Amon Ndufu Kutua pour avoir offert sa protection aux nzema qui vivent sur la côte nord de la lagune[5]. Nana Amon Aka avait des raisons personnelles de s'expatrier. Sa grande fortune et son influence offusquaient l'*ɔmanhyenle* Koasi Ama Ekyi qui croyait que celui-ci caressait le désir de s'emparer du pouvoir[6]. Le différend entre les deux hommes est confirmé par W. W. Claridge qui écrit que le Dr Gouldsbury a prévenu une attaque que s'apprêtait à lancer un chef nommé Amon Aka contre Koasi Ama Ekyi[7].

Le premier village créé par Nana Amon Aka et ses sujets est Ngyeme qui tient son explication de la phrase Twi ''Asase gye me'' (Terre accueille moi). Nana Amon Aka arrivé dans la région à procédé à des libations en disant : « Terre, esprit de la terre j'ai quitté ma patrie pour venir me réfugier ici, accueille-moi, sois mon support »[8].

D'autres migrants partis toujours d'Adu et qui vivaient dans l'insécurité après qu'Avo ait installé son quartier général dans le village sont venus se joindre aux sujets d'Amon Aka.

---

[1] ANCI 1EE 23, *op. cit.*, séance du 26 décembre à Ndiamin (Ngyeme).

[2] Ibid, séance du 30 décembre à Nouamou (Nuamu).

[3] Paulme (D.), ''Un rituel de fin d'année chez les Nzema de Grand-Bassam'', *Cahier d'Etudes Africaines*, n° 38, vol. X, p. 189.

[4] Enquête de Jules Kofi Yeboa à Ngyeme.
ANCI 1EE 23, *op. cit.*, séance du 28 décembre 1883 à Chapoum (Kyiapum).

[5] Ibid., séance du 26 décembre 1883 à Nidiamin (Ngyeme).

[6] Enquête de Jules Kofi yeboa à Ngyeme.

[7] Claridge (W.W), *A history of the Gold Coast and Ashanti*, p. 159.

[8] Enquête de Jules Kofi Yeboa à Ngyeme.
Note : Ngyeme est le village aduvolɛ le plus ancien. Voir Diabaté (H.), *op. cit.*, p. 707.

La région aduvolɛ dans le sanwi

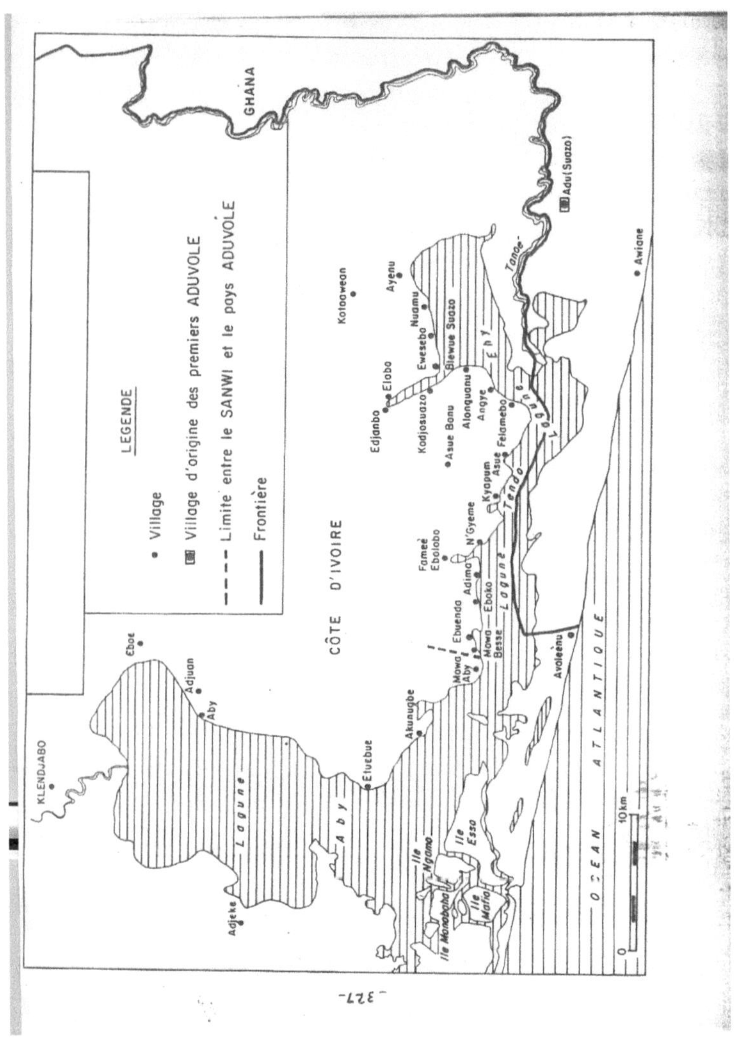

Il s'agit des sujets de Nda Aka qui ont créé Nuamu[1] et de ceux de Nwole Miezan qui ont créé Kyiapum ainsi qu'Alɔnguanu[2].

L'insécurité qui régnait à Adu est confirmée par la tradition orale de ce village qui mentionne que les guerriers d'Avo commettaient des exactions contre la population. Un jeune homme nommé Benle Ekyi Kofi sera lâchement assassiné par les mercenaires wassa[3].

Pendant toute la durée de la guerre civile et même plus tard, des Nzema sont partis de divers villages du royaume pour s'établir dans le pays aduvolɛ[4]. Les derniers qui sont arrivés étaient surtout poussés par les perspectives économiques nouvelles à savoir des terres nouvelles à mettre en valeur, la pêche lagunaire et le commerce[5]. Le Nzema a été en effet ruiné par la guerre civile et une période de famine a suivi celle-ci[6].

Le nom Aduvolɛ qui signifie les originaires d'Adu a été étendu à l'ensemble des Nzema qui se sont joints aux originaires d'Adu[7]. Des traditionalistes d'Alɔnguanu présentent Adu comme un village récent datant du règne de Kaku Aka. Le fondateur de ce village disent-ils était un chasseur d'ascendance asante qui était très endetté. Leur patriarche Kwao aurait épongé les dettes de ce chasseur appelé Adu qui alors s'est mis à son service. Le campement de chasse d'Adu est devenu un grand village qui a pris son nom. Nana Nwole Miezan d'après les Adahonle d'Alɔnguanu a été le premier *belemgbunli* d'Adu[8]. Amihere Essuah montre qu'Adu est un village ancien chargé de sacrifier des esclaves pendant les funérailles des *belemgbunli kpole* de la dynastie Nvavile[9]. Adu a été effectivement créé par un chasseur nommé Anɔ Aka Adu[10]. Si comme l'affirme les informateurs d'Alɔnguanu la création d'Adu date du règne de Kaku Aka, ce village ne devait ni être très peuplé ni avoir le privilège de jouer un rôle si honorifique

---

[1] ANCI 1EE 23, *op. cit.*, séance du 30 décembre à Nouamou.
Annan (E.), *Les mouvements migratoires des populations akan du Ghana en Côte d'Ivoire. Des origines à nos jours*, p. 202.

[2] Diabaté (H.), op. cit ;, p. 705.
Enquête de Jules Kofi yeboa à Alɔnguanu.

[3] Amihere Essuah, *Mekakye bie II*, p. 43.

[4] Diabaté (H.), *op. cit.*, 705.
Note : Au sujet de l'infiltration incessante et constante des Nzema dans le Sanwi pendant le règne du *belemgbunli* Amon Ndufu kutua. Voir ANCI microfilm du fond d'archives de l'AOF I Mi 43.

[5] Amihere Essuah, *Mekakye bie II*, p. 55.

[6] Enquête auprès de Nana Kofi Alexandre.

[7] Diabaté (H.), *op. cit.*, p. 705-707.
Enquête auprès de Nana Kofi Alexandre.
Enquête de Jules Kofi Yeboa à Ngyeme et à Alɔnguanu, Annexe 4, p. 353, Annexe 5, p. 1 ; p. 358.
Amihere Essuah, *Mekakye bie II*, p. 50-55.

[8] Enquête de jules Yeboa à Alɔnguanu.

[9] Amihere Essuah, *Mekakye bie II*, p. 42.

[10] Ibid.

pendant les cérémonies d'inhumations des *belemgbunli kpole* du royaume nzema. La fonction d'*adumfoɔ*[1] est toujours dévolue à des villages anciens et guerriers généralement très peuplés[2] sur lesquels le pays peut compter en temps de guerre.

La pratique coutumière akan qui consiste à décapiter des esclaves pendant les cérémonies d'inhumation des souverains est appelé par les Nzema ''*ahyelɛ ezielɛ*''. Ce rite s'explique par les croyances. Les Akan en général et les Nzema en particulier croient que l'âme (*ɛkala*) subsiste après la mort. Les monarques défunts continuent même dans le séjour des morts (*ɛbolɔ*) à exercer leur fonction, ils ont donc besoin d'esclaves à leur service. H. Meredith rapporte qu'en 1801 lorsque le *belemgbunli kpole* nzema est mort, un ou deux hommes ont été sacrifiés tous les samedis avant que les grandes cérémonies aient lieu, cela pas avant six mois après son décès. À cette occasion, cinquante personnes ont été tuées ainsi que deux de ses épouses[3].

Les Adahonle ont joué un rôle important dans le peuplement, la chefferie traditionnelle et l'organisation du pays aduvolɛ. Nana Nwole Miezan a incité ses neveux à créer des villages sur le pourtour de la lagune. Son neveu Kuadu Bonyan est le fondateur d'Alɔnguanu[4]. Cependant, l'assertion des Adahonle est fausse quand ils prétendent être les premiers nzema à avoir découvert la lagune Dwenye.

Les Nzema depuis le règne d'Amihyia Kpanyinli I connaissaient bien la lagune à l'Ouest de leur territoire. Comment auraient-ils pu solliciter l'aide des Betibe pendant la guerre contre l'Egwira s'ils ignoraient l'existence du Dwenye ? Les conflits du XVIIIe siècle entre Nzema et Sanwi ainsi que les guerres expansionnistes de Kaku Aka sont des preuves que les Nzema fréquentaient la lagune Dwenye bien avant l'émigration des Aduvolɛ. L'installation des Aduvolɛ sur le rive nord du Dwenye ne se situe ni avant, ni pendant, mais après le règne de Kaku Aka. L'enquête d'Henriette Diabaté à Alɔnguanu montre que les Nzema qui ont créé ce village fuyaient la guerre civile qui sévissait entre Adoanbo et Benyinli[5]. Les Sanwi n'auraient

[1] *Note* : Les *Adumfoɔ* sont des guerriers chargés de faire des sacrifices humains rituels à la mort du *belemgbunli kpole*.

[2] *Note* : Des enquêtes d'Henriette Diabaté montrent qu'Adu est un village très ancien et très grand.
Diabaté (H.), *op. cit.*, p. 560 ; 285.

[3] Meredith, *op. cit.*, p. 32.

[4] Diabaté (H.), *op. cit.*, p. 705-706.
Enquête de Jules Kofi Yeboa à Alɔnguanu.

[5] Diabaté (H.), *op. cit.*, p. 705.

certainement pas laissé des Nzema s'établir sur la rive nord du Dwenye alors qu'ils étaient en guerre contre Kaku Aka[1].

Quelle était la situation du peuplement autour de la lagune Tendo-Ehy au moment de l'arrivée des premiers Aduvolɛ ? Niangoran-Bouah que cite Elizabeth Annan, soutient que les Aduvolɛ auraient trouvé en place les Adjɛkɛ[2].

Or, aucun peuple de ce nom n'est connu dans la région. Les peuples qui habitaient le pays avant l'arrivée des Aduvolɛ sont les Betibe, les Essuma, les Anyi et les Agwa. Les Adjɛkɛ n'ont jamais constitué un peuple en tant que tel comme semble le présenter Jean Noël Loucou[3]. Le pourtour de la lagune Aby-Tendo-Ehy a depuis des temps immémoriaux été peuplé par des Betibe. Les zones occupées par les Aduvolɛ étaient des sites d'anciennes pêcheries betibe[4]. Adjɛkɛ est l'une des nombreuses pêcheries que les Betibe établis à Bianu et à Mɔciɔbo (ɛboɛ) ont créées. Pourquoi dissocier les ''Adjɛkɛ'' de l'ensemble du groupe ethnique betibe ? Les Adjɛkɛpoɛ qui se sont intégrés à la population de Bonua forment un matriclan[5] dont l'origine betibe ne fait aucun doute[6]. Les Betibe qui se sont réfugiés à ɛfiɛ suite à la guerre de Mɔnɔbaha se sont installés par la suite à Bianu et à Mɔciɔbo[7]. De là, ils ont créé quelques pêcheries aux environs d'Adjɛkɛ et d'Etchusihɛ (Etusika). Mowa peuplé d'originaires d'Adjuan était dans le complexe lagunaire le village sanwi le plus à l'est. Plus tard vers 1850 à la faveur de la capture de Kaku Aka et de la paix entre Nzema et Sanwi, des Betibe ont progressivement quitté Bianu et Mɔciɔbo pour créer Epiefɛ, Etchubo (Etuɛboɛ), Macihɛ (Mbgalati), Nzuɔmɔlɔ (Assɔmlan), Amgbeite (Akunugbe), Etchusihɛ (Etusika) Abidjuan (Abiati) et ɛpɛlɛmɔnɔ (Epelemalan). Tous ces villages que les Betibe ont créés sont à l'ouest de Mowa.

De nos jours les villages proprement sanwi près de la zone aduvolɛ sont Mowa et Eboko[8]. Les informateurs de Ngyeme ont raison de soutenir que

---

[1] *Note* : Les Adahonle d'Alɔnguanu prétendent que leur patriarche Nwole Miezan a créé Kyiapum alors que Kaku Aka régnait encore sur le *bia kpole* nzema. Nwole Miezan, disent-ils, faisait fumer du poisson qu'il envoyait à Adoanbo au *belemgbunli kpole* Kaka Aka.
Enquête de Jules Kofi Yeboa à Alɔnguanu.

[2] Annan (E.), *op. cit.*, p. 201.
Note : Elizabeth Annan a repris cette information qui est tirée d'un article de Niangoran-Bouah paru dans Franternité Matin du mardi 13 février 1979, p. 16.

[3] Loucou (J.N), *Histoire de la Côte d'Ivoire. La formation des peuples*, p. 132.

[4] Enquête auprès de Nana Kofi Alexandre.

[5] Diabaté (H.), *op. cit.*, p. 10.

[6] Conférence d'Ello Brou à Vitré I.
Note : Des Betibe se sont intégrés à la population de Bonoua. Diabaté (H.), *op. cit.*, p. 605.
Enquête auprès de Nana Kofi Alexandre.

[7] Diabaté (H.), *op. cit.*, p. 526-527.

[8] Bretignère (M.A), *Aux temps héroïques de la Côte d'Ivoire (Des lagunes aux pays de l'or et aux forêts vierges*, p. 72-73.

Nana Amon Aka et ses sujets n'ont trouvé personne sur les sites qu'ils occupent[1]. Une enquête d'Elizabeth Annan à Nuamu auprès de Nana Abadu Tewiah montre que l'ancêtre de ce dernier Nana Nda Aka lorsqu'il a traversé le Tanoɛ et la lagune Dwenye pour s'installer à Abɛlɛbedia Kpokɛzo puis à Ayɛnenu et enfin à Nuobanu (Nuamu) n'a trouvé personne sur ces sites[2]

Cela ne signifie nullement que le complexe lagunaire en tant que tel était inhabité. Seule la partie de la lagune à l'ouest de Mowa était occupée par des villages au moment de l'installation des Aduvolɛ[3]. Cela se comprend aisément si l'on tient compte des conflits qui ont longtemps émaillé les rapports entre nzema et sanwi. Mais comment les premières relations difficiles entre les Aduvolɛ et leurs frères nzema s'expliquent-elles ?

3-Les premiers rapports des Aduvolɛ avec Nzema

Les Aduvolɛ ont occupé le pourtour de la lagune Ehy avec la bénédiction du Sanwi *belemgbi* Amon Ndufu Kutua[4]. Ce dernier a accepté d'accueillir les Aduvolɛ parce qu'il voulait se servir d'eux comme écran entre son royaume et le royaume nzema. Amon Ndufu Kutua avait également la possibilité d'exercer des représailles contre les Aduvolɛ en cas d'agression des Nzema contre le Sanwi. Il a exigé la tête d'un habitant d'Adu avant de permettre aux Adovulɛ de s'installer sur ses terres. Les Aduvolɛ ont obéi à ses exigences mais comme il fallait s'y attendre, des conflits vont éclater entre eux et leurs frères d'Adu[5].

Ce problème explique probablement le différend entre Amon Aka et Koasi Ama Ekyi[6]. Amon Ndufu Kutua a atteint le but qu'il recherchait ; à savoir, créer un conflit entre les Aduvolɛ et leurs frères nzema afin que ces derniers ne puissent pas se servir d'eux pour agresser le Sanwi. Mais très vite, les Aduvolɛ se sont réconciliés avec leurs frères d'Adu. Même aujourd'hui, les funérailles sont un puissant moyen de retrouvailles entre les Aduvolɛ du Dweneye et les Aduvolɛ d'Adu. Des héritages ont lieu entre eux de part et d'autre[7]. Les Aduvolɛ du Dweneye reconnaissent l'ɔmanhyenle de Benyinli comme leur chef supérieur[8]. Cela est un indice qui prouve leur indépendance politique vis-à-vis du pouvoir royal sanwi.

---

[1] Enquête de Jules Kofi Yeboa à Ngyeme.
[2] Annan (E.), *op. cit.*, p. 202.
[3] ANCI 1EE 23, 22 décembre 1883 Afolienu (Avoleɛnu) Commission mixte de délimitation des frontières d'Assini.
[4] ANCI 1EE 23, *op. cit.*, 26 décembre 1883 Ndiiamin (Ngyeme).
[5] Amihere Essuah, *Mekakye bie II*, p. 46.
[6] Claridge (W.W), *A history of the Gold Coast and Ashanti*, p. 159.
[7] Enquête auprès de Nana Kofi Alexandre.
[8] Bretignère (M.A), *op. cit.*, p. 74.
Amihere Essuah, *Mekakye bie II*, p. 47.
Note : Le grand *ndane* du pays aduvolɛ est celui de Benyinli, Voir Diabaté (H.), *op. cit.*, p. 712.

4-Les Aduvolɛ furent-ils des sujets des souverains sanwi de Klendjabo ?

La question est importante et mérite réflexion. L'installation des Aduvolɛ sur les bords du Dwenye avec l'accord d'Amon Ndufu Kutua fait-elle d'emblée d'eux des sujets sanwi ? On pourrait le penser car ces Aduvolɛ occupent des terres qui étaient des propriétés de l'État Sanwi.

La réponse à l'interrogation qui va suivre permet de résoudre la question précédente. Le serment *Agya bia* a-t-il été prêté par les Aduvolɛ ? *Agya bia* est le serment au trône d'Amalaman Anɔ qui marque l'allégeance de celui qui le prête au *belemgbi* de Klendjabo. Nana Agyili Kpanyi venu de Nzema avec ses sujets a prêté le même serment devant Amon Ndufu Kpanyi[1]. Or, les Aduvolɛ n'ont pas prêté ce serment qui implique que l'on réponde à certaines exigences des *belemgbi* du Sanwi, comme par exemple leur apporter des présents pendant la fête des ignames (*elue elie*) ou encore leur fournir des hommes quand ils partent en guerre. Les Aduvolɛ étaient incontestablement indépendants vis-à-vis des belemgbi de Klendjabo[2].

Un autre fait confirme notre position. En effet, les Aduvolɛ n'ont pas participé à la guerre qui a opposé les Aburé de Bonua aux Sanwi pendant le règne d'Akasemmandu vers 1894[3]. Enfin, bien que le royaume sanwi dépendait du protectorat français, le pays aduvolɛ était protectorat anglais tout comme nzema[4].

5-Comment les Aduvolɛ passent sous la juridiction française

La France et la Grande-Bretagne seules nations présentes sur la côte Est ivoirienne vers la fin du XIXe siècle, se livraient une concurrence farouche, chacune cherchant à protéger son marché. Les Aduvolɛ indistinctement commerçaient aussi bien avec les factoreries françaises qu'avec les maisons marchandes britanniques. Kwao un agent au service des Anglais sous prétexte de contrebande faisait arrêter des Aduvolɛ[5]. Les agents frontaliers britanniques dénommés *water-police* emprisonnaient à Half-Assini ou à

---

[1] Enquête de Jules Kofi Yeboa à Abjuan.

[2] Bretignère (M.A), *op. cit.*, p. 75.
ANCI 1EE 23, op. cit., séance du 21 décembre 1883 à Mohoua (Mowa).
Note : Les Aduvolɛ ne payaient pas de tribut aux *belemgbi* de Klendjabo. ANCI 1EE 23, op. cit., séance du 21 décembre à Mohoua (Mowa). Diabaté (H.), *op. cit.*, p.708.
Amihere Essuah, *Mekakye bie II*, p. 47.

[3] ANCI 1EE 25, Correspondance sur les incidents de l'Akaples 1894.
Diabaté (H.), *op. cit.*, p. 575.

[4] Koffi (Koffi Lazare), *La vie quotidienne au royaume de Krindjabo sous Amon Ndoufou II (1844-1886)*, p. 169.
Enquête auprès de Nana Kofi Alexandre.

[5] Amihere Essuah, *Mekakye Bie II*, p. 52.
Diabaté (H.), *op. cit.*, p. 732.
Ackah (Y.J), *op. cit.,* appendix 20, p. 3.

Axim tous ceux qui étaient pris pour contrebande. Les Aduvolɛ se plaignaient souvent auprès des autorités françaises d'Assini des exactions dont ils étaient l'objet de la part des *Waters-police*[1]. Le chef d'Ebuenda Akile Assuan sera ainsi incarcéré à Axim où il est décédé vers 1877[2].

Les autorités britanniques avaient décidé d'exercer des représailles contre les Aduvolɛ afin de les dissuader définitivement à commercer avec les factoreries françaises. Les Aduvolɛ qui s'attendaient à une vive réaction des autorités britanniques des suites de l'assassinat de l'agent Kwao à Avoleɛnu ont formé une délégation conduite par Kulu Ekyi qui a sollicité et obtenu le protectorat français[3]. Quand il fut question de délimiter les frontières entre la Côte d'Ivoire et la Gold Coast, le pays aduvolɛ s'est retrouvé naturellement dans les dépendances de la France.

La première commission mixte anglo-française de délimitation des frontières d'Assini n'a pas abouti à un résultat si bien que le 24 janvier 1884 le Capitaine anglais Pullen et le français Godin ont décidé de soumettre la question à leurs gouvernements respectifs[4].

Une convention de délimitation de la frontière anglo-française de la Côte d'Or sera adoptée le 21 juillet 1893. Il fut décidé que la frontière britannique partirait de la côte à Newtown (Avoleɛnu) à une distance de 1000 m à l'est de la maison occupée en 1884 par le commissaire britannique puis se dirigerait droit vers le nord jusqu'à la lagune, suivrait la rive gauche de cette lagune jusqu'à l'embouchure du Tanoɛ. La frontière française devait aussi partir de la côte à Newtown à une distance de 1000 m à l'ouest de la maison occupée en 1884 par le commissaire britannique puis se diriger vers le nord jusqu'à la lagune[5].

Cette frontière divisait l'espace géographique du peuple Nzema sur deux territoires coloniaux. Celui de la France et celui de la Grande Bretagne.

---

[1] ANCI 1EE 24, Cercle d'Assini, avril à octobre, Rapport mensuel 1903.

[2] Mouezy (H.), *op. cit.*, p. 120.
Amihere Essuah, *Mekakye bie II*, p. 52.

[3] Mouezy (H.), *op. cit.*, p. 120.
Enquête auprès de Nana Kofi Alexandre.
Diabaté (H.), *op. cit.*, p. 713 ; p. 732.

[4] ANCI 1EE 23, op. cit., séance du 24 janvier 1884.
ADM 11/6/671 Lieutnant Pullen to the Earl of Derby Assinee boundary commission, Accra, Gold Coast Colony, 14th april 1884, n° 111.

[5] ANCI 1EE 10 (3) Convention a/3. Délimitation de la frontière anglo-française de la côte d'Or 1893.
Binger (L.G), *op. cit.*, p. 317.

CONCLUSION GENERALE

Origines diverses des migrants qui ont peuplé le pays nzema

Les migrants qui ont peuplé le pays nzema étaient très hétéroclites bien qu'ils faisaient tous partie d'un même continuum culturel qui est celui de la civilisation akan. Ils sont venus de différents royaumes et régions akan dont le Bono, l'Aowin, le Sefwi, l'Egwira, le Wassa, l'Adanse, le Denkyira, l'Asante, l'Akwamu, l'Ahanta, l'Eguafo, le pays betibe, le pays ɛhɛ et le pays akye.

Le pays nzema semble-t-il a connu un peuplement préhistorique dont nous ne savons pas grand-chose. Le peuplement connu s'étend sur une période relativement longue qui va approximativement du XVe siècle à la première moitié du XIXe siècle. Des raisons multiples expliquent ces migrations dont les principales sont les guerres et l'attrait du commerce côtier avec les Européens.

La création d'un État

Les migrants d'origines diverses qui ont peuplé nzema se sont organisés en un royaume relativement puissant et structuré, centré autour de Benyinli la capitale. Cet État était assez décentralisé car les sièges secondaires constituaient des pouvoirs locaux dont les chefs jouissaient d'une relative autonomie dans la gestion quotidienne de leurs communautés. Ils reconnaissaient cependant la primauté du trône royal de la capitale détenue par les souverains Nvavile issus du groupe Adjɔmɔlɔ. Leur allégeance se manifestait par certaines obligations vis-à-vis des souverains du trône. Ils devaient les soutenir avec loyauté, les assister en cas de guerre contre l'extérieur, leur remettre les ivoires des éléphants abattus et le 1/3 de l'or extrait sur le territoire du royaume. En retour les souverains du trône avaient le devoir de protéger tous les sujets du royaume et faire régner la paix et la justice.

Grâce à une défense élaborée de son territoire, le royaume nzema a préservé son indépendance vis-à-vis des grands États akan du XVIIe et XVIIIe siècles. Au XIXe siècle sous le règne de Kaku Aka, l'État nzema a livré une série de guerres contre le royaume voisin du Sanwi afin d'y étendre sa domination mais sans succès.

L'élaboration de l'unité et la naissance du peuple nzema

Les populations d'origines diverses qui ont peuplé nzema ont forgé leur unité. La solidarité entre membres d'un même matriclan, les pactes de non-agression entre villages historiques, les alliances matrimoniales, le festival de l'année nouvelle (*Kundum*) et la langue nzema sont autant de moyens qui ont servi à créer cette unité. En effet, les individus qui appartenaient à un même matriclan étaient unis par de puissants liens d'affinités parce qu'ils avaient le sentiment de descendre d'un ancêtre commun au-delà des matrilignages et des ensembles ethniques auxquels ils étaient originellement rattachés.

Des villages créés par des migrants fraîchement arrivés dans le pays nzema ont eu à sceller par le fétiche des alliances afin de cohabiter dans la paix. Les mariages entre les différents matrilignages contribuaient à renforcer les liens de solidarité à l'intérieur du royaume. Le *Kundum* qui a été érigé en fête nationale alors qu'il était à l'origine un rite de purification des lignages du matriclan Nvavile, maintenait un climat de paix sociale favorable à l'unité. De même, le parler nzema qui s'est imposé à l'ensemble de ces populations qui originellement parlaient des langues diverses, est devenu la langue nationale. Comme telle, cette langue a joué un rôle primordial dans le processus d'unification des Nzema. Les migrants composites qui ont peuplé le pays nzema ont ainsi acquis des caractères du peuple nzema en perdant plus ou moins vite ceux de leurs groupes d'origines.

La mise en péril de l'unité du peuple nzema

Des périodes douloureuses ont menacé l'unité des nzema à cause d'une part du pouvoir arbitraire que le roi Kaku Aka exerçait, et d'autre part à cause de la guerre civile qui a endeuillé le pays. Les luttes d'influences entre les deux nouvelles dynasties du matriclan Ahwea sont à l'origine de cette guerre. En effet ces deux dynasties Ahwea vont s'affronter à travers leurs partisans respectifs en vue de conquérir la direction du royaume. L'érection de ces dynasties Ahwea a fait suite à l'éviction de la dynastie Nvavile dont le dernier roi n'est autre que Kaku Aka.

Les Nzema ont surmonté cette période sombre de leur histoire qui est à l'origine de la migration des Aduvolɛ sur le pourtour de la lagune Tendo-Ehy et de la scission du royaume en deux ''moitiés politiques''. Le Nzema Adjɔmɔlɔ avec pour capitale Benyinli et le Nzema ɛlɛmggbele-Azane avec pour capitale Adoanbo. La scission politique n'est qu'apparente parce que les liens entre Nzema malgré tout demeurent vivaces. Le sentiment d'appartenir à un peuple homogène et conscient de sa spécificité habite encore tous les Nzema.

TABLE DES ILLUSTRATIONS

Cartes

Tableaux

SOURCES ET BIBLIOGRAPHIE

SOURCES

I- SOURCES ÉCRITES D'ARCHIVES

A- FONDS D'ARCHIVES D'ORIGINE FRANÇAISE

1- Sénégal et Dépendances IV, Dossier 35-36

- Sénégal IV, 5 35 (a) n° 25 Bouet à Mount Louis, Gorée le 25 mai 1843.
- Sénégal IV, 35 (a) De Langle à Rataillot, Assinie le 24 juillet 1843.
- Sénégal IV, 35 (a) n° 6 Fleuriot De Langle à Bouet.
- Sénégal IV, 35 (a) Mount Louis au Gouverneur, Assinie le 25 novembre 1843.
- Sénégal IV, 35 (a) Commandant du Brig de guerre l'Églantine, Jance, au Ministre de la Marine et des Colonies. Eglantine à la mer le 21 novembre 1843.

- Sénégal IV, 35 (b) Mount Louis au Gouverneur du Sénégal, Assinie le 25 octobre 1843.
- Sénégal IV, 35 (b) Rapport de Boyer, Assinie Fort Joinville 1er avril 1845.
- Sénégal IV, 35 (b) Moount Louis au Gouverneur du Sénégal. Rapport sur l'occupation française d'Assinie, Fort Joinville 156 mars 1844.
- *Sénégal IV, 35 (a) De Langle à Rataillot, Assinie le 24 juillet 1843.*
- *Sénégal IV, 36 (a) Penaud à Coquet, l'Eldorado le 13 août 1851.*
- *Sénégal IV, 36 (a) Gouverneur de Cap Coast à Penaud, Cap coast le 20 août 1851.*
- *Sénégal IV, 36 (a) Coquet au Ministre de la Marine et des Colonies, Assinie, 7 septembre 1851.*
- *Sénégal IV, 36 (a) Penaud au Ministre de la Marine et des Colonies, Eldorado, le 27 septembre 1851. Rapport d'inspection de Penaud, Gorée le 20 novembre 1851.*

2- Fonds d'archives de l'Afrique Occidentale Française (AOF). 5G, pièces 3, 4, 5, 9

- 5G3, Boyer au Commandant de Gorée, Fort Joinville le 29 juin 1845.

- 5G3, Boyer au Commandant de Gorée, 5 juin 1845.

- 5G3, Boyer au Commandant de Gorée, 31 août 1845.

- 5G4, Tessa au Commandant de Gorée, Fort Joinville, le 14 septembre 1946.

- 5G5, Verel au Commandant de Gorée, Fort Joinville le 9 février 1847.

- 5G5, Rapport de Thévénard au Commandant de Gorée, Fort Joinville le 4 août 1847.

- 5G9, Coquet au Commandant de Gorée, Assinie le 28 juillet 1851.

- 5G9, Coquet à Penaud, Assinie le 7 août 1851.

- 5G9, Coquet à Penaud, Assinie le 12 août 1851

- 5G9, Penaud au Gouverneur de Cap Coast, Frégate l'Eldorado le 29 août 1851.

- 5G9, Penaud à Coquet, l'Eldorado le 22 août 1851.

3- Archives Nationales de Côte d'Ivoire (ANCI)

- 1EE I VIII-1-2/20. Correspondance adressée au Ministre de la Marine et des Colonies au sujet du meurtre du Lieutenant Thévénard commandant du poste d'Assinie 1848.

- 1EE I VIII-1-2/24. Lettre du Capitaine Bouet Villaumez au sujet de nouvelles en provenance des comptoirs de la côte occidentale 1848.

- 1EE I VIII-1-2/31. Rapport sur la situation politique et commerciale du comptoir de Bassam 1850.

- 1EE I VIII-1-2/32. Correspondances adressées au Ministre des Colonies au sujet de la situation politique et commerciale du comptoir d'Assinie 1850.
- 1EE I VIII-1-2/384. Correspondances et documents relatifs à la convention franco-anglaise du 14 juin 1898. Convention a/3. Délimitation de la frontière anglo-française de la Côte d'Or 1893.

- *1EE 10 III-8-75. Relations avec la Gold Coast. Dossier relatif à l'affaire de la borne n° 8 Aforenou.*
- *1EE 23 VII-1-1/4. Procès-verbaux des séances de la commission mixte de démilitation des frontières d'Assinie 1884.*

- *1EE 24 XVII-45-3. Notes sur les villages du poste d'Assinie 1912.*

- 2EE 6 X-6-165. Traités avec le roi et les chefs d'Assinie.

- 2EE 12 XX-16-25. Correspondance relative à la borne frontière n° 54 Aforenou 1921-1923.

- 4EE I XVII-16-6. Correspondance adressée par le Gouverneur au Résidant des établissements de la Côte d'Or à Bassam 1890.

- 1EE 25. Les incidents de l'Akaples 1894.

- 1BB I VII-3-1. Correspondances adressées par le Commandant du Fort Nemmours (Bassam) et du Fort Joinville (Assinie) 1844-1849.

- 1BB 5 VII-23-7. Correspondance adressée par le résident de France à Bassam au Secrétaire Général de la Guinée Française 1892.

B- FONDS D'ARCHIVES D'ORIGINE BRITANNIQUE

1- Colonial Office Records

a- Treasury papers African compagnies (T70)

- T70/1000. Apollonia fort's day book july-september 1779.

- T70/1001. Apollonia fort's day book april-june 1796.

- T70/1004. Apollonia fort's day book january-march 1787, april-june 1796

b- Class Co. Correspondances between the British Governor of Gold Coast and the Colonial Office

- Co 96/13. Gray to Winniett, 3 july 1848.

- Co 96/13. Winniett do Grey Cape Coast Castle 22 march 1848.

- *Co 96/14. Holthan to Winniett 20 february 1848.*
- Co 267/131. Rules for the Governement of Apollonia frebruary 1835.

- Co 96/225. Captain J. Lang to the Governor Gold Coast Colony 19 september 1892.

- Co 879/37 N° 434. Lang to colonial office, november 17th 1892.

- Co 267/131. Maclean to Committee march 28 th 1835.

- Co 513 2/11. Robertson to Bathurst november 27 th 1820.

- Co 96/21. Franccis Swanzy to Lord Grey, 29 th july 1850.

- Co 879/19. N° 142 Report in the Assinee boundary.

- Co 98/1 CA. Minutes of Council, Cape Coast Castle 13 th

- Co 96/43. N° 71. Encclosure 17. Palaver held at Apollonia on the 18 th and 19 th july 1858.

- Co 96/13. N° 52 Winniett to Grey, Cape Caost Castle 30 june 1848.

- Co 96. N° 27 ; N° 59 Winniett to Grey, Cape Coast Castle june 1848.

- Co 96/27. N° 6 Hill to Pakington Burt, Cape Castle 24 th january 1853.

- Co 96/19. N° 82 Winniett to Grey Cape Coast Castle 5 th october 1850.

- Co 879/29. N° 49 Griffith to Kouts ford, Accra 4 th june 1889.

- 1873-c 266. Part I n° 86 Governor Hennessy to the Earl of Kimberley, Cape Coast 18 august 1872.

- 551-1. Report from the select Committee in the west Coast of Africa. Part I. Minutes of Evidence J.G. Nicholls 19 th april 1842.

- Gold Coast 1871-1873. Papers relating to the Ashantee invasion. Part I Ordered by the House of Commons to be printed 30 june 1873.

2- National archives of Ghana, Accra

- ADM 11/6/671. Lieutenant Pullen to the Earl of Derby. Assinee Boundary commission Accra. 14 th april 1884.

- Asanta (Eastern Apollonia) Native affairs n° 4228/162.

- Ankobra Ferry n° 19 SNA 38/1917. ADM 1181.

- SNA 31/27. Eastern and western Apollonia renamed Eastern and Western Nzema.

- Minutes of the Select committee on West Coast of Africa 1842. Part I ADM 5/330.

- Report from the Select Committee on West Coast of Africa. Part II ADM 5/330.

- Crowther, F. Minutes of Evidence Appolonian 11914. ADM 11/1784.

- Crowther, F. Report on the Appolonian constitution 1914 ADM 11/1782.

C-FONDS D'ARCHIVES D'ORIGINE HOLLANDAISE

1- Archives de la Haye. Textes traduits en anglais par A. Van Dantzig

A. VAN DANTZIG, Dutch documents relatin to the Gold Coast and the Slave coast. Coast of Guinea 1680-1740. Translations of letters and papers collected in the Algemeen Rijks Archief (A R A). States archives of the Netherlands at the Hague. Part I (1680-1710) 100 p. Part II (1710-1740), 248 p.

Idem, The Dutch and the Guinea coast 1674-1742. A collection of documents from the general state archive a the Hague. Compeled and translated by a Van Dantzig, Accra 1978, 375 p.

2- West Indische Compagny (WIC)

- Wic 105 8 th may 1722

- Wic 108 14 th april 1728

- Wic 928 5 th december 1761

- Wic 928 29 th april 1762

- Wic 963 6 th jun uary 1762

- Wic 963 8 th may 171762

- Wic 963 9 th october 1762

- Wic (oc) 10 th january 1657

- Wic (oc) 12. 25 th november 1656

- 54 Wic 7 august 1684

- 90 Wic 97

- Wic 96 3-5 july 1762

- 310 Wic 16th february 1761

- Wic 98 2nd july

- Wic 124 15 th february 1712

- Wic 83 Art 17

- Wic 54. 7 th august 1684

3- Kust Van Guinea (KVG)

KVG. 727 31 th march 1869

KVG. 727 23 th march 1869

KVG. 361 may 1835

KVG 1099. 7 th december 1869

KVG 1101 Beyin report for 1869

4- Nederlandsche Bezittingen ter kuste van

Guinea (N B K G). Possessions hollandaises de la côte de Guinée, Archives générales de l'État, La Haye.

- 218 NBKG 82 17 th october 1715

- 219 NBKG 83 29 th october 1717

- NBKG 82 20th april 1718

- NBKG 82 12th december 1715

- NBKG 82 21st march 11718

- NBKG 82 20th december 1717

- 221 NBKG 85 21st april 1718

- 221 NBKG 85 9th march 1718

- 218 NBKG 82. 30th MAY 1718

- 235 NBKG 84. 20th april 1718.

5- Furley collection (FC) (Balme library– University of Ghana Legon – Accra)

- FC (1718-1721) Entry for 8th may 1722

- FC (1718-1721) Entry for 3th 31st march 1718

- FC (1727-1730) Entry for 1st september 1727

- FC (1727-1730) Entry for 14th april 1728

- FC (1727-1730) Entry for 21st february 1729

- FC (1727-1730) Entry for 10th august 1730

- FC (1740-1746) Entry for 25th november 1740

- FC (1740-1746) Entry for 25th and 26 july 1741
- FC (1740-1746) Entry for 5th august 1741

- FC (1740-1746) Entry for 30th september 1742

- FC (1747-1750) Entry for 4th june 1748

- FC (1747--1750) Entry for 20th august 1750

- FC (1751-1753) Entry for 12th september 1751

- FC (1751-1753) Entry for 7th october 1751

- FC (1754-1757) Entry for 15th july 1755

- FC (1754-1757) Entry for 16th april 1756

- FC (1754-1757) Entry for 30th april 1756

- FC (1754-1757) Entry for may 1756

- FC (1754-1757) Entry for 3th june 1756

- FC (1763-1764) Entry for april 1763

- FC (1763-1764) Entry for april-december 1963

- FC (1763-1764) Entry for may-december 1764

- FC (1763-1764) Entry for november 1764

- FC (1830-1833) Entry for october 18

- FC (1831-1834) Entry for march 3 1834

- FC (1840-1847) Entry for september 9 1841

- FC (1834-1840) Entry for january 18 1835

- FC (1847-1852) Entry for april 1848

- FC (july-april 1829) Entry for july 20 1829
- FC (1868-1869) Entry for january 25 1868

- FC (1868-1869) Entry for january 18 1868

- Ibid., Entry for march 26. 1868

- Ibid., Entry for june 27. 1868

- Ibid., Entry for july 25. 1868

- Ibid., Entry for march 21. 1869

- Ibid., Entry for march 24. 1869

- Ibid., Entry for march 27 ; 28. 1869

- Ibid., Entry for julu 23. 1869

- Ibid., Entry for may 24. 1869

- Ibid., Entry for october 6. 1869

- FC (1870-1872) Entry for june 30. 1870

- Ibid., Entry for april 11. 1870

- Ibid., Entry for february 1. 1870

- Ibid., Entry for february 20. 1870

- FC (1870-1872) Entry for april 28. 1870

- Ibid., Entry for september 19. 1871

- Ibid., Entry for june 15. 1870

6- (Rapport de Valkenburg), Valkenburck (J.)

Uwe hoog mogende gans ootmoedige en onderdanige dienaar, in ''De oorsprong van Neerland's bezittingen op de kust van Guinea''.

D-FONDS D'ARCHIVES D'ORIGINE PORTUGAISE ARQUIVO NACIONAL DA TORRE DO TOMBO

- Maco 9 Doc 85. Fernando Lopes Correa. Commerce à Axim. Sao Jorge Da Mina 21 mars 1519.

- Maco 71 Doc 101. Fernando Lopes Correa, instructions au facteur d'Axim Joao Franco. Sao Jorge Da Mina. Septembre 1517.

- Maco 73 Doc 62. Esstevao Limpo. Interlopes français. Mars 1543.

- Maco 73 Doc 112. Fernando Lopes. Ouverture du commerce avec akan et akara. Sao Jorge Da Mina. 1517.

II- SOURCES IMPRIMEES

- Monographies des cercles, Histoire et coutumes de la Côte d'Ivoire. Tome I. Cercle des lagunes 98 p.

- Ministère du Plan. Assinie et sa région dans l'histoire. Abidjan 1973.

- Ghana. An official handbook. 1961 edition. Ministry of infromation and Broadcasting. 144 p.

- Ministère de l'Économie, des Finances et du Plan. Bureau de recensement général de la population. Direction de la Statistique. Recensement général de la population 1975. Volume n° 1. Abidjan avril 1978.

- Ministère du Plan. La région du Sud-Est. Etude socio-économique, SEDES, Paris 1967.

III- SOURCES ET ÉCRITS ARCHÉOLOGIQUES

J. ANQUANDAH, Rediscovering Ghana's past, *Longman Sedco 1982, 150 p.*

O. DAVIES, Archeology in Ghana, *Papers by O. Davies, University college of Ghana, Published on behalf of the University College of Ghana by Thomas Nelson and Sons LTD, 45 p.*

O. DAVIES, "The old-stone age between the Volta and Niger", *in Bulletin de l'Institut français d'Afrique Noire (IFAN) 1957,* Tome 19 série B, Dakar, pp. 592-616.

H. J. HUGOT, *Le Sahara avant le désert, Éditions des Hespérides, 92 700 Colombes 1974.*

R. MAUNY, "Catalogue des restes osseux humains préhistoriques trouvés dans l'Ouest africain", *in Bulletin de l'IFAN,* Tome XXIII n° 1-2, janvier-avril 1961.

J. POLET,''Sondages archéologiques en pays ehotilé. Assoco-Monobaha, Belibété et Anyamwa'', *in Godo Godo Bulletin de l'Institut d'histoire, d'Art et d'Archéologie africains* (IHAAA) n° 2, juillet 1976, pp. 121-139.

Découvertes archéologiques dans les lagunes éotilé, *Étude présentée par* J. POLET, Radio Diffusion Ivoirienne, Histoire de la Côte d'Ivoire, émission animée par Jean Noël Loucou, jeudi 24-1-1985.

J. POLET, ''Archéologie d'une région lagunaire'', in *Recherche pédagogique et culture,* 1er trimestre, pp. 47-51.

Idem, ''Nécropole de Nyamwa'', IIIe Colloque de l'Association ouest-africaine d'Archéologie, *Dakar, décembre 1981.*

M. POSNANSKY, *Archeology and the origins of the Akan society of Ghana,* Edited by G. Sieveking I H., Longworth and Kewilson Duckworth 1965, 113 p.

Idem, ''Archeology technology and Akan civilisation'', in *Colloque inter-universitaire Ghana-Côte d'Ivoire,* Bondoukou 1974, pp. 45-61.

G. RACHET, *L'univers de l'archéologie tehcnique/histoire/bilan,* Marabout Université, Tome 2, 1970, 311 p.

P. TEILHARD DE CHARDIN, ''Les recherches pour la découverte des origines humaines en Afrique au Sud du Sahara'', in *l'Anthropologie*, Tome 58, n° 1-2, pp. 74-78.

IV- SOURCES ÉCRITES GÉNÉRALES

K. ARHIN and J. GOODY, *Ashanti and the Northwest.* Edited by Jack Goody and Kwame Arhin Research Review Supplement n° 1, Ashanti research project, Institute of African Studies (IAS), University of Ghana Legon, december 1965, 185 p.

M. ALLEN, *The Gold Coast or a cruise in west african waters,* Horder and Stonghton, London 1874.

ALEG. C. XANDER (Gordon C.), *Life on the Gold Coast Baillière,* Tindall and Cox, London 1874.

AFRICANUS (H.B), *Letters on the political condition of the Gold Coast,* Second edition, Frank Cass & Co LTD, 179 p.

Archives de la Bibliothèque Nationale de France, Rue Richelieu, Paris Nouvelles acquisitions françaises, n° 6486, Compagnie d'Afrique, d'Amérique et d'Asie pour les pays nordiques.

Capitaine L.G. BINGER, *Du Niger au Golfe de Guinée par le pays de Kong et le Mossi 1887-1889*, Paris, Société des Africanistes, 1980, deux tomes en un volume, 416 p.

J.BARDOT, *A description of the Coast of North and South Guinea and Ethiopia interior vulgarly Angola*, MDC XXXII, London.

M.A. BRETIGNERE, Aux *temps héroïques de la Côte d'Ivoire (Des lagunes aux pays de l'or et aux forêts vierges)*, Paris, Éditions Pierre Roger, 245 p.

W. BOSMAN, *A new and accurate description of the coast of Guinea*, Frank Cass & Co LTD 1967, 577 p.

T. E. BOWDICH, *Mission from Cape Coast Castle to Ashantee*, Third edition, Frank Cass & Co LTD, 1966, 512 p.

J.J. CROOKS, *Records relating to the Gold Coast settlements 1750-1874*, Dublin – Brown and Nolan LTD 1923.

G. CANGAH et S. P. EKANZA, *La Côte d'Ivoire par les textes. De l'aube de la colonisation à nos jours*, Les nouvelles éditions africaines, 237 p.

D'O. DAPPER, *Description de l'Afrique*, Amsterdam, Wolfgang, The edition reproduced here comes from a copy in the collection of North Western Univrsity Library, 534 p.

G. E. DE ZURARA, *Chronique de Guinée*, Mémoires de l'IFAN, n° 6, Traduction de Léon Bourdon, Dakar 1960, 268 p.

A. JONES, *Brandeburg sources for west african history 1680-1700*, Stuttgart 1985, 348 p.

W. LAWRENCE, *Fortified trade-posts. The English in West Africa 1345-1822*, Jonathan Cape, Thirty, Bedford square London 1969, 237 p., First published 1963.

G. E. METCALFE, *Maclean to the Gold coast. The life and times of Georges Maclean 1801-1847*, London 1962.

Idem, *Great Britain and Ghana. Documents of Ghana history 1807-1957*, Thomas Nelson and sons LTD 1964.

H. MEREDITH, *An account of the Gold Coast of Africa*, Frank Caa & Co LTD 1967, 264 p.

G. NIANGORAN BOUAH, *Introduction à la drummologie*, Université Nationale, IES Collection Sankofa, édité par GNB, Abidjan 1981, 199 p.

CX.W. NEWBURY, *British policy toward west africa. Select documents 1786-1874*, Clarendon, Press Oxford 1965, 656 p.

G. A. ROBERTSON, *Notes on Africa*, London 1819.

P. ROUSSIER, *L'établissement d'Issigny 1687-1702*, Paris, Larose 1935, 243 p.

Memorandun of Yamike Kwaku, 17 p.

V- SOURCES ORALES PUBLIEES

K.Y. DAAKU, *Unesco research project on oral tradition n° 3 Wassa Fiase*, Institute of African studies (IAS), University of Ghana Legon, august 1973, 42 p.

Idem, *Unesco research project on oral tradition n° 4 Part I Sefwi Anwiaso and Bekwai*, IAS, University of ghana Legon, January 1974, 213 p.

Idem, *Unesco research project on oral tradition. Denkyira n° 2, IAS*, University of Ghana Legon, september 1970, 287 p.

D. M. WARREN, K.O BREMPONG, *Techiman traditions state. Stool and town histories, Part I, Techiman*, Ghana 1971, 178 p.

VI- SOURCES ORALES EN LANGUE NZEMA

B. J. ANNAN, *Avo nee Koasi Ama Ekyi*, Bureau of Ghana languages, Accra 1980, 106 p.

E. J. AMIHERE, *Mekakye bie I*, Printed and published by catholic Mission Press, Cape Coast 1958, 225 p.

Idem, *Mekakye bie II*, Printed and published by Catholic Mision Press, Cape Coast 1959, 225 p.

Idem, *Mekakye bie III*, Printed and published by Catholic Mission Press, Cape Coast 1959, 225 p.

Idem, *Misukoa Nzema VI*, Catholic Mission Press, Cape Coast 1952, 48 p.

K. P. A. ABOAGYE, *Nzema aneɛ ne anwo mgbanyidwɛkɛ*, Bureau of Ghana languages, Accra 1973, 56 p.

Idem, *Sukoa Nzema maamɛla ne*, Bureau of Ghana languages, Accra 1967, 34 p.

E. F. K. ANZA, *Bɛnlea maamɛla*, Bureau of Ghana languages Accra 1979, 63 p.

P.K. QUARM, *Ezunlɛ nu awolɛyelɛ*, University of Ghana Legon, Accra 1982, 40 p.

VII- SOURCES ORALES RECUEILLIES À LA RADIO IVOIRIENNE

- Connais-tu mon beau pays ? Émission radiophonique animée par Jules Kofi Yeboa. Assuba, enquête auprès des notables. Date, mardi 5 février 1983.

- Connais-tu mon beau pays ? Émission radiophonique animée par Jules Kofi Yeboa. Adjuan, principal informateur : le chef du canton lagune.

Rediffusion de l'émission : du 25 février 1986 au 3 mars 1986.

- Music and tradition, émission radiophonique animée par Jeremi Ahoure.

Etuɛboɛ, enquête auprès des notables, 1984, History and traditions of the Eotile people.

- Connais-tu mon beau pays ? Émission radiophonique animée par Jules Kofi Yeboa. Vitré II, enquête auprès des notables rénis de Vitré I et Vitré II. Date, mardi 11-3-1986.

- Connais-tu mon beau pays ? Émission radiophonique animée par Jules Kofi Yeboa. Ngyeme. Enquête auprès des notables, 1984.

- Connais-tu mon beau pays ? Émission radiophonique animée par Jules Yeboa. Alɔnguanu. Enquête auprès des notables. Dates, du lundi 7-4-1985 au mardi 15-4-1986.

VIII- ENQUÊTES ORALES

Enquête à Akonu (Bakanta)
Informateur : Bile Kaku, responsable du culte Amazule
Date : Mercredi 26 décembre.
Enquête à Alowule
Informateur : Wendja, notable
Date : Jeudi 23 mai 1985

Enquêtes à Etikɛbo I
Informateur : Tane Kodwo, notable
Date : Vendredi 24 mai 1985
Informatrice : Adjoba Ekyi, sœur de Nana Ehyiman belemgbunli (roi) de Ngalɛkpole
Date : Lundi 27 mai 1985

Enquête à Asɛnda
Informatrice : Ante Muhyia
Date : Jeudi 30 mai 1986

Enquête à Bɔnyelɛ Nwɔnda
Informateur : Nda Bian
Date : Dimanche 26 mai 1985

Enquête à Tandane
Informateur : Nyamekɛ Gnyan
Date : Samedi 1er juin 1985

Enquêtes à Asasetrɛ
Informateur : Aleɛhyen
Date : Lundi 3 juin 1985
Informateur : Mister Benle
Date : Lundi 3 juin 1985

Enquête à Alowule
Informateur : Adonle
Date : Mercredi 5 juin 1985

Enquêtes à Alagye suazo (Ahonleda)
Informateur : Ndɛfo Ekyi
Date : Vendredi 14 juin 1985
Informatrice : Nana Ahyia
Date : Vendredi 14 juin 1985
Informatrice : Maame Ama
Date : Vendredi 14 juin 1985
Informateur : Papa Alagye Diallo
Dates : Vendredi 14 juin et vendredi 21 juin 1985
Informateur : Koasi Kɛse
Date : 15 août 1987 et 16 août 1987

Enquêtes à Adjɛkɛ (Adiaké)
Informatrice : Maame Ningɛ

Date : Jeudi 27 mars 1986
Informateur : Malan Kofi Alexandre
Dates : 15 août 1987 et 16 août 1987

Enquête à Abidjan
Informateur : Ehyimane
Date : 18 décembre 1986

Conférences et étude historique
- Conférence : Thème ''L'origine des habitants de Vitré''
Conférencier : Ello Brou
Conférence organisée par l'Association des jeunes de Vitré.
Date : Samedi 16 juin 1984

- Conférence : Thème ''Visages culturels des Nzema et Abouré de Grand-Bassam'' Fraternité-Matin du vendredi 6 juin 1986, n° 6495. Conférencier : Professeur Niangoran Bouah.

- Histoire de la Côte d'Ivoire, émission radiophonique
Thème : ''L'État Elomuen'', étude présentée par Bamba (Sekou Mohammed)
Date : Jeudi 4 avril 1985.

BIBLIOGRAPHIE

- Ouvrages généraux

F. AGBODEKA, *African politics and british policy in The Gold Coast 1868-1900. A study in the forms and force of protest.* Nortwestern University Press, Evanston Illinois 1971, Longman Group LTD, 197 p.

P. ALEXANDRE, *Les Africains. Initiation à une longue histoire et à de vieilles civilisations de l'aube de l'humanité au début de la colonisation*, Éditions Lidis, Paris, 607 p.

H. N. ALLANGBA, *Une colonisation oubliée : l'épisode brandebourgeois-Prussien en Afrique au XVIIe et XVIIIe siècles*, Institut National Supérieur de l'Enseignement Technique, 32 p.

D.T. ADAMS, *A Ghana geography*, University of London Press LTD Warwick Square London EC4, 192 p.

J. A. A. ABLE, *Histoire et tradition politique du pays Abouré*, Imprimerie Nationale, Abidjan, le 19 février 1979, 439 p.

F. J. AMON D'ABY, *Croyances religieuses et coutumes juridiques des Agni de la Côte d'Ivoire*, Édition Larose, Paris Ve, 1960, p. 182 p.

N. ANNOR ADJAYE, *Nzima Land*, London 1931.

E.A. BOATENG, *A geography of Ghana*, Cambridge at the University Press 1960, 204 p.

R. BROWN, *Daryll Forde, African systems of kinship and marriage*, Oxford University Press, 1970, 340 p.

W. W. CLARIDGE, *A history of the Gold Coast and Ashanti*, Volume Two, Frank Cass & Co LTD 1964, 638 p.

B.CRUICKSHANK, *Eighteen years on the Gold Coast of Africa*, Volume one, Second edition, Frank Cass & Co LTD 1966, 345 p.

A.W.CARDINAL, *The natives of the Northern territories of the Gold coast. Their customs religion and folklore*, Negro Universities Press, new York, Originally published in 1920, Reprinted 1969, 158 p.

Idem, *in Ashanti and beyond*, Negro universities press, Westport connecticut, Originally published in 1927, Reprinteg 1970, 158 p.

R.CARATINI, *Histoire de la Corse*, Collection voir l'Histoire, Bordas, Paris 1981 ISBN, 1re édition en mai 1981.

M. DUVERGER, *Sociologie politique*, Presses universitaires de France (PUF), Thémis 3e édition 1968, 506 p.

A.C. DIOP, *Nations nègres et culture*, Tome II, troisième édition, Présence africaine 25, rue des Écoles 75005 Paris, 572 p.

B.DAVIDSON, *Mère Afrique. Les années d'épreuve de l'Afrique*, traduit de l'Anglais par Pierre Vidaud PUF, Paris 1965, 281 p.

K. B. DICKSON, *A historical Geography of Ghana*, Cambridge at the University Press 1969, 374 p.

H. DESCHAMPS, *Histoire générale de l'Afrique noire de Madagascar et des archipels*, Volume I, PUF, Paris 1973, 298 p.

H. DIABATE, *Aniaba. Un assinien à la cour de Louis XIV*, ISBN 2-85 Presss de l'Imprimerie LPF Danel (Loos-Nord) octobre 1979, Printed in France, 92 p.

K.Y. DAAKU, *Trade and politics on the Gold Coast (1600-1720).* A study of the african reaction to european trade, Oxford at the Clarendon Press 1970, 219 p.

I.S. EPHSON, *Gallery of Gold Coast celebrities 1632-1959*, Vol. 1, Ilen publications LTD, Accra Ghana 1969, 147 p.

A.B.ELLIS, *The tshi sspeaking people of the Gold Coast of West Africa*, Anthropological publications Oosterhont N.B the Netherland 1965, 343 p.

A.B. ELLIS, *A history of the Gold Coast of West Africa*, negro universities press, New York 1969, 400 p., Originally published in 1893 by Chapman and Hall. London.

J.K. FYNN, *Ashanti and its neighbors*, Evanston Nothwestern University Press 1971, 175 p.

E. R. FORDE, *The population of Ghana. A study of the spatial relationships of its socio-cultural and economic characteristics*, Department of Geography, Northwesthern University Evanston, Illinois 1962, 154 p.

C.J.E. HARLEY, *Sagrenti war an illustrated history of the Ashanti campaign 1873-1874*, Published by the author 29 Arngask Road, London SE 6 IXY 1974, 36 p.

C.J.E. HAYFORD, *Gold Coast native institutions*, Frank Cass & Co LTD 1970, 418 p.

J.N. LOUCOU, *Histoire de la Côte d'Ivoire. La formation des peuples*, Tome I, CEDA-Abidjan 1984, 203 p.

E.L.R. MEYEROWITZ, *At the court of an african king, Faber and Faber*, Limited 24 Russel Square, London 1962, 244 p.

Idem, *The devine kingship in Ghana and ancient Egypt, Faber and Faber*, Limited 24 Russel Square London 1966.

Idem, *The early history of the akan states*, Red candle press, London 1975, 159 p.

Idem, *Akan traditions of origin*, London Faber, 194 p.

H.MOUEZY, *Assinie et le royaume de Krindjabo. Histoires et coutumes*, Laropse, Paris 1953, 255 p.

F.MAURO, *Le Portugal et l'Atlantique au XVIIe siècle (1570-1670)*, étude économique, SEVREN 1960, École pratique des Hautes Études Vie section, Centre de recherches historiques, 544 p.

K. NKRUMAH, *Autobiographie de Kwame Nkrumah*, traduit de l'Anglais Charles Patterson, Présence africaine, Paris Ve 1960, 283 p.

Th. OBENGA, *L'Afrique dans l'antiquité. Égypte pharaonique, Afrique noire*, Présence africaine, Rue des Écoles, Paris Ve, 464 p.

C.PAINTER, *Linguistic field notes from Banda and language maps of the guang speaking areas of Ghana Togo and Dahomey*, Published by the Institute of African studies (IAS), University of Ghana Legon 1966, p. 43 p.

G.ROUGERIE, *Les pays agni du Sud-Est de la Côte d'Ivoire forestière*, Abidjan, IFAN, Études éburnéennes, 6, 1957, 212 p.

A.F.C. RYDER, *Materials for West Africa history in Portuguese archives*, University of London, the Athlone press, 92 p.

W. RODNEY, *A history of the upper Guinea Coast 1545 to 1800*, Monthly review press, New York and london, 4e édition, Oxford University Press, 279 p.

C.REINDORF, *A history of the Gold Coast and Ashanti*, Basel Mission book depot, 357 p.

A.VAN DANTZIG, *Les Hollandais sur la côte de Guinée à l'époque de l'essor de l'Ashanti et du Dahomey 1680-1740*, Société française d'Histoire d'Outre-Mer, Paris 1980, 326 p.

W. E.F. WARD, *A History of the Gold Coast*, London Allen & Unwin, 1948, 387 p.

I.WILKS, *Asante in the nineteenth century. The structure and evolution of a political order*, African studies 13, Cambridge University Press, 800 p.

Idem, *The Northern factor in Ashanti history*, John Below, LTD Gloucester 1961, 810 p.

- Thèses et travaux de recherches

J.Y. ACKAH, Kaku *Ackah and the split of Nzema,* M.A, Thesis University of Ghana legon, Accra 1965, 198 p.

K. ATTAHI, *Grand-Bassam quartier France. Étude monographique d'un quartier historique*, Faculté des Lettres Département de Géographie, juin 1975, 165 p.

E. ANNAN, *Les mouvements migratoires des populations Akan du Ghana en Côte d'Ivoire. Des origines à nos jours*, Doctorat de 3e cycle, université Nationale de Côte d'Ivoire, Faculté des Lettres et Sciences Humaines, Département des Sciences Sociales, 323 p.

S.M. BAMBA, *Bas-Bandama précolonial. Une contribution à l'étude historique des populations d'après les sources orales*, Thèse pour l'obtention du Doctorat de troisième cycle, Paris, novembre 1978, Tome I, 365 p.

H. DIABATE, *Le Sannvin un royaume Akan de la Côte d'Ivoire 1701-1901. Sources orales et histoire*, Université Paris I, UER Histoire, Vol. I, 575 p., Vol. IV, 733 p., Vol. VI, 701 p., octobre 1984, Thèse d'État.

B.KINDO, *Dynamisme économique et organisation de l'espace rural chez l'Agni du Ndenéan et du Djuablin*, Doctorat 3e cycle, soutenu le 22 juin 1978, Faculté des Lettres et Sciences Humaines.

K.L.KOFFI, *La vie quotidienne au royaume de Krindjabo sous Amon Ndoufou II (1844-1886)*, Mémoire de Maîtrise, 228 p.

N.G.KODJO, *Le royaume de Kong. Des origines à 1897, Thèse pour le doctorat d'État*, Tome I, Aix-en-Provence 1986, 346 p.

S.P.MBRA EKANZA, *Mutations d'une société rurale. Les Agni du Moronou 18e siècle 1939*, Tome I, Univrsité de Provence, Aix-en-Provence, octobre 1983, Thèse d'État, 512 p.

C.H.PERROT, *Les Agni Ndenye et le pouvoir politique aux XVIIIe et XIXe siècles*, Doctorat d'État, Université Paris V, Tome 1, 1978.

E.TERRAY, *Une histoire du royaume abron du Gyaman. Des origines à la conquête coloniale*, Tome 1, Thèse pour le Doctorat d'État sous la directin de Monsieur le Professeur Balandier, Paris 1984, 361 p.

G.YAO, *Les cartes anciennes de la Côte d'Ivoire*, Mémoire de Maîtrise, UER Histoire, Paris, novembre 1979, Panthéon- Sorbonne, 93 p.

- Articles

K. ARHIN, ''The structure of greater Ashanti 1700-1824'', in *Journal of African History*, VIII, 1967.

J. ANQUANDAH, ''State formation among the Akan of Ghana'', in *Sankofa*, the Legon Journal Archeological and Historical, Studies vol. I, 1975.

J.BURMEISTER, *''L'Aboure'', Atlas des langues Kwa de Côte d'Ivoire, Monographies* Tome I, Université d'Abidjan, Institut de Linguistique Appliquée (ILA), 2e édition, Agence de Coopération Culturelle et Technique, p. 67-81, 1983.

A.BOAHEN, ''Who are the Akan'', in *Colloque inter-universitaire Ghana-Côte d'Ivoire*, Bondoukou 1974, p. 65-81.

I.K.CHINEBUAH, ''The aspect of causativity in Nzema'', in *Annales de l'Université d'Abidjan* 1976, Série H, IX fascicule I, Linguistique, p. 21-36.

G.R.CARDONA, ''Phonologie descriptive et comparaison historique : Remarques sur les liens entre Nzema et Agni'', in *Annales de l'Université d'Abidjan*, Série H, p. 33-45.

F.A.DOLPHYNE, ''The languages of the Ghana Ivory Coast border'', in *Colloque inter-universitaire Ghana-Côte d'Ivoire*, 1974, p. 438-457.

Idem, ''The Brong (Bono) dialect of Akan'', in *Arhin edition,* Institute of African Studies, Accra 1979, p. 88-118.

K.Y.DAAKU,''A history of Sefwi, a survey of oral evidence'', in *Research Review*, 1971, Vol. 7, n° 3, p. 32-47.

M. DIAWARA, ''La tradition orale comme source historique, Problèmes et perspectives'', in *Études Maliennes* 1, 1978, p. 32-38.

D.DIAKITE, M. SOUMARE, J. THERA, ''La collecte et l'exploitation de la tradition orale'', in *Notre Librairie*, n° 75-76, juillet-octobre 1984, p. 39-45.

J.K.FYNN (J. K), ''The Etsi of Ghana, in *Ghana Social Science Journal*, University of Legon, Ghana 1975, p. 96-110.

L.GBAGBO, ''Tradition orale et hsitoire'', in *Godo Godo*, Bulletin de l'IHAAA (Institut d'Histoire, d'Art et d'Archéologie Africains), Godo Godo n°2, juillet 1976, p. 107-120.

J. GOODY, ''Ethnohistory and the Akan of Ghana'', in *Africa*, Volume XXIX, n° 1, January 1959, London Oxford University Press, p. 67-81.

Idem, ''The over kingdom for Gonja'', in *West African kingdoms* in the nineteenth century, Published for the international African Institute by the Oxford University Press, p. 179-204.

G.HERAULT, ''L'Eotilé'', in *Atlas des langues Kwa de Côte d'Ivoire*, Institut de Linguistique Appliquée (ILA), 2e édition 1983, p. 403-424.

R.HOROVITZ, ''Trade between Sanwi and her neighbors'', in *Colloque inter-universitaire Ghana-Côte d'Ivoire*, Bondoukou 4-9 janvier 1974, p. 332-378.

A.T. KOBY, ''Milieu physique et implantation humaine dans le pays Abron'', in *Colloque inter-universitaire Ghana-Côte d'Ivoire*, Bondoukou 1974, p. 19-25.

J.K.KUMA, ''The rise and fall of kingdom of Denkyira'', in *Ghana note and Queries* n° 9, 1966, p. 33-35.

N.G.KODJO, ''Le commerce à Arrah à l'époque précoloniale'', in *Annales de l'Université d'Abidjan*, Série I, Tome 3, p. 151-156.

N.G.KODJO, ''Ndani source historique'', in *Colloque inter-universitaire Ghana-Côte d'Ivoire*, Bondoukou 1974, p. 506-517.

J. KI-ZERBO, ''La tradition orale. Une source de l'histoire de l'Afrique'', in *Diogène*, n° 67, p. 127-142.

J.N.LOUCOU, ''D'où viennent les peuples lagunaires de Côte d'Ivoire'', in *Afrique Histoire*, n° 9, 1983, p. 39-40.

Idem, ''Entre l'histoire et la légende : l'exode des Baoulé au XVIIIe siècle : de Kumassi à Sakassou les migrations d'une fraction du grand peuple akan'', in *Afrique Histoire*, n° 5, p. 43-50.

G. NIANGORAN BOUAH, ''Problèmes de la recherche en milieu de tradition orale'', in *Kasa Bya Kasa*, Institut d'Ethno-Sociologie, Université d'Abidjan, décembre 1973, n° 1, p. 7-28.

Idem, ''Poids à peser l'or et les problèmes de l'écriture chez les Akan de Côte d'Ivoire et du Ghana'', in *Colloque inter-universitaire Ghana-Côte d'Ivoire*, Bondoukou 1974, p. 481-489.

M. PRIESTLEY, ''Samuel Collins Brew : un commerçant ghanéen et le développement du commerce légitime'', in *Les Africains*, Tome VII, 1977, p. 25-43.

D.PAULME (Denise), ''Un rituel de fin d'année chez les Nzema de Grand-Bassam'', in *Cahier d'Études Africaines*, n° 38, Vol. X, p. 189-202.

C.H.PERROT, ''À la recherche de l'histoire de l'Afrique. Les traditions orales'', in *Recherche, pédagogies et Culture*, n° 39, pp.7-14.

Idem, ''Les Anyi Ndenye et les Ashanti'', in *Colloque inter-universitaire Ghana-Côte d'Ivoire*, Bondoukou 1974,
p. 316-329.

Idem, ''Ano Assema : mythe et histoire'', in *Colloque inter- universitaire Ghana-Côte d'Ivoire*, Bondoukou 1974, p. 85-120.

Idem, ''De la richesse au pouvoir. Les origines d'une chefferie du Ndenye. Analyse critique et documents oraux'', in *Cahiers d'Études Africaines*, XVI 61-62, 1976, p. 173-187.

G. RETORD, ''Le domaine linguistique éotilé'', in *Centre universitaire de recherches et de développement* (CURD), p. 57-66.

W. RODNEY, ''The Gold Coast'', in *The Cambridge history of Africa*, Vol. 4, from C 1600 to 1790, Cambridge University Press, London-New York Melbourne, p. 296-324.

F.SWANZY, ''Narrative of the expedition to Apollonia from Cape Coast Castle'', in *United Service Magazine*, may-june
18750, p. 1-19.

R. W. SANDERSON, ''The history of Nzima up to 1874'', in *Gold Coast Review*, Vol. 1, n° 1, june-december, p. 54-58.

J.M. STEWART, ''Akan history : some linguistic evidence'', in *Ghana notes and queries*, n° 9, november 1966, p. 54-58.

TIMYAN-REVENHILL, ''L'Abron'', in *Atlas des langues Kwa de Côte d'Ivoire*, Institut de Linguistique Appliquée, 2e édition 1983, p. 84-128.

E.TERRAY, ''Kwaku Kosonu, dit pape ou la fin du royaume abron'', in *Les Africains*, Tome XII, Éditions J.A, p. 257-291.

A.VAN DANTZIG, ''Les forts et les châteaux du littoral ghanéen'', in *Afrique littéraire et artistique*, n° 26, décembre 1972.

Idem, ''The demarcation of the southern section of the border between the Gold Coast and Ivory Coast'', in *Colloque inter-universitaire Ghana-Côte d'Ivoire*, Bondoukou 1974, p.629-651.

Idem, ''South western Ghana and the Akan speaking areas of the Ivory Coast : a survey of the historical evidence'', in *Seminar on Ghanian historiography and historical Research*, Legon 1976.

Idem, ''Juridiction'' du fort Saint Antoine d'Axim'', in *Revue Française d'Histoire d'Outre-Mer*, Tome LXVI, n° 242-3, 1979, p. 223-235.

J.VANSINA, ''La tradition orale et sa méthodologie'', in *Diogène*, n° 67, p. 187-190.

J. VANSINA, ''Ethnographie de l'Afrique Noire'', in *L'Afrique Noire. Histoire et culture*, sous la direction de P. Salmon Reddens, p. 86-118.

P. VALSECCHI, ''Lo Nzema fra egemonia Asante ed espasione europea nella prima metà del XIX secolo'', in *Africa*, Anno XLI, n° 4, december 1986, Rivista trimestrale di studi e documentazione dell Instituto Italo-Africano, p. 507-544.

I.WILKS, ''The rise of Akwamu empire 1650-1710'', in *Transaction of the historical society of Ghana III*, 2, p. 99-136.

Idem ''Akwamu and Otublohum : an eighteenth century akan marriage arrangement'', in *Africa*, Vol. XXIX, n° 1, Junuary, London Oxford University Press, p. 391-404.

R.P. WILD, ''The inhabitants of the Gold Coast and Ashanti before the Akan invasion'', in Gold Coast teachers journal, Vol. 6-7, 1934-1935.

TABLE DES MATIÈRES

Côte d'Ivoire
aux éditions L'Harmattan

Dernières parutions

CÔTE D'IVOIRE LE «RATTRAPAGE ETHNIQUE» SOUS ALASSANE OUATTARA
Fondements, pratiques et conséquences
Sous la direction de Bi Loukou Gaha, Kôkôtré Tata, Siloué Océane
Ce livre est une analyse rigoureuse basée sur des faits hérités de l'histoire de la Côte d'Ivoire depuis 1959, date de la formation du premier gouvernement ivoirien par Félix Houphouët-Boigny. Adoptant une approche de déconstruction des présupposés anti-nordistes et islamophobes en articulation avec le concept «d'ivoirité», l'ouvrage décrit les fondements théoriques et idéologiques de cette véritable politique d'épuration ethnique.
(Coll. Etats, pouvoirs et sociétés, 20.00 euros, 200 p.)
ISBN : 978-2-336-00214-9, ISBN EBOOK : 978-2-296-50945-0

ALASSANE OUATTARA VINGT ANS DE COMBAT
Ouattara Brahima, Diaby Moustapha Ben Ismaïla
De son passage à la primature entre 1990 et 1993 à son élection à la présidence de la République de Côte d'Ivoire le 28 novembre 2010, Alassane Ouattara a cristallisé autour de sa personne toute la vie politique nationale. Homme d'ambition et de conviction, il a été contraint à un combat long et harassant et a impliqué tous les ténors de la vie politique ivoirienne. Ce livre est une analyse critique d'ensemble de ce puzzle de personnages et de leurs actions politiques.
(Coll. Harmattan Côte-d'Ivoire, 18.00 euros, 186 p.) ISBN : 978-2-336-00560-7, ISBN EBOOK : 978-2-296-50913-9

FÉLIX HOUPHOUËT-BOIGNY – Vie et Témoignages
Hommage du cinquantenaire au Père fondateur de la Nation
Lombardo Liliana, Touré Innocent Kolo
A l'occasion du cinquantenaire de la Côte d'Ivoire, Liliana Lombardo accepte de produire, avec Innocent Kolo Touré, un livre sur le Président *Félix Houphouët-Boigny : Vie et Témoignages.* Ensemble, ils vont témoigner pour l'histoire, socle d'une nation. Avec l'aide d'éminents hommes politiques, historiens, juristes et Félix Houphouët-Boigny en premier auteur malgré lui, ils vont tenter d'apporter leur pierre à l'édifice de la vérité en perpétuelle évolution. «Un peuple qui ne sait pas d'où il vient ne sait pas où il va». (Reliure cartonnée).
(55.00 euros, 512 p.) ISBN : 978-2-336-00030-5, ISBN EBOOK : 978-2-296-51040-1

RÉBELLION IVOIRIENNE – Chronologie d'une longue marche vers le pouvoir
Pryen Denis, Touho Arsène
Pour les auteurs, la chute de Laurent Gbagbo le 11 avril 2011 n'est rien d'autre que le «point d'achèvement» de la rébellion ivoirienne enclenchée depuis le 19 septembre 2002 dont l'unique but était de mettre Alassane Ouattara au pouvoir par tous les moyens. Denis Pryen et Arsène Touho ont décidé de remonter aux sources pour conter, date après date, les différentes étapes de la réalisation du plus long coup d'État de l'histoire de l'humanité (8 ans, 6 mois et 23 jours).
(12.00 euros, 110 p.) ISBN : 978-2-336-00219-4, ISBN EBOOK : 978-2-296-50752-4

POUR UNE ASSURANCE MALADIE UNIVERSELLE EN CÔTE D'IVOIRE – Réformer le système de tarification
Kouyaté Mohamed D. - Préface du professeur N'Dri Yoman
La Commission nationale de la sécurité sociale mise en place en décembre 1994 en Côte d'Ivoire a rendu ses conclusions en faveur de l'institution d'un système mutualiste d'assurance maladie universelle dans la double optique de promouvoir les valeurs cardinales d'équité, de justice et de solidarité, et de rompre avec les maux d'injustice, d'exclusion et de réclusion

que charrie la politique de tarification des prestations de santé. Une réelle mise en place de l'assurance maladie universelle est urgente en Côte d'Ivoire.
(Coll. Harmattan Côte-d'Ivoire, 36.00 euros, 352 p.)
ISBN : 978-2-296-99237-5, ISBN EBOOK : 978-2-296-50525-4

CÔTE D'IVOIRE LEÇONS DU 11 AVRIL 2012
«Faut-il choisir la violence armée pour bâtir une démocratie ?»
Touho Arsène - Préface du Pr Mamadou Koulibaly - Postface du Dr Ahoua Don-Mello
Cet ouvrage est à la fois un regard rétrospectif sur les dix dernières années de crise et une vision préventive sur l'avenir de la Côte d'Ivoire. A partir d'analyses d'une grande objectivité, et sans épargner celui dont il se réclame (Gbagbo), l'auteur propose à ses compatriotes rassemblés autour des deux principaux blocs politiques neuf leçons dont la meilleure compréhension devrait assurer le retour de la stabilité politique et sociale. Il pose surtout la question : Faut-il choisir la violence armée pour bâtir une démocratie ?
(Coll. Points de vue, 18.00 euros, 184 p.)
ISBN : 978-2-336-00407-5, ISBN EBOOK : 978-2-296-50522-3

CÔTE D'IVOIRE
Le pays déchiré de mon grand-père – Récit
Bocquet N'Guessan Sylvie - A partir de 14 ans
Marguerite, 14 ans, vit dans le nord de la France. L'actualité va bouleverser sa vie et celle de sa famille. Elle découvrira la complexité de l'information diffusée par les médias, mais aussi la réalité de la guerre ivoirienne que son grand-père, papy Yao, vit et leur fait partager au jour le jour. Un petit bout de l'histoire de la Côte d'Ivoire, vécu de loin par une famille franco-ivoirienne.
(10.50 euros, 84 p.) *ISBN : 978-2-296-99609-0, ISBN EBOOK : 978-2-296-50181-2*

CÔTE D'IVOIRE, 50 ANS D'INDÉPENDANCE
Permanence, mutation et/ou évolution des territoires
Koffie-Bikpo Céline Yolande
Depuis 1980, la Côte d'Ivoire, subit une vague de crises économiques et sociopolitiques qui amène à s'interroger sur son devenir. Cette analyse permet de mettre en évidence les permanences, les mutations et les évolutions que l'on peut observer à différentes échelles : nationale, régionale et locale, afin de répondre à la question : comment les politiques de développement, dans leurs relations au territoire, après un demi-siècle d'indépendance, ont-elles évolué ?
(Coll. Harmattan Côte-d'Ivoire, 35.00 euros, 344 p.)
ISBN : 978-2-296-99210-8, ISBN EBOOK : 978-2-296-50241-3

CÔTE D'IVOIRE ET AFRIQUE FRANCOPHONE
La police face aux défis de prévention des conflits africains
Beyllignont Georges B. - Préface de Claude Koudou
En Afrique, les rivalités ethniques ne sont que la face visible d'un malaise qui paralyse les rapports humains entre les différents caractères sociopolitiques. Ce «clash» entraîne une situation de suspicion généralisée au détriment de la cohésion sociale et de la stabilité. A cet effet, la sécurité et la protection civile s'invitent naturellement dans le débat. L'auteur explique comment la police doit prendre une place centrale dans la problématique du développement de l'Afrique.
(Coll. Afrique liberté, 24.00 euros, 272 p.)
ISBN : 978-2-296-99599-4, ISBN EBOOK : 978-2-296-50333-5

CÔTE D'IVOIRE CHRONIQUES DE GUERRE 2002-2011
Duval Philippe - Préface de Mamadou Koulibaly
Le 19 septembre 2002, la Côte d'Ivoire est coupée en deux à la suite d'un coup d'État manqué. Le 11 avril 2011, Laurent Gbagbo sort de son palais présidentiel bombardé par l'armée française. Entre ces deux dates, neuf ans de guerre larvée, de souffrances pour les populations civiles, de désordres. L'auteur raconte la longue descente aux enfers d'un pays africain autrefois présenté comme modèle.
(Coll. IREA (Institut de recherche et d'études africaines), 26.50 euros, 264 p.) *ISBN : 978-2-296-97013-7*

LAURENT GBAGBO UN DIGNE FILS DE L'AFRIQUE À LA CPI
Respectez l'Afrique 1
Ces textes sont des cris de dénonciation des comportements contribuant à la mise sous tutelle de l'Afrique. La Côte d'Ivoire connaît la phase la plus néocolonialiste de son histoire récente, avec une France sarkozyste qui a installé de force Alassane Ouattara à la tête du pays. C'est pourquoi ce 1er numéro lui est consacré.
(14.50 euros, 146 p.) *ISBN : 978-2-296-99083-8*

MA VÉRITÉ SUR LE COMPLOT CONTRE LAURENT GBAGBO
Contre-rapport des résultats de la Commission internationale de l'ONU sur la crise postélectorale
Dogou Alain
Ce livre est un témoignage du ministre de la Défense du gouvernement en exercice en Côte d'Ivoire, au moment où la crise postélectorale se déclenche jusqu'à l'enlèvement du président Laurent Gbagbo. L'auteur livre des informations exclusives, les subtilités de l'origine de la crise ivoirienne et les aspects cachés de son déroulement. Il montre comment la France de Nicolas Sarkozy, avec la complicité active des organisations régionales africaines et de l'ONU, a déroulé un schéma inique contre Laurent Gbagbo.
(Coll. Afrique liberté, 15.00 euros, 182 p.) *ISBN : 978-2-296-99596-3*

COMMANDANT (LE) INVISIBLE RACONTE LA BATAILLE D'ABIDJAN
Sehoue Germain
«Ce qui m'a marqué là-bas, ce sont les tueries contre des pro-Gbagbo. Des innocents, des étudiants, des patriotes et même des militants FPI ou des gens de même ethnie que Gbagbo...» Ce livre-témoignage est produit à partir des révélations du Commandant invisible, le «colonel» Sémefia Sékou, Com'Théâtre du Commando invisible d'IB à Abobo.
(Coll. Afrique liberté, 10.00 euros, 88 p.) *ISBN : 978-2-296-99597-0*

CÔTE D'IVOIRE CÔTIÈRE (Grand-Bassam - Grand-Lahou)
L'histoire du peuplement à partir des amas coquillers
Kouakou kouassi Siméon - Préface de Josette Rivallain
Les amas coquillers, édifiés du néolithique aux époques actuelles sur les rivages lagunaires, ont un caractère universel et traduisent une économie ancienne adaptée à l'exploitation des lagunes. L'analyse de l'histoire du peuplement de la Côte d'Ivoire côtière, avec ces coquillères, permet de définir des sites anciens (de 1500 av. JC à 1500 ap. JC) et des sites récents dont l'occupation coïncide avec les périodes des grandes migrations en Côte d'Ivoire (au XVIe et XVIIe siècles).
(31.50 euros, 305 p.) *ISBN : 978-2-296-55640-9*

RÉGIME PARLEMENTAIRE
Catalyseur du développement en Afrique
Feldman Jean-Philippe, Koulibaly Mamadou, Gbongue Mamadou, Kouadio Eric
Sous la coordination d'Audace Institut Afrique
Depuis plus de cinquante ans, les pays africains végètent dans des régimes présidentiels qui donnent le pouvoir absolu à un homme : l'hyper-président de la République. La démocratie se limite à un bulletin dans l'urne et la société civile n'a ensuite aucun moyen de contrôle de l'action des dirigeants. Le régime parlementaire est un moyen d'encadrer ce pouvoir, freinant ainsi les dérives. Les conditions de réussite d'un tel régime sont analysées dans cet ouvrage.
(Coll. Harmattan Côte-d'Ivoire, 11.50 euros, 86 p.) *ISBN : 978-2-296-96979-7*

PROPRIÉTÉ LITTÉRAIRE ET ARTISTIQUE
111 clés pour comprendre le droit d'auteur
Etranny Yao Norbert - Préface d'Henriette Dagri Diabaté
La propriété littéraire et artistique est une spécificité dans la famille du droit. Ce livre a pour objectif d'apporter des réponses à toutes les questions relatives à cette thématique. Il se veut une contribution à l'effort de vulgarisation de la propriété intellectuelle en général, de la propriété littéraire et artistique en particulier.
(Coll. Harmattan Côte-d'Ivoire, 12.50 euros, 112 p.) *ISBN : 978-2-296-96976-6*

HÔPITAL (L') PUBLIC DANS LE SYSTÈME SANITAIRE IVOIRIEN

Kouyaté Mohamed D. - Préface du professeur Tagliante Saracino

L'hôpital public apparaît comme un acteur majeur du système sanitaire ivoirien. L'hôpital public ivoirien est, en fait, placé au confluent d'une histoire chargée d'émotions humaines et de rationalité organisationnelle. Du statut de centre d'assistance, l'hôpital a fièrement émigré vers celui d'institution sanitaire ouverte à tous, sans exclusive, forgée par une technologie éprouvée et un potentiel humain de haute qualité scientifique.

(Coll. Harmattan Côte-d'Ivoire, 35.50 euros, 334 p.) *ISBN : 978-2-296-96978-0*

PROPHÈTES-GUÉRISSEURS DANS LE SUD DE LA CÔTE D'IVOIRE

Lehmann Jean-Pierre

Ce livre fait état d'une recherche sur les prophètes-guérisseurs à partir d'une enquête effectuée entre 1965 et 1974. Après un rappel de l'histoire de la colonisation et de l'indépendance du pays, est rapportée l'histoire de la vocation de huit prophètes, les modes d'actions des divers guérisseurs traditionnels et la description des soins prodigués. La seconde partie est consacrée à l'expérience et à l'action prophétique.

(Coll. Etudes africaines, 37.00 euros, 356 p.) *ISBN : 978-2-296-96823-3*

INVESTISSEMENT (L') DIRECT ÉTRANGER EN CÔTE D'IVOIRE

Economie politique et changement institutionnel

Dago Guéby Joseph - Préface de Mehrdad Vahabi

Cet ouvrage étudie le lien existant entre l'IDE (investissement direct étranger) et le changement institutionnel en Côte d'Ivoire, son impact sur l'économie ivoirienne et ses performances économiques. Peut-on dire que l'IDE obéit à l'ex-logique coloniale d'un régime rentier ?

(Coll. Droit des Affaires, 31.50 euros, 306 p.) *ISBN : 978-2-296-96660-4*

FONDEMENT DES VALEURS ÉTHIQUES AFRICAINES

L'idée des biens fondamentaux chez Finnis

Mboua Emmanuel - Préfaces de John Conley, Dale Schlitt et Karlijn Demasure

Ce livre s'intéresse au fondement de l'éthique, aux repères et aux critères du discernement du bien et du mal ; autrement dit, il pose la question : quelles sont les valeurs susceptibles de rendre le vivre ensemble possible ? Partant d'une réflexion sur le vivre ensemble dans le contexte de l'Afrique noire, l'auteur donne une réponse basée sur les biens fondamentaux tels que définis par Finnis.

(Coll. Harmattan Côte-d'Ivoire, 27.00 euros, 270 p.) *ISBN : 978-2-296-96943-8*

SANG PANSÉ

Recueil de pensées

Kipré Michel Alex

Comment panser les plaies d'un pays pour penser l'avenir dans ses dimensions individuelle et collective ? Le défi de ce recueil est bien là : passer de la part la plus sombre de l'âme humaine, de la folie des pratiques politiques, de la violence de la société, à l'espoir. 100 pensées pour imaginer et espérer un nouveau contrat social. Penser, panser, guérir et (re)vivre enfin.

(Coll. Harmattan Côte-d'Ivoire, 10.00 euros, 58 p.) *ISBN : 978-2-296-96938-4*

L'HARMATTAN, ITALIA
Via Degli Artisti 15; 10124 Torino

L'HARMATTAN HONGRIE
Könyvesbolt ; Kossuth L. u. 14-16
1053 Budapest

ESPACE L'HARMATTAN KINSHASA
Faculté des Sciences sociales,
politiques et administratives
BP243, KIN XI
Université de Kinshasa

L'HARMATTAN CONGO
67, av. E. P. Lumumba
Bât. – Congo Pharmacie (Bib. Nat.)
BP2874 Brazzaville
harmattan.congo@yahoo.fr

L'HARMATTAN GUINÉE
Almamya Rue KA 028, en face du restaurant Le Cèdre
OKB agency BP 3470 Conakry
(00224) 60 20 85 08
harmattanguinee@yahoo.fr

L'HARMATTAN CAMEROUN
BP 11486
Face à la SNI, immeuble Don Bosco
Yaoundé
(00237) 99 76 61 66
harmattancam@yahoo.fr

L'HARMATTAN CÔTE D'IVOIRE
Résidence Karl / cité des arts
Abidjan-Cocody 03 BP 1588 Abidjan 03
(00225) 05 77 87 31
etien_nda@yahoo.fr

L'HARMATTAN MAURITANIE
Espace El Kettab du livre francophone
N° 472 avenue du Palais des Congrès
BP 316 Nouakchott
(00222) 63 25 980

L'HARMATTAN SÉNÉGAL
« Villa Rose », rue de Diourbel X G, Point E
BP 45034 Dakar FANN
(00221) 33 825 98 58 / 77 242 25 08
senharmattan@gmail.com

L'HARMATTAN TOGO
1771, Bd du 13 janvier
BP 414 Lomé
Tél : 00 228 2201792
gerry@taama.net

613184 - Juillet 2015
Achevé d'imprimer par